高關中 著

大風之歌

38位牽動臺灣歷史的時代巨擘

前言

臺灣像一顆燦爛的明珠，鑲嵌在浩瀚的東海碧波上，物產豐饒，景色如畫。千百年來，臺灣各族人民用自己辛勤的勞動和智慧，把臺灣建成美麗富饒的寶島，亞洲「四小龍」之一。

多年來筆者一直關心臺灣在各方面的發展，曾三次親自走訪寶島，搜集積累了大量書刊和各種資料。結合大陸資料和海外資料，萌發了編寫一本名人小傳的想法，因為人物是歷史舞臺的主角。通過介紹一些重要人物，可幫助讀者更多地瞭解臺灣，通過這些名人的事蹟，瞭解臺灣歷史發展的軌跡。

在一本不到二十萬字的書裡，不可能寫進太多的人物。筆者不想寫成名片式的傳記，而是盡可能地以詳實的資料、生動的筆觸，用四五千字的篇幅，來敘述每個人物的主要事蹟。另一方面，筆者認為，不應只寫政治人物，也要介紹經濟、文化、藝術各方面的英才，呈現出色彩紛呈的大千世界，這樣才有助於人們瞭解臺灣各個方面的發展和成就。為此，作者遴選了三十八個重要人物，分為政界聞人，軍事將領，商界精英，學者科學家，文壇名人，藝術體育人士等幾大類進行介紹。這些人物均已去世，目前仍活躍在各界的人物一律不收。

在選收人物方面，本書打破本省人、外省人的框框，不論其籍貫如何，而是放在大中華的範圍考量，與中華民國的歷史相關。從這個角度來看，所選人物亦可分為三類。第一類事業主要在臺灣，如連橫，丘逢甲，蔣經國，柏楊。第二類在臺灣和大陸的歷史上都有影響，如蔣介石，陳誠，胡適，孫立人等。第三類事跡主要在大陸，但晚年居臺，如薛岳，陳立夫，于右任等，他們雖然對臺灣的發展作用有限，但與中華民國早期的歷史相關，有的曾在大陸受到不客觀的評價，所以也選收幾位，為他們說幾句公道話。

作者在撰寫過程中得到不少親朋好友的支持。他們看過部分初稿後表示，有些人物原先完全都不知道；有的人物聽過名字，但對事蹟不清楚，或有誤解；值得介紹。他們的鼓勵是推動我完成這本書的動力之一。

另外，本書還附加一些知識性、趣味性、軼事類補白，即「軼事」或「知識窗」，力求有助於讀者瞭解時代背景，增加有關臺灣的知識，增加對這些人物的了解。

高關中　二〇一六年六月七日

目次

軍事將領

商界精英

學者科學家

文壇名人

藝術體育人士

政界聞人

臺灣的威權統治者 蔣介石

蔣介石是個複雜的歷史人物。他發動過十年內戰，也曾堅持過八年抗戰。在三年內戰中，他一敗塗地，逃往臺灣。在臺灣，他既是一個威權統治者，但也為臺灣的經濟起飛做出貢獻。他還堅決反對「臺獨」和「兩個中國」，堅持了一個中國的民族立場。

追隨孫中山

蔣介石，譜名周泰，幼名瑞元，十六歲取學名志清，一九一七年至一九一八年之間取名中正，一九一二年用筆名介石，後成為字，英文名Chiang Kai-shek即譯自蔣介石。一八八七年十月三十一日出生於浙江奉化縣溪口鎮。父親蔣肇聰繼承祖業經營鹽鋪，在兒子九歲時去世。蔣介石由母親王采玉撫養成人。一九〇七年，清朝第一所全國軍官學校保定軍校招生，在浙江只有十四個名額，蔣介石從一千多名投考者中脫穎而出，進入該校學習。次年他東渡日本入東京振武學校，加入同盟會。一九一〇年畢業，在日為士官候補生，於東京初謁孫中山。

一九一一年辛亥革命爆發後，蔣介石回國擔任先鋒隊指揮官，光復杭州。後來又參加過討袁等多次軍事活動。一九二二年粵軍總司令陳炯明叛變，孫中山避難於永豐艦。蔣介石剛安葬過母親不久，就聽從孫中山電召，趕到廣州冒著危險登艦，侍護四十餘日，得到孫中山的信任和器重。孫中山在事後讚揚說：「陳逆之變，介石赴難來粵，入艦日侍余側，而籌畫多中，樂與余及海軍將士共生死。」次年，蔣介石被任命為大元帥府大本營參謀長。

一九二四年六月二十六日，黃埔軍校成立，蔣介石擔任校長，從此成為國民黨內握有軍權的首要人物。孫中山逝世後，蔣介石於一九二六年就任國民革命軍總司令，七月誓師北伐，八個月後就攻佔了南京。一九二七年蔣介石發動四一二政變，破壞了第一次國共合作。一九二八年底東北易幟，全國形式上實現了統一。但這時，蔣介石在國民黨內資歷尚淺，掌權才兩年多，各地軍閥割據，政權遠未鞏固。他為了排除異己，還和其他各派軍閥混戰不已，使民眾遭受極大的苦難。一九三一年日本發動九一八事變，侵佔中國東北。而蔣介石仍然把主要力量用來「圍剿」共產黨。

一九三五年十月，紅軍長征到達陝北。一九三六年十二月，蔣介石又飛抵西安，督促張學良所部東北軍和楊虎城所部西北軍，繼續出兵「剿共」。張、楊激於愛國大義，於十二月十二日扣留蔣介石，逼迫他接受「停止內戰」等八項主張。經過各方的努力，蔣介石接受了條件，「西安事變」得到和平解決，從而結束十年內戰，開始了第二次國共合作。

開羅宣言

一九三七年七月七日，日軍發動盧溝橋事變，抗日戰爭全面爆發。蔣介石下令全國總動員。七月十七日，蔣介石在廬山發表聲明，對日本政府提出最嚴厲的抗議，並發表告全國同胞書，向全國人民發出號召說：「如果戰端一開，則地無分南北，人無分老幼，無論何人皆有守土抗戰之責任，皆應抱定犧牲一切之決心。」他還就中國作戰的計畫作了說明，這就是「以空間換取時間」的戰略。由於日軍裝備精良，這對於武器落後的中國軍隊非常不利，所以才利用廣大的土地空間，來換取較多的時間。因為時間一拉長，對中國抗戰極有利。這一戰略粉碎了日本「三個月滅亡中國」的夢想，堅持了長期抗戰。在八年抗戰中，蔣介石作為軍事委員會委員長親自指揮正面戰場對日作戰，對抗日戰爭的勝利，起到至關重要的作用。

八月十三日，上海保衛戰開始，日軍增兵到三十萬，稱此戰為「血肉磨坊」。中國調集七十萬軍隊血戰三月，卓越表現震驚國際。徐州方面，臺兒莊大捷，重挫日軍進攻的勢頭。中國軍隊還在忻口、南京、武漢等地與日本激烈抗戰，遲滯了日本侵略軍的瘋狂進攻。戰爭轉入相持階段，兩軍又在長沙、隨棗、昆侖關、浙贛、鄂湘等地進行多次大規模會戰。在一個極端貧困衰弱的農業國家，中國軍隊憑藉血肉之軀與頑強的民族鬥志與強敵周旋，以落後兵器參與現代化戰爭，屢戰屢敗，屢敗屢戰，終於由最初的空間換時間的非對稱的拖延戰，最後發展為逐漸對稱的反擊戰。

一九四一年十二月太平洋戰爭爆發，次年一月蔣介石被同盟國推舉為中國戰區最高統帥。中國堅持抗戰，國際地位大大提高，進入中美英蘇四強行列。英國、美國均向中國聲明，要取消不平等條約。一九四三年元旦中美、中英平等新約簽訂，中國百年來的枷鎖，終於解除，抗戰勝利後，上海等地不再有租界。

從一九四二年起中國遠征軍應盟軍請求進入緬甸對日作戰。一九四三年十一月下旬，蔣介石代表中國前往開羅，參加中、美、英三國首腦最高級會議（Cairo Conference），共同發表了著名的《開羅宣言》（Cairo Declaration），決定把反對日本侵略的戰爭進行到底，直到日本無條件投降，並把日本侵佔的東北、臺灣和澎湖列島等土地歸還中國。中國要求在將來的聯合國中占重要位置，亦為美國所應允，這就是中國躋身於聯合國安理會五大常任理事國的源頭。當時出席會議的蔣介石就下榻在金字塔大街的米納・豪斯賓館。參加會議的還有美國總統羅斯福和英國首相邱吉爾等人。這就是歷史上十分重要的開羅會議，會議中決定了中國八年抗戰應該得到的成果。開羅會議蘇聯沒有參加，因為蘇聯當時與日本訂有中立條約，正在集中力量對德作戰。但蘇聯在一九四五年的波茨坦會議中承認了中國收復臺灣的權益，這就是《波茨坦公告》，蘇聯出兵對日作戰時，也正式在公告上簽了字。《開羅宣言》及後來的《波茨坦公告》是戰後中國收復臺灣的國際法依據。

一九四五年九月九日，日本駐華派遣軍總司令在南京向中國正式簽遞投降書，中國境內及越南北部日軍都向中國繳械投降。八年抗戰取得光榮勝利，割讓五十年的臺灣，又重歸中國。

偏安一隅

抗戰勝利後，全國人民迫切要求和平、民主。但蔣介石在一九四六年撕毀停戰協定，發動了向解放區的全面進攻。蔣介石還一意孤行召開國大，一九四八年五月就任中華民國總統。蔣管區內貪腐橫行、通貨膨脹、民怨沸騰、兵無鬥志、民心思變。中國人民解放軍轉入反攻後，經過遼沈、淮海、平津三大戰役，百萬雄師兵臨長江。

一九四九年一月二十一日，四面楚歌的蔣介石宣布引退，黯然回到奉化溪口「歸田」，由副總統李宗仁代行職權。但是，蔣介石隱而未退，繼續對半壁江山發號施令。四月二十一日，解放軍打過長江，兩天後佔領南京。風雨蒼茫，世道滄桑。四月二十五日，蔣介石到母親墓前辭別後，逃上早已停泊在象山港的「泰康號」軍艦。從此，蔣介石再也沒有回過家鄉。

一九四九年十月一日，中華人民共和國正式宣告成立。為保住大陸上的最後一點地盤。蔣介石席不暇暖，在廣州、重慶、成都等地奔波。十二月十日，蔣介石在成都鳳凰山機場升空，向臺灣飛去。「俯視眼底大陸河山，心中愴然」。蔣介石在大陸的統治時代，從此一去不復返。

一九五〇年三月一日，蔣介石宣布在臺灣恢復中華民國總統職務。由於六月二十五日朝鮮戰爭的爆發，美國派第七艦隊進入臺灣海峽，蔣家政權才得以在臺灣偏安一隅。

經營臺灣

隨同蔣介石湧進臺灣的軍民約兩百萬，而同期臺灣省的人口僅六百萬人左右。當時物質缺乏，經濟蕭條，一片貧窮落後的景象。蔣介石政權為了在這塊土地站住腳，必須得到臺灣老百姓的支持，給臺灣民眾帶來實實在在的實惠，過上好的生活。於是，蔣介石吸取大陸教訓，採取了許多措施，逐漸使臺灣經濟走上起飛的道路。經濟方面的重要措施有：

一、和平土改：一九四九年，臺灣當局實施三七五減租，後來又繼續辦理公地放領，採用贖買政策，實現耕者有其田，使農民的生活有所改善，生產力大大提高，到五〇年代末，不僅滿足了人口大量增長的需要，實現糧食自給，而且能夠出口大米和其他農產品。

二、官民企業並舉，鼓勵民營企業。實施經濟計畫，從一九五三年起，連續實施六個四年計畫，每期都能衡量當時的經濟環境訂立明確的目標，使得經濟發展既快速又平穩。其中第一、二期計畫以發展農業，穩定金融貨幣為主。第三、四、五期以推行工業化為重點，第六期致力於重化工業基礎的奠定。二十四年中平均經濟增長率達百分之九・〇七。

三、推廣貿易：積極發展外貿，創立出口加工區，由進口替代轉向出口擴張，使外貿額由一九五〇年的一・三億美元，增加到一九七六年的一五〇多億美元。

四、吸收美援與僑資。都市平均地權，所征得的各種土地稅，多用於社會福利事業及國民教育方面。

一九五一年，臺灣人均產值僅一五二美元，到一九七五年蔣介石去世時，超過九〇〇美元，進入小康社會。臺灣在經濟方面的卓越成就被譽為奇跡，不僅躋身亞洲四小龍之列，更被列為世界重要的經濟體之一。

在文教建設方面，一九六八年開始實行九年制義務教育，提高了人民整體的教育素質。一九五〇年全臺只有七所大專院校，學生六千餘人，到一九七五年大學增加到二十五所，大學生超過十萬。今天，臺灣的識字率超過百分之九十六，不識字者不到百分之四。

蔣介石在臺灣實行威權統治，多次連任總統直到去世，長達二十六年之久，實際上是終身總統，而且盡力掃除障礙，傳位於子蔣經國，設法保住蔣家政權。但他在政治方面也作了一些改進。其中最具體的是地方自治的實施，以取得民眾的支持，使全民對民主政治漸有認識。孫中山曾經說過：「地方自治者，國之礎石也，礎石不堅，則國不固。」臺灣在光復之初，除了鄉、鎮、區居民代表及村長里長為直接選舉外，其他的各種公職人員選舉均為間接選舉。一九五〇年實施地方自治後，不僅縣市長，及縣市以下各級的民意代表、行政機關首長，都改為由公民直接投票選舉，就是省議會議員，也從一九五四年起改為直接民選。以上各項選舉，都在公開、公平、公正的原則下進行，選舉的投票率多在百分之七〇以上，黨外人士不乏擔任縣市長和議員者。各個當選人的學歷普遍地提高，而當選的年齡則一直在降低當中，充分顯示臺灣在民主政治的推行，已經有相當豐碩的成果。這些改革為後來過渡到總統直選，創造了有利的條件。

蔣介石一直堅持一個中國的鮮明立場。在臺主政期間，不管他是不願意看到中國分裂也好，還是妄想「反共復國」也好，他始終對「臺獨」採取嚴厲打擊策略，「臺獨」在臺灣始終沒有取得任何公開的生存機會。一九七四年元旦，南越派軍艦闖入西沙。蔣介石激怒拍案，當即指示臺外交部門發表「中國領土不容侵犯」的聲明。

一九七五年四月五日，蔣介石因心臟病發作，在臺北士林官邸逝世，享年八十九歲。靈柩從臺北移至桃園市大溪區慈湖。一九六一年，蔣介石路過此地，見湖山幽美，層巒聳翠，雲投碧波，景色恍若浙江奉化山水，為追思其母，改地名為慈湖。又於湖濱山下擇地建一座江南四合院式大厝，石砌基臺，紅磚瓦蓋，仿其溪口老宅，門上木匾題「慈湖」二字。宅周遍種樟、柳，又有龍柏青松雜其間，門前花圃坪，整潔清幽，蔣氏生前最喜歡在此休閒。他的遺體經防腐處理後，安放於黑色大理石石棺之內，置於慈湖宅內正廳，並未下葬，稱為暫厝，期待將來能安葬於大陸。如今經常有遊客前來此地瞻仰。

臺北市內為紀念蔣介石修建了一座中正紀念堂。紀念堂和園林總面積約二十五萬平方米。正門為「大中至正」五拱牌坊（陳水扁當權後將題字改為「民主廣場」）。園內大道直通藍頂白牆八角形紀念堂，內有大理石雕刻的蔣介石坐像。兩側是朱柱黃瓦宮殿式戲劇院和音樂廳，經常舉辦一流的藝術演出。園內還布置有綠色草坪，紅色花壇，曲徑池塘，表現出中華園林的風格美。隨著時代的變遷，這裡已成為臺北市民良好的休閒園區及參與文化活動的最佳場所。每天清晨，有很多市民在這裡作各種健身運動。

軼事：東來志豈在封侯

一九〇七年，二十歲的蔣介石進入保定軍校學習。他為富國強兵而學習，具有強烈的民族主義思想。他雖然崇敬日本的富強，但卻有著強烈的民族自尊。在軍校有一次上衛生課，日本軍醫教官拿著一塊泥土放在桌子上，語氣輕蔑地向學生說：「各位，這一塊泥土，可以容納四萬萬個細菌，中國四萬萬人生活在中國國土上，好比細菌寄居在這塊泥土上一樣。」蔣介石聽到這日本教官把中國人比作細菌，不禁熱血沸騰，站起身來走到講臺前面，把那一整塊泥土弄碎，分成八塊，反問日本教官說：「日本有五千萬人口，是不是也像五千萬個細菌，生活在這八分之一的泥土上呢？」這是對日本教官侮辱中國人的比喻的絕妙的回擊，弄得日本教官目瞪口呆，直呼蔣介石是革命黨。

蔣介石在留學日本時，寫下這樣一首詩：「騰騰殺氣滿全球，力不如人肯且休。光我神州完我責，東來志豈在封侯。」

這首充滿豪情壯志的詩表明他曾是一個豪情滿懷的熱血青年，他曾懷著富國強兵的理想兩度留日求學，最終領導中國軍民取得了抗日戰爭的勝利。

橫跨三世紀的傳奇　宋美齡

二〇〇三年十月二十四日，蔣介石夫人宋美齡在美國紐約逝世，結束了她燦爛、傳奇和波折的一生，享壽一〇六歲。她出生於一八九七年三月五日，一生跨越了三個世紀，成為近現代史許多重大事件的參與者和見證者。

出身名門淑媛

宋美齡的家世本身就具有傳奇色彩。其父宋嘉澍是孫中山的同齡人，當年從海南島來到排華的美國，從船員做起，進入神學院，成為傳教士，進而立足於上海灘，變為大實業家之後，卻又傾力資助孫中山的革命。他有三個兒子，其中宋子文（一八九四－一九七一）留學美國，獲經濟學博士學位，曾經擔任過孫中山的英文秘書，國民政府財政部長、行政院長等職。宋嘉澍的三個女兒，即宋家三姐妹宋慶齡（一八九三－一九八一）、宋靄齡（一八九〇－一九七三）、宋美齡，她們各自與當時的革命領袖孫中山、政治上與孫結盟的財團代表孔祥熙，以及後來脫穎而出的蔣介石結婚，一門顯赫，膾炙人口。宋美齡正是宋家的小女兒。

宋美齡幼時，就已顯現出她這一生會是不凡。出生於十九世紀末、貧困而文盲極多的中國，她卻十一歲就有機會與姐姐宋慶齡一起飄洋過海，在美國讀書及成長，進入威斯里安學院。該校位於佐治亞州梅肯（Macon），是美國女子高等教育的先驅，一八三六年由衛理公會創辦，為全世界註冊最早的女子學院。在此以及後來在麻塞諸塞州威爾斯利大學（Wellesley，主修英國文學）的學習，不但讓她完成了高等教育，有了一口令美國人驚訝傾心、毫無異國腔調的流暢英語，也使她脫離了中國傳統女性的角色，包括婚嫁。

宋美齡一九一七年完成學業後回國。她一九二〇年與蔣介石相識，是在孫中山家裡。一九二七年十二月一日，宋美齡在上海與蔣介石結婚，由蔡元培先生證婚。當時蔣已成為中國領導人物。因此這是全世界矚目的世紀婚禮。宋美齡從此成為蔣夫人，也展開她與中國現代史緊密相連的人生。

婚後，她參與了國家機要，無論內政外交，甚至軍事教育和空軍建設，她都曾參與決策。她一九三二年擔任中國航空委員會秘書長，任內推動組建、擴充空軍，被譽為「空軍之母」，積極為抗戰做準備。宋美齡的膽識和智慧，在一九三六年的西安事變，表現得最為突出。張學良和楊虎城舉行兵諫，扣留了蔣介石，這次事變是中國現代史最重要的轉捩點。宋美齡堅決制止轟炸西安的主張，不顧人身危險，毅然前來西安，促成西安事變的和平解決、國共的第二次合作。事後又堅決制止蔣對張學良的報復，呵護張的人身安全直到最終。

風靡美國國會

抗戰爆發後，宋家三姐妹連袂到前線勞軍的畫面，儼然成為各黨派共赴國難的象徵，而宋美齡因座車翻覆而摔跌受傷，但在鏡頭前鎮靜自若呼籲全民奮起救國的一幕，尤其令人印象良深。

宋美齡不單領導婦女運動，也形同蔣介石政府的發言人。她經常接受外國記者的訪問，或在美國報刊上發表文章、參與對美廣播，呼籲美國不要袖手旁觀，正視日本侵略中國進而危害世界的問題。一九四三年二月，她赴美訪問，一股蔣夫人旋風為之掀起。她在參眾兩院的兩場演說，使她成為美國歷史中第一位在國會殿堂裡演講的亞洲女性。她以情詞懇切、鏗鏘有力的演講，展現了智慧及勇氣。她的口音間雜了佐治亞的柔軟和麻塞諸塞的文化素養，她風靡了全美，征服了美國民心，發揮了對輿論界至深且廣的影響力。當時美國的時代雜誌以宋美齡為封面，為歷史留下見證。她的外交活動為民族救亡做出了實質的貢獻，而且促使美國取消了施行六十一年的排華法律，使華人也能合法移民美國。

這年十一月十八日，就任國民政府主席一個多月的蔣介石，偕同夫人宋美齡飛往埃及首都出席中美英三國首腦高峰會議，即《開羅會議》，討論全球戰略及戰後對日本的處置。中國取得光復臺灣的歷史性成果。在開羅，蔣介石與羅斯福及邱吉爾間的會談，宋美齡無不參與。她還曾單獨與羅斯福會商十億美元的援華計畫。

返國後，蔣介石認為此行不論政治、軍事及經濟均有相當成就。他在日記裡有這麼一句：「而內子為余傳譯與布置，其協助之功，亦甚偉也。」回重慶後，他就把青天白日勳章頒給宋美齡，表彰其貢獻。

從一九四二年到一九四五年戰爭結束，美國給與中國的貸款達五億美元。同時在一九四一年至一九四六年間，美國在租借法案項下對中國的援助達十・五四億美元。這個數目，雖然只占租借法案項下援外總額的百分之三，但對處於艱難抗日時期的中國甚有幫助。在爭取美援的過程中，宋美齡功不可沒。

來臺以後

對日抗戰雖然勝利，中國烽火未息。國共內戰又起。一九四八年底，國民黨政權由於戰局轉變而迅速崩潰。最後致命的一擊徐蚌會戰（大陸稱淮海戰役）結束後，宋美齡突然於十一月二十八日離開中國赴美訪問。依據《顧維鈞回憶錄》的記載，宋美齡這次訪美無論在成果和受歡迎等各方面，都與六年前抗日時期的訪美有天壤之別。求援任務毫無成果之下，她在美國足足待了一年多，直到蔣介石政權撤往臺灣後，方於一九五〇年一月十日離美飛臺。在她離美的前五天，杜魯門總統發表聲明說，美國將不干預中國目前局勢，或進行牽涉於中國內爭的措施。這一形同背棄蔣介石政權的聲明發佈後，宋美齡就毅然離開美國，與夫君蔣介石共患難。

宋美齡抵臺後，蔣介石於三月一日復行視事，恢復中華民國總統職務。六月二十五日朝鮮戰爭爆發，兩天後杜魯門下令第七艦隊協防臺灣，臺灣局勢暫時穩定下來。

宋美齡此時更與蔣家父子的命運相連。她固然對臺灣政治仍然有影響，但已無抗戰時期縱橫太平洋兩岸的氣勢。她創辦的婦聯會除了社交聯誼外，多少具有公益團體的性質，至於傾注心血於華興學校，將許多流落無依的稚童培養成才，堪稱遺愛深遠。一九七五年蔣介石去世，她於當年九月再以就醫為名赴美，對臺灣的影響力逐漸式微。

一九八六年，在紀念蔣介石逝世十周年時，宋美齡又回到臺北，繼續住在士林官邸。一九八八年蔣經國去世，在決定繼承人選時，她給國民黨中常委寫了一封信，要求暫緩決定主席。這是她最後一次施加影響，但未能阻止李登輝掌權。

宋美齡一九九一年又離臺赴美，這回是在美國定居了。她安享晚年，與外界聯繫很少。直到一九九五年美國國會為紀念第二次世界大戰五十周年，邀請這位碩果僅存的當年領導者出席，並向她致意，宋美齡再次引起外界注意。七月二十六日，宋美齡重返國會山，由於當時已是九十八歲的高齡，她的致詞比起五十二年前簡短得多。她回憶起中美並肩與日本侵略者戰鬥的歲月，接著為美國人民的支持，表達衷心感謝。參議員們起立鼓掌，為她喝彩。

去世前不久的二〇〇三年八月二十六日，身著旗袍的宋美齡在孔令儀夫婦等人的陪同下，乘車來到紐約郊區的芬克里夫墓園（Ferncliff Cemetery）。這是紐約最豪華的室內墓地。她大姐宋靄齡和孔祥熙的銅棺、哥哥宋子文和張樂怡夫婦的棺材都在這裡。宋美齡呆坐在輪椅上，看著宋子文銅棺前枯萎的鮮花，喃喃道：「沒有想到，當年的國民政府財政部長和外交部長，如今死後竟然葬在異國了！」當她看到兩個胞弟的銅棺，流下了淚水：「子良、子安，三姐就要來這裡陪伴你們了……」

「姨媽你看，這就是您老人家百年之後的安息之地！」孔令儀指著一間大空穴對宋美齡說。宋美齡心底升起一股難言的苦楚，流著淚說；「眼前的情景並不是我想看到的，老先生葬在了臺灣，他死的時候曾告訴我，有一天最好葬在大陸，可惜我沒有做到。」

「令儀，我痛恨政治」，宋美齡突然說出了壓抑在心中多年，始終不願吐出的話：「如果當初不是因為過於熱衷政治，我死後怎麼會葬在這裡呢？我本來是有自己的祖國啊……」

不到兩個月以後，宋美齡懷著遺憾與世長辭。

宋美齡一生傳奇，縱然已經步下舞臺，但她曾經歷的種種歷史事件，擁有不可磨滅的歷史地位。邁入二十一世紀，她因高壽而成為跨越三個世紀的世界政壇人物，她的傳奇又增其一。

軼事：宋美齡與圓山飯店

臺北老城東北面的中山區是開發較晚的市區。從中山北路跨過基隆河，就看到在忠烈祠以西的山丘上矗立著一座金碧輝煌的宮殿式大建築物，那就是作為臺北市標誌之一的圓山飯店。這座飯店是宋美齡一手打造的。蔣介石和宋美齡來到臺灣後，熱愛社交的宋美齡，苦於臺灣沒有像樣的場所招待外賓，便於一九五二年接手臺灣大飯店，改名為圓山大飯店。當時規模甚小，到一九六三年才將飯店的基礎設施建設完畢，一九七三年宮殿式大廈落成。這是當年臺灣最好的飯店，其象徵意義就如同北京的釣魚臺國賓館。

這座飯店高十四層，不僅高大，而且寬闊，更顯得巍峨端莊，落落大方。屋頂是巨大的黃琉璃瓦山型脊蓋。樓身丹甍朱欄，紅柱玉階。遠望如帝王的殿堂，雍容華貴，富麗堂皇。大廈內部整潔軒敞，共有約五百間客房，全部服務設施均採用現代先進設計。尤為世人稱道的是它的旅館房間、接待室等均為西式豪華布置，而禮堂、餐廳等則有中有西可供選擇。其中，可容五百人聚宴的金龍廳和麒麟廳、翠鳳廳更是美侖美奐，被譽為「現代化的中國古典藝術廳」。設在頂樓的大會堂，可以容納兩千人集會用。平時大會堂內沒有擺設，一到開放使用時，所有全套用的桌椅在機器操縱下，會自動從地下升起，設計十分新穎。圓山飯店可以說是中國古典風格和現代建築的完美結合。海內外遊客都以在此下榻為榮。即使不住在這裡的遊客，也要前來拍一張照片，作為遊覽臺北的紀念。

宋美齡當年在圓山飯店宴客，在圓山飯店吃飯，在圓山飯店美容，在圓山飯店做頭髮。圓山飯店因她而有了說不完的故事。宋美齡最愛吃的紅豆松糕，至今仍是圓山飯店的招牌點心。

光復來臺第一官　陳儀

臺北舊城西部的中山堂是打敗日本帝國主義、收復臺灣的見證。一九四五年十月二十五日在這裡舉行了受降典禮。中國政府委任的臺灣省行政長官陳儀代表中國政府在此接受了日本臺灣總督安藤利吉大將的投降。陳儀在接受駐臺日軍投降後，廣播說：「從今日起，臺灣和澎湖列島正式重入中國版圖。」五十年的屈辱終於一掃而光。

政壇元老

陳儀是國民黨內德高望重的元老人物。一八八三年五月三日生於浙江紹興，比蔣介石大四歲。他幼年好學，涉足經史典籍，孜孜不倦，特別愛讀《史記》，好論前人的得失成敗。一九〇二年，陳儀考上官費留學日本，入日本士官學校第五期炮兵科，當時孫中山在日本宣導革命，陳儀為光復會會員，且與徐錫麟、秋瑾、蔡元培、蔣百里、蔡鍔等結識甚早，愛國革命之志早有萌發。一九〇七年畢業回國，在陸軍部任二等課員。後來陳儀常說起：「凡事不可能一步登天，我就是從二等課員做起的。」

一九一一年辛亥革命爆發，陳儀擔任浙江省都督府軍政司長。一九一四年應召去北京任陸海軍大元帥統率辦事處軍事參議官。一九一六年袁世凱竊國稱帝，蔡鍔以計離京去雲南反袁。袁派陳儀赴津追蔡回京，陳儀到津與蔣百里等人商量，決定以「追不到」回報。一九一七年陳儀第二次赴日，入陸軍大學，為中國留日陸大第一期學生。回國後，一九二四年任浙江第一師師長。一九二六年被孫傳芳任命為浙江省省長。蔣介石北伐時，陳儀與之聯繫，獲任第十九軍軍長。

北伐勝利後，陳儀率團去歐洲，主要是德國，考察半年之久，回國後擔任軍政部兵工署長，延攬了不少留德人才，其中包括彈道學專家俞大維（一八九八－一九九三，曾任蔣介石秘書，兵工署長，國防部長）。一九三四年陳儀擔任福建省省長，次年，他銜命「以考察的名義作為地方性外交」，率代表團赴臺灣參加日本佔領臺灣四十周年大會「觀禮」，趁機考察了日月潭水電站、嘉南大圳、港口設備以及礦山、糖廠等，對臺灣情況有了親身的瞭解，回來後寫成《臺灣考察報告》，作為資料。國人當時以親日派斥之。迨日軍大舉進犯，陳儀內遷省會到永安，積極備戰，槍斃臨陣逃脫的金門縣縣長，人民交相稱譽。陳儀主閩七年有餘，嚴家淦當時是他手下的財政廳長。一九四一年，陳儀調任行政院秘書長，來到重慶工作。

首位臺灣行政首長

一九四三年開羅會議後，國民政府就著手關於收復臺灣的調查研究和設計工作。陳儀熟悉日本，去過臺灣，對各方面情況有所瞭解。他曾就臺灣情形具體而明確地向蔣介石條陳接收的意見，頗為蔣所嘉許。陳儀主張，應有特殊的組織，以應付特殊的環境。他是策劃臺灣應設置異於各省的行政長官制度最有力的人物，因此他有幸成為臺灣光復後，中央政府任命的第一位臺灣領導人，即臺灣省行政長官。陳儀在接收臺灣的問題上是有所準備的，他在重慶就曾舉辦臺灣幹部訓練班，招收培養了一批幹部，包括臺灣籍人員。

一九四五年八月日本戰敗投降。九月一日，國民政府頒佈《臺灣省行政長官公署組織條例》，設立臺灣省行政長官公署，任命陳儀擔任省行政長官兼警備司令。公署下設秘書、民政、教育、財政、農林、工礦、交通、警務、會計等九個處，以及法制、宣傳、設計考核等三個委員會和糧食、專賣、貿易、氣象等四個局。陳儀隨即設置臺灣省前進指揮所，派公署秘書長率領八十餘人十月五日先行飛往臺灣，調查當地實際情況，與日方洽談受降事宜，並通知有關單位造報人員和財產清冊準備交接。十月十七日臺灣省行政長官公署和臺灣警備總司令部人員，乘船到達臺灣。與此同時，中國陸軍第七十軍也抵達基隆，分紮北臺灣各地。第六二軍於十月二十二日在高雄港登陸。十月二十四日，陳儀飛抵臺灣。當中國軍隊和接收人員到達的時候，萬千民眾扶老攜幼，爭先恐後，湧往飛機場和基隆碼頭熱烈歡迎，人山人海，水泄不通，「高興得無法形容」，「千萬人鼓掌歡呼，有的直把喉嚨都喊破了」。

受降典禮

一九四五年十月二十五日，臺北市民們都穿上了新裝，家家懸燈結彩，鞭炮鑼鼓聲到處可聞。這天上午在臺北市中山堂舉行了中國戰區臺灣省受降儀式。中山堂位於臺北舊城西部。這裡原為臺北公會堂，是四層樓大廈，禮堂可容納一千多人。

九時許，所有人員入場。禮堂內布置得莊嚴肅穆，講臺中央高懸著「和平永奠」四個大字，還有孫中山遺像和象徵勝利的巨大「V」字。九時五十七分，日本方面投降代表、臺灣總督兼第十方面軍司令官安藤利吉大將、臺灣軍參謀長澤山春樹中將、總務長官須田、臺灣海軍警備府參謀長中澤佑少將一行人，進入會場，向臺灣省行政長官兼警備司令陳儀行禮。

十時整，禮炮齊鳴，典禮開始，陳儀宣布自己的身分和所負使命。言稱臺灣省自古就是中國的領土，甲午戰爭後，由於清朝腐敗簽訂賣國條約割讓給日本，半個世紀以來臺灣同胞飽受日帝的欺壓，生活於水深火熱之中。日軍既敗，依照開羅會議之精神及盟邦之協議，臺灣省應歸還中國！

陳儀講話完畢，即以此項命令及命令受領證交本部參謀長柯遠芬，轉交安藤利吉大將。受領證簽字以後，由澤山春樹趨向陳長官呈上降書。陳長官審閱無誤後，命日方代表退席。

受降典禮結束之後，陳儀發表了廣播講話宣告臺灣正式光復。當日下午三時，臺灣各界在中山堂裡舉行了慶祝臺灣省光復的大會。臺中、臺南、高雄各大城市，民眾也結隊遊行，熱烈慶祝這個具有重大歷史意義的日子。想臺灣自一八九五年被日本割去，至一九四五年光復，恰是整整五十個年頭。此後為紀念這一洗雪國恥的日子，特定每年十月二十五日為「臺灣光復節」。

寶島光復，一片歡騰。這天陳儀特別高興，想起十年前奉命來參加日本統治臺灣四十周年紀念典禮，而長期受到非議，就更感到揚眉吐氣了。當時傳說日本軍人有與臺灣共存亡的焦土陰謀，安藤利吉聞訊即召而告誡曰：「接收投降的是我們陸軍大學的前輩陳儀長官，你們萬萬不可輕舉妄動。」日本軍人對輩分極為重視，從而制止了一場災難。陳儀在臺灣的威信也就更高了。

臺灣省行政長官公署正式辦公，行使職權，陳儀有心在臺灣施展「鴻圖」。在政治上，主張迅速成立各級民意機關，使被壓迫已久的民氣得以伸張。一九四六年初，臺灣舉行了各級民意代表的選舉。選出區鄉鎮、縣市和臺灣省三級參議會。當時，臺灣第一大報《臺灣新生報》稱此次選舉為臺灣「民主政治的第一聲。」

在經濟上，接收日產，保留部分日方技術人員，發行獨立的臺幣，限制法幣流通，使臺灣不受大陸法幣膨脹的影響，沿用舊制實行糖煙等專賣，力圖保持臺灣經濟的相對獨立。並計畫把接收的土地分給無地少地的農民。但國民黨各種勢力伸入臺灣，大肆劫收，交相傾軋。儘管陳儀本人是難得的「廉吏好人」，操守廉潔。可是各級官吏貪污成風，經濟惡化，人民失望至極，終至釀成二二八事件。

二二八事件

一九四七年二月二十八日，是國民政府接收臺灣以後的一年又四個月。這時候，大陸正在進行內戰。駐臺軍隊已調往大陸作戰。蔣介石到臺灣視察時，曾面詢陳儀當地防務，並問是否要派軍隊增防。陳儀答稱，現有軍警力量足夠，不必再派軍隊來臺。當時頗得蔣介石的贊許。實際上陳儀是害怕中央軍隊到臺後增加臺灣財政上的負擔。偏偏就在這時，發生了臺灣民眾大規模反抗事件。

事件的導火線是所謂「緝私案」，二月二十七日下午七時半，臺灣專賣局的武裝緝私員在臺北市打傷一個賣香煙的攤販老太婆林江邁，並槍殺圍觀的群眾陳文溪。當晚，臺北市民擁集憲兵隊及市警察局情願，要求懲辦兇手，可是沒有結果。

次晨，即二月二十八日，人民罷市抗議，集會遊行，高呼「賣香煙都要送命，我們臺灣人還能活嗎？」並衝到專賣局焚燒存貨。警備總部立即發布戒嚴令。下午，群眾又向長官公署請願，遭衛兵射殺，傷亡六人。因此，民眾更加激怒，奪取了廣播電臺，呼籲全臺同胞起來反對暴政。全市騷動，學生罷課，各機關員工走避一空。

三月一日，國民黨政府實行鎮壓，槍聲四起。二日下午，陳儀發表廣播講話：

「一、凡參加此次事件之人民，一律不加追究；二、被憲警拘捕的人民，准予釋放；三、傷亡的人，不分本省人和外省人，傷者給於治療，死者優予撫恤；四、特設一『處理委員會』，以商定善後辦法。」

三日，「二二八事件處理委員會」公開出現，決定動員學生維持治安。從臺北開始的流血鬥爭，很快就蔓延到全省各地。基隆、新竹、臺南、高雄、臺中等地發生暴動，各地軍警幾乎無法對付。人們高呼「反對內戰」、「要求臺灣自治」等口號。許多地方組織成以工人、農民和青年為主體的武裝部隊，攻打僅有少量士兵的兵營、據點、倉庫、飛機場，佔領縣市政府，搗毀國民黨黨部。只有幾天時間，全臺的國民黨政權大半瓦解。

人民的起義在全臺如火如荼，陳儀政府因事前無備，措手不及，臺灣當時無正式駐軍。他一面飛電向蔣介石告急，同時把所有部屬連同家眷等盡可能集中在公署大樓，別無他法。三月七日，省處理委員會應陳儀要求，討論綜合政治改革意見，通過《處理大綱》三十二條。主要內容包括制定省自治法、縣市長民選、言論出版自由、廢止報紙發行申請登記制度等等。

三月八日，血腥的日子！政府把原在徐州戰場一帶打內戰的第二十一師和第二〇五師以緊急命令調到臺灣。在基隆登陸，當夜就殺進臺北市，大屠殺開始了。從這天到十三日，槍聲起伏，晝夜不斷。大街小巷，學校機關內外，到處屍體橫陳，血肉模糊。據行政院估計有一萬八千－二萬八千的臺灣人遭到屠殺。起義被殘酷鎮壓下去。

二二八事件後，陳儀引咎辭職，臺灣省行政長官公署改為省政府。他感慨說，我們負責前往接收，總想勵精圖治，把臺灣搞好，才對得起臺灣人。我為了軍民關係處得好些，將軍風紀欠佳的原駐軍撤走，沒想到新軍抵臺後，竟演出不該有的報復性鎮壓，真讓人痛心。

湯恩伯出賣恩師

陳儀回大陸後不久又擔任了浙江省主席，重新主浙。這時他對蔣介石已經失掉信心，決心脫離國民黨陣營，策劃迎接共產黨渡江大軍，使家鄉免遭戰火。陳儀親筆修書並派其外甥送湯恩伯，勸其認清形勢，投向人民。湯恩伯當時任京滬杭警備總司令。陳儀對湯恩伯深信不疑，以為湯是他多年培養，一手提拔，親如子侄，可托腹心。不料湯恩伯背叛「恩師」告密，一九四九年二月陳儀被解除省主席職務，囚禁起來。四月二十七日，被押送臺灣。開始的一兩個星期，還能與大陸家屬通訊，後來門禁森嚴，杜絕交往。在此期間，傳說蔣介石曾迫陳儀具書悔過，還叫他赴日本進行活動。但陳儀態度倔強，拒不接受，終於在一九五〇年六月十八日，被害於臺北松山機場附近。執行槍決時，陳儀高喊：「向我頭部開槍！人死，精神不死」頗有一些悲壯色彩。時年六十七歲。

知識窗：臺灣行政區劃的演變

臺灣光復後，也就是陳儀擔任臺灣省行政長官時，設八市八縣，一九五〇年調整為臺北、基隆、臺中、臺南和高雄五市，以及臺北、桃園、新竹、苗栗、彰化、臺中、南投、雲林、嘉義、臺南、高雄、屏東、宜蘭、花蓮、臺東和澎湖等十六縣。後來，臺北（一九六七）和高雄（一九七九）兩市升格為院轄市，又增設了新竹市和嘉義市，成為二直轄市，五省轄市和十六縣。臺灣省政府設在中興新村，一九九九年虛級化，宋楚瑜是最後一任臺灣省長。

二〇一〇年底，新北（原臺北縣）、臺中（市縣合併）、臺南（市縣合併）升格為直轄市，高雄市縣合併。二〇一四年桃園也升格為直轄市。今天，臺灣設臺北、新北、桃園、臺中、臺南和高雄等六個直轄市，又稱為六都。還有臺灣省（虛級化）所轄的基隆市、新竹市和嘉義市三個縣級市，以及新竹、苗栗、彰化、南投、雲林、嘉義、屏東、宜蘭、花蓮、臺東和澎湖等十一縣。此外還有福建沿海的金門縣和連江縣（馬祖）。

外交奇才　顧維鈞

許多人都看過陳道明主演的優秀故事片《我的一九一九》，這部電影以巴黎和會為背景，主人公就是代表中國堅決反對日本謀求霸佔山東的外交官顧維鈞，從而開啟了中國電影為民國外交家立傳的先河。顧維鈞外交生涯長達五十多年，他不僅在巴黎和會上，而且還在很多國際場合，始終以國家利益與民族主義為主旨，為反對侵略、捍衛中國的利益而鬥爭。他的一生，是外交家傳奇的一生，為後人留下了寶貴的遺產。

好風憑借力

一八八八年一月二十九日，顧維鈞出生於上海，祖籍嘉定。父親顧溶在官辦招商局從事會計工作。家境雖不是大富大貴，但生活條件較為優越。一八九九年，顧維鈞到英華學院預科求學，一九〇一年考入聖約翰書院，一九〇四年八月，他剪辮易服，辭別父母，同其他六人一起乘船渡洋，赴海外求學。

到了美國，顧維鈞先到紐約州鄉間的庫克學院讀預科，一年後就考入哥倫比亞大學，攻讀政治和法律。在學校期間，他不僅學習刻苦，成績優異，而且還熱衷於課外活動，參加了語言社、講演團，擔任校刊《旁觀者》的編輯，經常被邀請做有關中國歷史、現實形勢和前途的演講。很快他當選為紐約中國學生聯誼會主席。有一次，他受普林斯頓大學校刊編輯部邀請，參加宴會並訪問了他們的校長。這位有學者風度而平易近人的長者，正是他後來第一次出使美國時的該國總統威爾遜。他和羅斯福總統的相識也在這個時期，當時他們是同學。

一九〇五年，清政府在全國人民的壓力下宣稱要實行憲政改革，並委派載澤、端方、戴鴻慈、李盛鐸和尚其亨等五大臣出洋考察憲政。一九〇六年初端方和戴鴻慈來到美國。顧維鈞作為中國學生的代表，躋身於歡迎行列之中。而端方是顧維鈞父親的老友，代表團的顧問又是帶他們來美國留學的領隊施肇基。當時湖北省政府留學生監督張權（張之洞之子）還曾邀請他去華盛頓使館，並拜會了中國駐美欽差大臣梁誠。受到這麼多清廷親貴的禮遇和鼓勵，少年得志的顧維鈞頗為得意，美國許多教師對他也十分青睞。這一切對顧維鈞以後的政治路途起到了重要作用。

一九〇八年，當時在清朝政府任職的唐紹儀（一八六〇－一九三八）以專使名義出訪美國，邀中國留學生聚會時初見顧維鈞，對他的發言大加讚賞，這是顧維鈞第一次在中國高級官員眼中展露頭腳。一九一二年二月正當顧維鈞為博士論文緊張忙碌的時候，卻意外收到中國駐美使館的公函，信中說駐美公使張蔭棠邀請他來使館面談。原來中華民國總統府秘書長梁士詒來電招他擔任袁世凱總統府的英文秘書，據說正是唐紹儀的推薦。面對這一千載難逢的機遇，顧維鈞開始有些猶豫，但在導師的鼓勵和通融下，他很快通過了博士論文的答辯，並下決心回國效力。這一年顧維鈞只有二十四歲。

「好風憑借力，送我上青雲。」一九一五年，年僅二十七歲的顧維鈞在國內歷練不久就被任命為駐美公使，開始了外交官生涯。他是中國外交史上最年輕的使節，在世界上也是少有的。顧維鈞官運亨通，少年得志，一方面是由於自己精明幹練，另一方面也有機遇的成分。當時的唐紹儀任北洋政府第一屆國務總理，他對顧維鈞特別賞識，大力提拔，並將自己的女兒唐梅許配給他。有了岳父的撐腰，顧維鈞自然升遷迅速。當然才學更重要。因為唐紹儀不久就下臺了，而顧維鈞則在外交戰場縱橫捭闔整整一生，沒有真才實學那是不可想像的。

有人說，機遇和才氣在人的事業中各占一半，但也有人說，機遇永遠屬於那些有準備的人。顧維鈞不是單靠機遇的人。不僅在袁世凱當政時，而且在黎元洪、徐世昌以及國民黨政府掌權的各個時期，他都是中國外交界不可或缺的一根支柱。他還改革外交部，建立圖書館、設立檔案科、成立翻譯室，總統府每天都要求看到最新的譯件，以瞭解國內外中國事務在外國的反應。這些機構在今天的中國外交部也是極其重要的組成部分。

巴黎和會爭國權

顧維鈞剛到華盛頓擔任駐美公使不久，夫人便不幸染病去世，給他留下了一雙幼小的兒女。在悲慟欲絕中，顧維鈞向政府遞交了辭呈。然而這時正值第一次世界大戰即將結束，中國政府要他以國事為重，不准辭職，且須前往巴黎參加和會。面對國家的重托，顧維鈞義不容辭。

一九一九年一月，各國代表齊集巴黎，進行締結和約談判。中國派出五位代表，即外交總長陸徵祥，南方代表王正廷，駐美使節顧維鈞、駐英使節施肇基和負責秘書事務的魏宸組。顧維鈞資歷最淺，但被排名第二，實際上負全責。根據會議規定，戰勝國分三類，美英法意日五強，每國可派代表五人；二是曾相當出力參戰的國家，每國可派代表三人；三是其他國家，只能派出二名代表出席。中國國勢衰弱，被列為第三類，只准派兩名代表。最後，中國政府只得決定五位代表輪流與會。中國代表團最重要的使命就是收回山東主權。而一戰中，日本藉口對德宣戰，派兵登陸，奪取了德國在山東的一切權益。因此收回山東的使命，無異於虎口拔牙，任務十分艱巨。

一月十八日舉世矚目的巴黎和會正式開場，一月二十五日通過籌組國際聯盟的決議。一月二十七日中午，正在午餐的中國代表團突然接到緊急通知，會議將在當天下午三點討論山東問題，邀請中國代表團到會申訴立場。能在和會上為收回國權辯護是中國代表團的共同心願，但突如其來的機會，毫無準備的時間，又使代表團成員一個個束手無策。緊急協商的結果，決定由王正廷和顧維鈞出席。

會議在法國外交部會議廳舉行，法國總理克列蒙梭擔任主席，美國總統威爾遜和英國首相勞合・喬治、日本代表西園寺公望、牧野伸顯、外長石井等人在座。會議開始，先由日本代表發言，無非老調重彈。接著克列蒙梭要求中方代表發言。由於時間倉促，王正廷和顧維鈞商量後聲明中方需要時間準備。克列蒙梭只得宣布休會，次日上午繼續進行。

一月二十八日上午十一時，還是在法國外交部的會議廳，顧維鈞經過一夜的突擊準備，開始了他那一鳴驚人的講演。他的背後是全中國，他的面前是全世界。

「我很高興以中國代表的資格有機會將中國問題提到和平會議上來。我自感責任重大，因我是代表四億人口的發言人，這是全世界四分之一的人口。」

「中國代表團要求和平會議將德國戰前的山東租借地、鐵路和其他一切權益歸還中國。」「有關領土是構成中國領土的一部分……無疑大家都知道這片租借地是德國用武力奪取的，……基於和會接受的民族自決與領土完整的原則，中國實有權利要求歸還這些領土。中國代表團認為這是正義的和平條件之一。反之，如果和平會議採取不同的見解，將這些領土轉讓給其他國家，這在中國代表團看來無異以錯就錯。」

「膠州和濟南鐵路所在的山東省是中國文化的搖籃，孔孟的誕生地，即是中國人的神聖地方，全國人民的視線均集中在這個省份，因為他在中國發展過程中經常扮演重要角色。」

「中國很明瞭日本英勇海陸軍曾驅逐德國的勢力於山東省之外。」

「儘管我們滿懷熱忱，但中國代表團深感對祖國和世界均有失職責，如果我們為了感恩而出售同胞與生俱來的權利，從而種下將來衝突的根源。因此，中國代表團信任會議在考慮處理膠州租借地和德國在山東的其他權益時，必須鄭重顧及中國的基本權益，即政治主權和領土完整的權益，以及顧及它力謀世界和平的熱忱。」

顧維鈞手中沒有發言稿，但出口成章，英語流利，詞藻準確。他以豐富的史實、精彩的辯論，證明山東省主權歷歸中國所有。他的發言雖然僅僅半個多小時，但卻在熱烈的掌聲中結束。威爾遜總統疾步過來跟他握手祝賀，說：「這是闡明中國立場的最好演說。」第二天，各國報紙都以最顯著的版面報導了中國代表團發出的中華民族的呼聲。顧維鈞的這次演說堪稱中國外交史上破天荒的壯舉，永遠醒目地定格在歷史的畫面中。在大型國際會議上，敢在列強面前為國爭辯，顧維鈞首開其端。他在巴黎和會痛斥日本侵吞山東的企圖，稱孔子有如西方的耶穌，山東有如西方的耶路撒冷，中國不能放棄山東正如西方不能失去耶路撒冷的名言，語驚四座，廣為傳頌。一時間他成了巴黎的頭號新聞人物，聲名鵲起。

然而在當時弱肉強食的環境下，儘管顧維鈞的發言擲地有聲，有理有據，列強還是在和約中寫下了不利中國的條款。六月二十八日是巴黎和會結束和簽字的日子。在最後的努力失敗後，顧維鈞和中國代表團決定拒不簽字，表現出大義凜然的民族氣節。於是在凡爾賽宮的簽字儀式上，為中國指定的兩個代表座位始終空無一人。一向在國際舞臺上表現懦弱、任人擺佈的中國人，這次終於說「不」了。而立之年的顧維鈞也因在巴黎和會上扮演了大放異彩的角色，成為蜚聲中外的著名外交家。

一九二一年十一月初，顧維鈞作為中國第二全權代表參加了華盛頓會議，重新爭取山東主權。他在談判桌上與帝國主義唇槍舌戰，力爭國家主權的神聖不可侵犯。經過兩個多月的艱苦談判，並借助於美國的壓力，一九二二年三月二日，中日雙方終於簽署了《解決山東懸案條約》，中國收回了山東的權益，取得外交上的勝利，完成了巴黎和會上未竟的事業。

籌組聯合國

九一八事變後，顧維鈞不顧日本侵略者的威脅，把個人的安危置之度外，偕同國聯調查團前往東北揭發日本侵略軍的陰謀和野心，後在國聯會議中不斷要求各國主持公道，並集體制裁侵略者。為弱國爭外交，顧維鈞不知費了多少心血。

頑強的抗戰提高了中國的國際地位，使中國邁入四強，中國為顧維鈞的外交活動提供了堅強後盾。一九四四年十月，世界反法西斯戰爭勝利在望。根據一九四三年莫斯科會議《中蘇美英關於普遍安全的宣言》，由四強發起，在新的基礎上締造一個維護世界和平的國際組織——聯合國的工作，終於被提到議事日程。八月二十一日，在華盛頓郊外喬治城的敦巴頓橡樹園大廈召開了一次具有歷史意義的會議，便是為聯合國草擬憲章。

顧維鈞接到重慶政府的任命擔任中國代表團團長，團員包括魏道明、胡世澤，顧問為胡適、施肇基等人。會議分為兩個階段。第一階段由英、美、蘇聯合會商，而把中國排除在外；第二階段有英、美與中國參加，只不過是將第一階段的三國提案徵求中國意見，走走形式而已。顯然這是莫斯科會議的倒退，也是對中國四強之一地位的不尊重。中國最早承擔起反法西斯的義務，全面抗戰八年，始終肩負著遠東的主要戰場任務，中國的四強地位是以中華民族史無前例的民族犧牲奠定的。

對此，顧維鈞不能不感到憤慨。於是他提出了中國四強地位的問題，並向美國總統羅斯福據理力爭。顧維鈞深厚的國際法造詣、豐富的國際鬥爭經驗及辯論天才又一次得到充分發揮，贏得了美國代表的支持，也說服了英國人。原來認為不過是走形式的會議第二階段，發揮了積極作用，為聯合國憲章走向完善作出了貢獻。顧維鈞率領的中國代表團有力地維護了中國作為世界四強（後來增加法國成為五強）的國際地位。

橡樹園會議最後確定中蘇美英四個發起國在三藩市召開聯合國籌備會，顧維鈞被選為聯合國籌備會執行委員會委員。

一九四五年四月，首屆聯合國大會在三藩市舉行。事先，顧維鈞一再建議中國政府派出具有廣泛性的代表團。正是在顧維鈞的努力下，中國共產黨人董必武才被任命為代表團的正式成員。包括共產黨代表的中國代表團十人一行在三藩市一出現，立即引起全世界的注目。代表團舉行記者招待會時，聞訊而來的各國記者達六百多人。

整個會議期間，顧維鈞注意協調各派意見，向國際顯示中國團結統一的形象。六月二十六日，全體大會通過了聯合國憲章。當年五十個創始國簽署聯合國憲章的地方，就是市政廳西邊那座華麗的歌劇院。在憲章簽字儀式上，中國被推為簽字第一國。顧維鈞在聯合國憲章文本上首先簽字。隨後即席發言。他說：

「我們一生已兩次遭遇了世界上侵略勢力所造成的大流血、大破壞。此次戰爭，中國是第一個被侵略的國家。今日聯合國能在濃情厚誼的美國三藩市制定奠定世界和平基礎之大憲章，實覺無限愉快。現在歐洲勝利既已完成，對日最後勝利不久亦可取得，余個人深信並深望這世界安全組織，一本各國始終不斷的合作精神，能使我們的子孫不致重遭戰爭的痛苦，而得享受和平與幸福。」

一戰結束的巴黎和會上，中國只有兩個席位（強國五個席位），飽受欺凌；而在二戰結束創立的聯合國，中國成為擁有否決權的強國。顧維鈞親歷了這歷史性的變化，並且為此付出幾乎一生的心力。

留下珍貴遺產

一九四六年六月，顧維鈞再度出任駐美大使，這是他外交生涯的最後時期。一九五六年，他回臺灣述職，後辭去大使職務，被任命為總統府資政，這在臺灣是一個很崇高的地位。一九五七年，國際法院法官出缺，顧維鈞經過一番激烈競爭，擊敗了日本最高法院法官栗山茂，當選為國際法院法官，赴荷蘭海牙任職，後來兼任副院長。一九六九年他以八十二歲的高齡從國際法院任上退休，定居美國紐約，開始與哥倫比亞大學東亞研究所共同合作，整理個人回憶錄。他堅持每星期錄音三次，每次錄音三小時。該院先後有五位學者根據顧維鈞口述，並利用他保存多年的日記、會務紀要、電報檔案及信函、文件，經錄音、編寫、核實、校正，歷時十多年，完成了顧維鈞的長篇口述回憶錄，英文打字原稿計一萬一千頁。這部巨著譯成中文約五百萬字。它既是作者從政生涯的長篇回憶錄，又是一部從民初以來五十年間、包括北洋政府與國民黨政府時期對外交涉的歷史紀錄。它的史料價值是非常之高的。這部作品完成後，顧氏將原稿贈與母校哥倫比亞大學。該校特辟專室保存。一九八二年經他本人同意，由中國社會科學院近代史研究所根據《回憶錄》的縮微膠捲譯成中文，分為十二冊發行。

一九八五年十一月十四日，顧維鈞因心力衰竭在紐約寓所逝世，再有兩個月就虛歲一百。

知識窗：國際法院

顧維鈞擔任大法官長達十二年的國際法院設在荷蘭。海牙的和平宮（Peace Palace）就是國際法院的所在。其歷史可回溯到一八九九年。那年，有二十六個國家在海牙舉行第一次世界和平大會，決定建立一個仲裁常設法庭，採用和平方式解決國際爭端。和平宮就是為這個仲裁常設法庭而建的，由美國鋼鐵大王卡內基捐款一百五十萬美元作為建造經費，由法國建築師Cordonnier設計。一九〇七年和平宮奠基動工，一九一三年建成投入使用。

具有諷刺意義的是，和平宮建成後的第二年，就爆發了第一次世界大戰。戰後國際聯盟成立，將它的國際常設法院設在和平宮內。第二次世界大戰後，聯合國取代了國聯，舊的國際常設法院被解散，新成立了國際法院，仍設在和平宮。

莊嚴的大法庭裡，鋪著桔黃色桌布的法庭席後面，排列著十五把椅子，這是法官們的座位。開庭時法官們正襟危坐，臺下外交官員，政府要員，新聞記者竊竊私語，一種神祕而神聖的感覺便油然而生。

國際法院的職權是：受理當事國提出的訴訟案件，並對聯合國大會，安理會或其他機構提出的法律問題發表諮詢意見。國際法院只受理國家的訴訟，而不管個人之間的糾紛。

國際法院由十五名法官組成，自一九四六年建立以來，各國提請它受理的案件數以百計。一些案件與領土權利有關，如一九五九年，國際法院確認比利時對荷比邊界附近一塊飛地的權利主張。國際法院審理的另一些案件與海洋法有關，如處理英國和挪威之間的漁業爭端。近年來，國際法院負責審理前南斯拉夫內戰中的戰爭罪犯，如前南領導人米洛舍維奇等，引起了國際間的廣泛關注。

愛國百歲翁　陳立夫

說起陳立夫，很多人會想起「蔣家天下陳家黨」的說法，知道他是國民黨的高官。鮮為人知的是他晚年潛心研究中華文化，推動中醫藥的發展，並竭力推動海峽兩岸的交流，直到一百多歲高齡去世。

蔣陳關係不一般

陳立夫是浙江吳興（今湖州）人，一九〇〇年七月二十七日生。他是國民黨元老陳其美的侄子，哥哥叫陳果夫（一八九二—一九五一）。陳其美（字英士，一八七八—一九一六）於辛亥革命初期與黃興同為孫中山的左右股肱，隨後多次策動反對袁世凱的武裝鬥爭，一九一六年被袁世凱派人刺殺。陳其美與蔣介石關係密切，為蔣介石結義之兄。在日本時，他就將蔣介石引薦給孫中山，而蔣介石當權後則提拔陳果夫、陳立夫兩兄弟。蔣陳兩家可以說是沒有陳其美就沒有蔣介石，沒有蔣介石就沒有陳家二兄弟的相互提攜關係。

陳立夫年少時在吳興入塾讀書，後至上海入南洋路礦學校，一九一七年到天津北洋大學攻讀礦業工程。一九二三年畢業後赴美國匹茲堡大學留學，兩年後獲碩士學位回國。就在他準備接受山東中興煤礦公司聘請任採礦工程師時，大哥陳果夫轉來了蔣介石的兩份電報，蔣介石表示希望他能到廣州協助自己，擔任機要秘書。陳立夫的志向本不在政治，但因哥哥勸說以及與蔣介石的叔輩關係，還是去了廣州。陳立夫從此踏入政壇，沒成為一名工程師，引為終生憾事。

陳立夫知道蔣介石的脾氣，他過去常見蔣介石罵人。所以在接機要秘書這個職務前，他就對蔣說：我沒有別的要求，就是不能罵我。「校長如果對我發大脾氣，第二天我便辭職不幹。」在他為蔣介石服務的二十五年裡，蔣介石果然沒有罵過他。

從一九二六年追隨蔣介石起，陳果夫官運亨通。一九二八年他升任中央黨部秘書長，他和哥哥陳果夫一道，組織中央俱樂部（Central Club），在國民黨內形成一個很有權勢的CC系。他還擔任過國民黨中央組織部調查科主任，這個調查科後來擴充成為龐大的特務系統，即國民黨中央執行委員會調查統計局，簡稱中統，與軍統並駕齊驅。

抗戰時的教育部長

陳立夫擔任過多種高官，但他最自豪的是擔任抗戰期間的教育部長。在他的回憶中，他這樣評價自己的功過：

「我獻身黨國數十年，於黨政工作，多所參與，成敗得失，有待公平，唯有戰時這一段教育行政工作，雖然未必能達到理想，總算對於國家，竭盡綿薄。我總覺得百年樹人的教育文化工作，乃是最有意義積極的工作，而教育文化事業的興辦，乃是最有收穫的『長途』的投資。」

抗戰時期，正是中國社會步入最艱難的時期，而陳立夫確實竭盡所能，為中國的教育事業做了不少實事。

首先，適應抗戰的需要，建立了一套有利於戰時教育的制度與綱領。抗戰爆發後，為躲避戰火的災難，內地的高校紛紛內遷。但由於戰爭炮火的洗劫，內遷的高校幾乎都受到了重創。據不完全統計：戰前的一〇八所高校，內遷的有九十四所。校舍圖書、儀器損失的平均值在百分之六〇以上。另外，受抗戰的影響，教師、學生皆義憤填膺，反對上課，要求投筆從戎、血灑疆場。陳立夫走馬上任後，認為學生仍然應以讀書為職責，掌握知識，學就本領後再談救國與抗戰。於是，他親自擬定了《戰時各級教育實施方針綱要》，其中心是「為在德智體各方面培養健全之公民，使其分負建國之艱巨責任，故青年之入校修業，自國家立場觀之，讀書實為其應盡之義務。

使青年而有廢學之現象，實為國家衰亡之危機」。這樣，不僅將學生的抗日熱情作了肯定，而且還為戰時的教育指明了一個方向，從而使混亂的教育界有了一定的穩定與規範。

他還對教育制度進行改革。改革的主要內容有招生制度、考試制度、訓育制度和貸金制度。在考試上，陳立夫下決心在後方的十九個省市分區舉行大學統一考試的辦法，使大學的入學考試與畢業考試有了統一的標準。

陳立夫建立起貸金制度，用這個辦法來資助那些來自戰區的沒有經濟來源的學生。據統計，戰時由中學至大學畢業，全部靠貸金或公費完成學業的，約有十二萬多人，包括像李政道、楊振寧這些後來的知名學者，順利地念完西南聯大，皆得益於貸金制度，這項制度，為中國培養出大批的優秀高級人才起了很大的作用。

陳立夫一心想當個採礦工程師，夙願未成終成一生遺憾。撫今憶昔，他常常將七年的教育作為自己平衡得失的彌補。在自述中他這樣寫道：「我想我既無機會採煤礦，何不轉而開開『文化礦』呢？」這對國家民族來說，倒是「從根救起」的工作。因此，每每憶及七年教育的歷史，他總覺得「百年樹人的教育文化工作」，是一生中「最有意義」的作為。

離臺赴美辦雞場

陳立夫被中共視為蔣宋孔陳「四大家族」的代表之一。但蔣介石對陳氏兄弟後期把持國民黨的做法表示強烈不滿。一九四九年一月，蔣介石在下野前召見親信，憤憤地說：「共產黨沒有打敗我，打敗我的是自家的國民黨」，然後指著陳立夫道：「就是你們一班人。」

到了臺灣後，蔣介石決定改造國民黨。他召見陳立夫，問陳對「改造」有何想法。陳立夫察言觀色後，自知鬥不過老蔣，便借坡下驢主動提出：大陸失敗，黨、政、軍三方面都應有人出面承擔責任，黨的方面由他和陳果夫承擔，因此他們兄弟不宜參加黨的改造。這種說法本是以退為進、投石問路之意，但蔣介石聽後默默不語，由此陳立夫知道自己大勢已去。

一九五〇年八月，陳立夫懷著無比悽愴的心情，率全家離開臺灣。據說宋美齡送了他一本《聖經》，讓他帶去念念，會在心靈上得到慰籍。當時陳立夫指著牆上的蔣介石像說：「夫人，那活的上帝都不信任我，我還能指望得到耶穌的信任嗎？」留在臺灣的哥哥陳果夫病臥於六席斗室，於一九五一年八月二十五日去世。

陳立夫來到美國，隱居在新澤西州湖林鎮，埋頭研究起《易經》來。為了維持生計，他找孔祥熙等故人借了近兩萬美金，買了一個養雞場。沒有幫手，他就自己動手，餵食、撿蛋、買飼料、賣雞蛋、清理雞糞，肩挑背扛。他自學養殖專業知識，很快就學會了給雞餵藥、打針。養雞不僅讓陳立夫擺脫了經濟上的困窘，還讓他的精神得到了振奮。更令他高興的是，他因多年伏案工作，背部肌肉勞損，常年背部疼痛，從事體力勞動竟然治好了這個病。陳立夫還在家中製作皮蛋、鹹蛋、豆腐乳、粽子，為唐人街的中餐館供貨。閒下來的時間，陳立夫和夫人讀書、寫字、繪畫，還擔任了普林斯頓大學的客座教授，隔幾天就去大學講課，進入了無憂、無辱、常樂的人生境界。

推動海峽兩岸交流

一九六九年陳立夫夫婦回臺定居。他回臺後擔任中華文化復興運動推行委員會副委員長，兼任「孔孟學會」理事長，私立中國醫學院董事長，以「復興文化」和「提倡中醫」為已任，忙於著述而不過問政治。

一九八八年七月，在蔣經國死後半年，國民黨召開十三大，陳立夫聯合蕭錚、余俊賢、蔣緯國、陶百川等三十四人提出一項提案，要求中共放棄武力攻臺，在此基礎上與國民黨「建立共信」，雙方開誠合作，共同成立國家實業計畫推行委員會，由臺灣向大陸提供長期低息貸款五十至一百億美元，投入大陸建設，進而協商政治整合，最終實現和平統一。這項提案公佈後，陳立夫霎時間身價倍增，報刊記者紛紛採訪。有人評論，「這位八十九歲的反共守舊老人，一下子躍居為『和平統一』的急先鋒，激進的程度直讓國民黨以開明自居的當權晚輩們瞠目結舌。」

此後，陳立夫擔任海峽兩岸和平統一促進會名譽會長。在一九九七年香港回歸中國後，他曾書寫了一副條幅「十億炎黃椽筆重書民族史，百年風雨香江今奏凱旋歌。」一九九八年長江流域發生水災時，他又捐獻了兩幅字參加義賣，並得到好價。

二〇〇一年二月八日晚近九時陳立夫在臺中市中國醫藥學院附設醫院病逝，享年一〇三歲。

軼事：陳立夫養生之道

陳立夫在《我怎麼會活到一百歲》的長文中，他談了自己獨到的體會：

先天的稟賦，人人不同，而最可貴者，則具有四種：一、能熟睡。二、不發脾氣。三、記憶力強。四、有恒心。長壽關鍵在於後天的保養，有七點為要。

一、養身在動，養心在靜。
二、飲食有節，起居有時。
三、多食果菜，少食肉類。
四、物熟始食，水沸始飲。
五、頭部宜涼，足部宜熱。
六、知足常樂，無求乃安。
七、減少俗務，尋求安寧。

過渡總統　嚴家淦

大陸很多人都知道蔣家父子曾先後在臺灣擔任總統，可是鮮為人知的是，在蔣介石和蔣經國之間，還有過一位總統，這就是嚴家淦。

嚴家淦一九〇五年十月二十三日生於江蘇吳縣一個書香門第之家。自幼聰穎過人，好學，四歲即會吟詩。少時曾就讀於木瀆小學。一九二二年進入上海聖約翰大學攻讀化學，同時對數學也產生了濃厚的興趣。校方看他才智過人，便同意他也攻讀數學，於是嚴家淦成為聖約翰為數不多的雙學位畢業生。嚴家淦不但文化底蘊深厚，他的英語水準也很高，已經達到爐火純青的地步。正因如此，嚴家淦在大學讀書期間，不僅擔任該校的中文總編輯，還曾擔任該校月刊的英文編輯。

一九二六年，嚴家淦大學畢業後曾在上海德商西門子洋行供職，一九三一年出任京滬杭甬鐵路管理局材料處長。一九三九年調任福建省政府建設廳長、財政廳長。在其任財政廳長之時，嚴家淦因設計推行「田賦征實」制度，名噪一時。就此一舉，深得蔣介石的賞識，於是該項田賦征實制度便向全國推行。

一九四五年抗戰勝利，嚴家淦到南京協助何應欽辦理受降接收工作。臺灣光復後，嚴家淦十月二十四日抵臺，就任臺灣省行政長官公署交通處長兼交通部特派員。一九四七年，嚴家淦出任臺灣省政府財政廳長。到臺灣後他的政治才能才真正顯露出來。在財政廳長任內他曾主持「幣制改革」，發行新臺幣以穩定臺省金融，有效地降低通貨膨脹及混亂的物價情況。改革效果比較明顯，此舉又一次倍得蔣介石的青睞，於是嚴家淦青雲直上，一九五〇年榮升經濟部長兼美援會副主任委員，不久又任財政部長，初建財經班底，任內整頓稅制，致力於推動臺灣的財經發展。他也是土地專門委員會委員，參與了土地改革規劃工作。

一九五四年，嚴家淦出任臺灣省主席，主持臺灣省政三年。一九五八年回任財政部長。一九六三年十二月，國民黨中常會討論行政院改組問題時，蔣介石提出了換人方案，同意陳誠的請辭，並提名嚴家淦，繼任行政院長。嚴家淦代替身體有病的陳誠，為「太子」登基擔負起了「護航」的任務。一九六四年三月，嚴家淦提名蔣經國為國防部副部長並兼任政務委員。是年，大陸經濟全面好轉，同年爆炸了原子彈，兩岸強弱懸殊更大。嚴家淦對外稱「中共核爆炸絕不影響反攻大陸政策」。

陳誠去世後，一九六六年嚴家淦被蔣介石擢為副總統，仍兼行政院長。蔣介石特別強調：

「嚴家淦的長處，正是我的短處；我的長處，也正是嚴家淦的短處。」凸現兩人互補特色。嚴家淦長期主持臺灣財經事務，策劃和制定多項重大財經法案，為臺灣經濟奇跡的主要設計師之一。一九七二年嚴家淦再度當選副總統，行政院長則由蔣經國接替。一九七五年四月，嚴家淦繼蔣介石之後出任總統，旋即領銜推舉蔣經國出任國民黨中央委員會主席暨中常會主席，拱手將最高權力轉移至蔣經國手中，時稱「蔣嚴體制」時期。

在嚴家淦擔任總統的三年中，除了扮演憲法上的元首角色外，對於重大決策決定，都與蔣經國密切協商，共謀解決之道，使政治體系的運作，並不因權位的名實不符而生齟齬之感。嚴家淦登上總統寶座後，沒有人歌功頌德，他在蔣介石生前是默默無聞的副總統，蔣介石死後又成了默默無聞的總統。他小心謹慎，本分地充當好「過渡總統」的角色。在接下來的三年裡，名在嚴家淦，權在蔣經國，這種「嚴蔣體制」使無為和有為得到了絕妙的結合。

一九七八年又到了總統選舉時候，嚴家淦沒有尋求爭取連任，可能的原因有：一來沒有意願；二來在臺灣習慣強人統治的政治環境裡，技術官僚出身的嚴家淦並不適合；三為當時黨國體制之下，在國民黨內輩分不高的嚴家淦，不易取得主導權；四來當時各界普遍認定接任總統的人選應是蔣經國。

一九七八年一月七日，國民黨中常會舉行臨時會議，同意嚴家淦建議，提名蔣經國為第六任總統候選人。對於嚴家淦的讓位和提名他為總統候選人，蔣經國也表示感激之情，稱讚嚴家淦。

蔣經國在讚揚嚴家淦的同時，制訂並通過了卸任總統禮遇條例。一九七九年，嚴家淦被推為臺北故宮博物院管理委員會主任委員。一九八六年因患腦溢血住院，從政壇隱退。一九九三年十二月二十四日晚十時，嚴家淦因心臟衰竭，病情轉危，經急救無效而病逝於臺北榮總醫院。終年八十八歲。葬於新北市汐止五指山國軍示範公墓。

嚴家淦病逝後，臺灣報刊才刊出歌功頌德的文章，有輿論稱其為「臺灣經濟起飛和政治穩定的大功臣」，可說是「最無爭議的一位政治人物」。

軼事：嚴家淦在大陸的花園

嚴家淦花園位於蘇州市西南十多公里的木瀆鎮。這是一座江南著名的私家花園，光緒二十八年轉讓給嚴家淦先生的祖父、木瀆首富嚴國馨。嚴家花園佈局得體，曲折幽深，頗具特色，占地十六畝。毀於抗戰時期。後來經過修復，吸引了海內人士慕名光臨，成為一大旅遊景點。

經歷傳奇的政壇強人　蔣經國

蔣經國是蔣介石的兒子，一九一〇年三月十八日出生於浙江奉化溪口鎮，一九四九年去臺灣。一九七五年蔣介石病逝後擔任國民黨主席，一九七八年接替嚴家淦成為臺灣第三位總統，直到一九八八年一月十三日病逝。他堅持一個中國，主張國家統一，反對「臺獨」，為緩和兩岸關係做出了貢獻。在他的任內，臺灣的經濟建設和各項事業也得到了很大的發展，至今蔣經國仍為臺灣民眾所懷念。

留蘇磨練

蔣經國生於顯貴之家，卻備受風霜之苦，有著不平凡的經歷。一九一七年俄國革命成功，震驚世界。孫中山的南方政府也得到莫斯科的支持。很多青年都有「以俄為師」之志，赴蘇聯留學。一九二五年，蔣經國就在這股浪潮下來到蘇聯，作為國民黨要員的子弟被保送到當時專為中國留學生所創辦的中山大學。當時，他不到十六歲，是中大同學中年齡最小的一個。到莫斯科不久，他就加入了共青團，他的團小組長就是鄧小平。

一九二七年，蔣介石發動四一二政變，國共決裂。蔣經國畢業後申請回國，得不到允許，而被送到列寧格勒一所軍政學校深造。這算是對他的禮遇，也算是挾持。就史達林而言，蔣公子是一顆棋子，掌握這顆棋子，與蔣介石打交道，即能待價而沽。從紅軍軍政學校畢業後，蔣經國被派往電氣工廠勞動改造，也曾到冰天雪地的西伯利亞挖礦。還被下放到集體農莊。晚上，他經常拖著疲憊不堪的身體，肚子餓得咕咕叫，抱頭躺在麥杆堆上流著淚，思念祖國和母親。但他忍辱負重，以實際行動贏得了農民的信任，居然被選為農莊蘇維埃副主席。經過一年半勞動改造，他由農村重回工廠。在烏拉爾重型機械廠裡，幹到副廠長。事業得意，帶來了愛情。一位名叫芬娜的女工與他墜入愛河，一個失去雙親，一個遠離祖國，一九三五年這對異國情侶結為夫妻，她就是後來的臺灣第一夫人蔣方良。

一九三六年底發生西安事變，實現國共合作，這一戲劇性的事件，為蔣經國的命運帶來了轉機。不久，蘇聯政府允許他回國。一九三七年三月蔣經國夫妻，抱著尚在繈褓中的兒子（蔣孝文）踏上萬里歸鄉路。「當時我們經歷的痛苦，並非夢境，而是最殘酷，最慘痛的現實，」蔣經國後來在《我在蘇聯的日子》文中，對十二年的滯俄，曾這樣寫道。

贛南經歷

蔣經國剛回到中國不久，抗日戰爭就全面爆發。一九三八年，他出任江西省保安處副處長兼新兵督練處處長，次年改任江西省第四區專員及贛縣（今贛州市）縣長，開始「建設新贛南」。就在那一年，他的生母毛福梅在日軍轟炸時罹難。

當時的贛南「民窮財困，土劣橫行，文化落後」，蔣經國先治土匪，組織了四個保安大隊，親自下鄉督導清鄉滅匪，而後修築公路，使全區各縣交通順暢。

作家江南的《蔣經國傳》的第七部分把當年蔣經國掃除「土豪劣紳」的過程，寫得相當傳神，他描寫蔣經國「下令禁賭、禁煙、禁娼，而且令出必行，禁得十分澈底。贛南的一位鹽務處長的太太，偏不信邪，結果被判在贛縣中正公園的陣亡將士墓前，罰跪三天，兼做苦工六個月。」

一九四〇年，他正式展開「建設新贛南三年計畫」，為「人人有工做」，他開辦工廠及其他經濟建設；為「人人有飯吃」，他著手改良農業，增加糧食生產，開設碾米廠、麵粉廠；為「人人有衣穿」，他提倡種棉花、養蠶，並設置紡織及縫紉廠；為「人人有屋住」，他推廣苗圃、普遍造林，設置磚瓦窯及鐵木工廠；為「人人有書讀」，他將全區有一高中，各縣有一縣中，鄉鎮中心有國民學校……「五有」成為建設新贛南的五大目標。

蔣經國辦事雷厲風行，贛南的面貌為之一新。在純樸的農民心目中，蔣經國變成了現代「施公」、「包龍圖」、「蔣青天」。他的作風，在國民黨人看來，卻很不習慣。蔣經國沒有養尊處優的官場作風，經常短裝草履，在黑巷、在農村巡行，與民眾交談，樹立起一幅親民形象。在蔣經國的「良心政治」下，贛南的變革引起中外矚目。西方報刊把贛南譽為新中國未來的範例。而國民黨內部則指責贛南的舉措是蘇聯社會主義的中國版。內部的壓力，以及蔣介石也不免感到兒子的鋒芒太露，終於把他調開。但蔣經國在贛南的四年多時間已經成功地建立起政治階梯，聲望日益上升。

蔣經國很喜歡贛縣縣長這個職位，曾說：「這是個光榮的代名詞，跟科學家、文學家、藝術家一樣的珍貴和榮譽。」專員和縣長的職務使他能獨當一面，施展才能。但一九四四年，蔣經國遠調重慶，出任三青團中央幹部學校教育長，進入中央工作。同年底，他開始「抓槍桿子」，參與了青年軍的組建，任青年軍總政治部主任，晉升為陸軍中將，從而確立了自己在國民黨軍中的地位。一九四九年蔣家王朝在大陸崩潰，父子二人出走臺灣。

初到臺灣

一九四九年，蔣家父子與兩百萬軍民撤到臺灣，一切從頭做起。鑒於失去大陸的教訓，蔣經國先參與黨務改造工作，一九五〇年出任國防部總政治部主任。為培養忠於自己的政工人才，他在臺北復興崗創辦了政工幹校，復興崗儼然成了蔣經國的黃埔。一九五二年，蔣經國又辦起救國團，為國民黨培養新生代。那個時期，蔣經國還負責情報等要害部門的工作，為接班積累實力。

一九五五年，國民黨軍隊等三萬餘人從浙江大陳島撤往臺灣。二月十日時任國防會議副秘書長的蔣經國主持最後一次升旗儀式後降旗撤退。反攻大陸更加縹緲無期。國軍士兵年齡普遍偏高，被諷刺為「鬍子兵」。臺灣把退伍兵稱為「榮民」，要為這些人找一條出路。這問題處理起來，頗為棘手。因為這些人長年置身軍伍，一則離鄉背井，孤苦無依；二則出操上課，謀生乏術。假如無適當安置，將會產生社會問題，進而影響軍心士氣。蔣經國勇敢地負起這個責任。他說：「我們同是生長在這苦難的時代裡，多難的國家中，大家休戚與共，息息相關，對榮民是以感情、道義去服務，不是講恩賜。」五六十年代逐步退役的軍人有幾十萬人，輔導榮民的工作，是一個複雜多端的龐大計畫。在當時臺灣的官僚系統中，沒有人具備蔣經國的權威。

為了處理這一問題，一九五六年專門成立了行政院退除役官兵輔導委員會，由蔣經國領導。輔導辦法大致為：年輕而有志求學的，輔導就學；有工作能力的輔導就業；需要休養的使之休養；病苦的使之就醫。輔導會創辦了榮民醫院、榮民之家、農場和工廠。輔導會的成績，客觀評價應該是上等分。解決了社會問題，安定了軍心，贏得了民眾的讚譽。

在蔣經國擔任八年輔導會主委期間，搞成一批成規模的基礎設施和福利設施，妥善安置了退伍老兵，為蔣經國贏得了「政聲」。其中開闢橫貫公路，是蔣經國最明顯的政績。他曾先後進入中央山脈二十一次，勘探路線。橫貫公路包括主線支線全長三百四十八公里，是一項宏大的公路建設，全線綿亙在崇山峻嶺和斷崖峭壁間，工程異常艱巨，主要施工人員都是軍隊退役後無處謀生、無家可歸的大陸籍老兵。從一九五六年至一九六〇年，數千名築路者胼手胝足，歷盡艱辛，終於建成了這條穿越中央、雪山兩大山脈、橫跨寶島的公路幹線，把臺中市縣與臺灣東部連接起來。其中中橫路主線西起臺中東勢鎮，東至花蓮太魯閣峽，全長一百九十多公里。榮民們有氣力，有膽量，卻無特殊的技能。沒有比修公路能夠吸收那樣龐大的勞工數量。通過修公路也鍛鍊出了一支施工技術力量。後來臺灣的建築業界在國際上頻頻中標，在中東等很多地方拿下不少大工程。

一九六四年，蔣經國出任國防部副部長，次年接替俞大維升任部長。一九七二年，蔣介石又讓他接替嚴家淦擔任行政院院長，主掌臺灣政局，從而開始了一個新的時代——「蔣經國時代」。

主政時代

一九七二年六月一日，蔣經國接任行政院院長，這就是「蔣經國時代」的開端。當時臺灣剛退出聯合國不久，二十多個國家數月內與北京建立外交關係。臺灣外交部被諷刺為絕交部。更使臺灣驚慌的是：尼克森訪華，中日建交。這突如其來的大地震，使蔣經國出任行政院院長更具有悲壯的氣氛。臺灣上下寄希望於這位蔣公子能「新人新政，救亡圖存」。

在這種情況下，蔣經國新組的內閣，做了澈底換班。在蔣介石處於半退休狀態下，這位新任院長開始大展宏圖。當年在贛南只能小打小鬧，如今則可以放手大幹了。他提出十項行政改革，強調作人要「平凡」、對名利要「平淡」、對工作要「平實」的公務員精神。而行政改革的第一位是廉能政治，革除貪污。

在經濟上實行以自由經濟為手段，均富為目的的政策。一九七二年九月宣布「加速臺灣農村建設的新措施」。翌年十月又宣布五年內完成「十大建設」。面對資金壓力和各種困難，蔣經國堅持「十大建設」上馬，他鏗鏘有力地毅然表示：「今天不做，明天就會後悔」。事實表明這「十大建設」在臺灣經濟結構的轉型時期，擔起了脫胎換骨的作用。

在「十大建設」中，把交通基礎建設放在首位，其中六項為交通專案，即中山高速公路（一九七八年建成，臺灣第一條高速公路）、西線鐵路電氣化、北迴鐵路、臺中港、蘇澳港和桃園國際機場。其餘四項才是工業建設，即高雄鋼鐵廠、高雄造船廠、石油化工及核電廠（位於新北市石門區，臺灣第一座核電廠）。在此期間，臺灣的經濟增長率最高達到每年百分之十三以上。而蔣經國並未就此「收工」，繼續推行「十二項建設」，其中除五項交通項目、二項工業專案外，還增加了三項農業建設，即改善農田排水系統、修建海堤和重要河堤工程、促進農業全面機械化；以及兩項社會文化建設，即開發新市鎮、廣建國民住宅，建立每一縣市的文化中心，包括圖書館、博物館和音樂廳。這些建設為後期的經濟起飛奠定了基礎，使臺灣在經濟上脫穎而出，躋身「亞洲四小龍」。到一九八八年，臺灣人均GDP超過六千美元。貧富差距在世界上也屬於最小之列。蔣經國因此更叫人刮目相看，他的業績直到今天仍然讓臺灣人懷念。

一九七五年蔣介石病逝後，蔣經國被推選為國民黨主席，並於一九七八年五月就任總統，直到一九八八年一月十三日病逝。在此期間，蔣經國靠自己的親民作風，政策效果深受臺灣民眾的愛戴。他幾乎走遍了臺灣的山山水水，到農戶做客，與村民聊天，與士兵一起吃飯。他作風平民化，輕裝簡從，喜歡穿夾克便裝下鄉，以帽子與民眾結緣，他與民眾換帽子，也常常送人家帽子，戴過草笠、水兵帽、大學生的軍訓帽、高山族的藤帽等，從中可以看到他平易近人，喜歡與百姓接觸的一面。

蔣經國一貫堅持反「臺獨」的立場。在晚年，他親自推動幾項主要的民主化和開放政策，如結束家族統治，解除戒嚴令，允許反對派人士組黨，解除報禁，釋放政治犯，放寬言論尺度等，使一個開放而多元化的社會開始出現，為臺灣的民主化奠定了良好的基礎。特別是他親自制訂了民眾到大陸探親的開放政策，受到海峽兩岸人民的歡迎。

蔣經國去世後，靈柩「奉厝」於桃園市大溪區頭寮。這裡樸素寧靜、環境幽雅，距蔣介石靈柩所在地慈湖只有幾分鐘的車程。

軼事：異國情緣

蔣經國在蘇聯相遇芬娜相愛的事被演繹成多種版本的故事，而流傳最廣的是英雄救美版。相傳蔣經國在廠裡加班到深夜才回家。回宿舍的路上看到一個流氓正在攔著一個姑娘，圖謀不軌。那流氓是個大漢，見蔣經國是個小個子，並不以為然。卻沒想到蔣經國體格碩壯，有些蠻力，愣是三拳兩腳把大漢打倒了。那位女郎就是芬娜，她對蔣經國又是感激，又是敬佩，從此他們就開始了來往。後來蔣經國臥病時，芬娜對他侍湯奉藥，情意綿綿。兩人結下了白首之盟。

蔣經國帶著芬娜和孩子離開蘇聯後，回到浙江奉化溪口故里。芬娜與婆婆毛福梅朝夕相處，習得一口寧波方言，也學了一手寧波菜。她孝順公婆，體貼丈夫。以至於最初不習慣她的公公蔣介石對其十分滿意，給她起了中國名字蔣方良，據說是取其「方正賢良」的意思。

軍事將領

收復臺灣的民族英雄　鄭成功

寶島臺灣自古以來就是中華領土的一部分。明代以來，臺灣與大陸間的經濟聯繫進一步加強，東南沿海特別是福建漳、泉一帶人民開始較大規模地遷往臺灣從事開發事業，促進了臺灣經濟的發展。富庶的寶島引起了外國侵略者的垂涎，一六二四年荷蘭派艦隊來侵，臺灣淪為殖民地。直到一六六二年，鄭成功率大軍收復臺灣，才結束了荷蘭異族的三十八年統治。鄭成功是歷史上傑出的民族英雄，豐功偉績彪炳千秋。

國姓爺

一九八二年，臺北市政府在新公園豎立了一尊鄭成功銅像，碑文由鄭氏宗親前輩鄭彥棻親撰，對鄭成功的一生和功績作了介紹。碑文全文如下：

「明延平郡王鄭成功，原名森，字大木，福建南安人，少穎敏，倜儻有大志。甲申之變，崇禎帝殂，福王立江左，稱弘光，南都陷落，被執死。禮部尚書黄道周等奉唐王即位福州，建元隆武，成功侍父芝龍陛見，帝奇其骨相非凡，乃賜姓朱，改名成功，字明儼，封忠孝伯、禦營中軍都督，授尚方劍。未幾，清軍破兩浙，芝龍陰蓄異志。帝殊鬱鬱。成功奏曰：臣受國恩，義無反顧，當以死捍陛下。俄而仙霞嶺不守，帝走汀州遇難。成功南潰，次安平。而芝龍已先至，無勤王意。清貝子博洛召之，遂進降表。成功泣諫不從。焚儒服，辭文廟，與陳輝、張進等收兵南澳，得勁卒數千人，編練成軍，文移署忠孝伯，招討大將軍。聞永明王帝粵，改元永曆，遙奉正朔，傳檄區宇。自是取金廈，略潮揭、下溫臺，旌旗所指，敵虜披靡，以功進延平郡王。十三年春，更率戈船八千，北伐金陵，奈南風不競，功敗垂成，鎩羽而歸。十五年東渡驅荷蘭夷，收臺灣，寓兵於農，誕敷文教，綢繆新膽，籌策中興，再舉大舉。詎知天不假以年，竟以次夏五月初八日病卒，可謂鞠躬盡瘁，得年僅三十九歲。夫成功丁無如何之厄運，抱得未曾有之孤忠，馳驅陸海，誓復金甌，雖有斧斫之憂，終嚴夷夏之防，弘勳有奕，焜耀千秋，又豈崇敬而已哉。」

圍繞這篇碑文做些說明和補充。鄭成功祖籍福建南安石井鎮（泉州附近，現設有鄭成功紀念館）。他的父親叫鄭芝龍，芝龍小的時候，隨商人李旦到日本平戶。平戶是個古老的城鎮，在日本九州西北的平戶島上（現與九州以跨海公路相連），今屬長崎縣。西元一五五〇年成為向葡萄牙、荷蘭等西方國家開放的第一個貿易港口。當時與中國的貿易也很繁盛。直到一六三九年，其地位才被長崎取代。鄭芝龍在此娶了田川氏為妻，田川氏的父親是泉州鐵匠翁翌黃，因久住當地娶妻而改用了日本姓，叫田川翌黃。鄭成功誕生於一六二四年農曆七月十四日。今平戶海邊有一塊大石，據傳是田川氏在撿貝殼時，在這塊大石上臨盆生下鄭成功，後人立碑「兒誕石」紀念之。

鄭成功在七歲時回國，他的叔父鄭鴻逵，見到他相貌長得非常英俊魁偉，對他非常喜歡，也非常看重他，多次見到成功時，摸著他頭頂說：成功將來是我們鄭家最有前途的，像一匹千里駒。鄭成功在十五歲的時候，便考中了秀才。一六四四年，清軍入關，崇禎帝自殺。南京的福王登基為帝，建元弘光（一六四五年）。成功這年到了南京，進入太學，拜名儒錢謙益為師。不久福王被打敗處死。駐守在福州的唐王被擁立為帝。成功便回到福州隨侍唐王。唐王很器重鄭成功，升他擔任禦營中軍都督，並賜他姓朱，此後人們便稱鄭成功為「國姓爺」。沒有孩子的唐王，把鄭成功當成自己的兒子一樣看待，這樣的賞識使鄭成功非常感動。這時田川氏也來到福建，於是母子相聚。

原先成功的父親鄭芝龍是海盜顏思齊（其實是被官府逼下海的造反者，對組織移民開拓臺灣甚有貢獻，被尊為臺灣的「開山之祖」）的部下。顏思齊死後，鄭芝龍接掌了他的事業，部隊的薪餉和武器都非常充足。唐王在福州，完全要靠芝龍的擁護。只可惜芝龍不識大體，不明大義，在清兵攻打福建時，芝龍不但不與清兵打仗，並且整個部隊都投降了滿清。清將是貝子（貴族）博洛，他把鄭芝龍押到北方，逼他寫信叫成功投降。成功知道這是陰謀，根本不理會，並寫了一封回信說：「我只聽說父親教育兒子要忠，從來沒有聽說父親教育兒子打仗時投降，滿清不講信用，父親如果不幸被滿清害死，兒子只有穿著孝服來報仇了。」這時清兵到處放火、搶奪，成功的母親自殺身亡，成功非常悲痛，他在家鄉的孔廟前，焚燒曾穿過的儒生服裝，決心棄文從武，投筆從戎，效命沙場。鄭成功撤退到閩南，高舉義旗，招兵買馬，擴張到幾千兵馬，獨力開拓抗清運動。

唐王遇難死後，駐紮在廣東肇慶的桂王稱帝，年號永曆。他十分賞識鄭成功，封之為「延平郡王」。鄭成功率水陸大軍十幾萬，艦船八千，聯合浙東張煌言（一六二〇－一六六四）的部隊北伐，一路勢如破竹，一六五九年（永曆十三年）打到南京城下。可惜功虧一簣，帶所餘部隊回到廈門。

收復臺灣

鄭成功北伐南京失敗，清兵的攻勢越來越凌厲，連福建的基地都可能守不住。恰巧這時候荷蘭派通事（翻譯）何斌來見，要求通商。何斌系鄭芝龍舊部，獻計道，「您為什麼不取臺灣？臺灣本是中國的領土，有了臺灣，不愁沒有軍餉。臺灣沃野千里，可以作為根據地……」並告以荷蘭人在臺灣的虛實，獻上臺灣的地圖。鄭成功採納了何斌的建議，向將士們宣布：「我們必須整頓待發建立新的根據地，那就是臺灣。」

經過一番準備，一六六一年三月二十三日，鄭成功親率大軍二萬五千多人，分乘船艦三百五十餘艘（一說兩百餘艘），從金門料羅灣啟航，乘風破浪，穿過臺灣海峽，中途因受狂風暴雨所阻，四月初一才到達臺灣外沙線。

早在明朝萬曆年間（一五七三－一六二〇），今臺南一帶已有福建泉州移民進行開發。一六二四年荷蘭人占領臺灣，在此地沿海沙洲上動工興建城堡，命名為「熱蘭遮」城（Fort Zeelandia，即安平古堡，又稱臺灣城）。城堡共有兩層，極其堅固，置炮二十多門。而後又在此城以東陸地上修建了一座普羅民遮城（Providentia或Provintia，即赤嵌樓）。兩城相距不遠，互為犄角。荷蘭人以此作為統治臺灣的中心據點。當時荷蘭在臺灣約有守軍三千人左右。荷蘭總督揆一聽說鄭成功渡海而來，便自己守「熱蘭遮」，派將軍描難實叮守普羅民遮城。揆一自恃有沿海炮臺天險，可以逸待勞，不把鄭成功放在眼裡。

要從外海進入內海攻打普羅民遮城，必須經過南航道大港或北航道鹿耳門。大港的海口較寬，北岸為北線尾島，南岸即安平，在「熱蘭遮」北面七座炮臺的射程之內，且有荷蘭戰船防守。北航道鹿耳門，東接大灣，南岸為北線尾島，北岸為加老灣沙洲。因兩岸沙角形似鹿耳，航道狹窄如門而得名。鹿耳門古為臺灣島西南沙洲群中較大的潮汐口，因受潮流沖蝕，遂成為出入大灣的重要航道。但航道底部堅石堆積，暗礁盤結，航道險惡曲折，巨舟不能入，水勢異常，曾有「天險」之稱。荷蘭人把它視為陷阱，不設防，有意誘使鄭成功從此經過，以便聚殲。鄭成功權衡之後，選擇鹿耳門航道。他先坐小船在鹿耳門外登陸，然後命令船隻趁滿潮，依嚮導，齊進鹿耳門，以四千餘人搶佔北線尾島，主力則渡過大灣在臺灣本島登陸，直撲普羅民遮。臺灣同胞看到鄭軍到來，紛紛接應。鄭成功指揮圍城打援，陸上殺敵援兵數百。水師集中力量火攻荷蘭主艦「赫克托」號，該艦連同水兵因火藥倉爆炸沉入海底。在孤城絕援的情況下，四月初六日敵將描難實叮只得投降。鄭成功僅用了三天就奪得此城。清道光三年（一八二三年），臺南地區爆發特大洪水，大灣被泥沙淤塞，航道填為平陸，今僅存鹿耳門溪，這是後話不提。

鄭成功接著又將熱蘭遮城團團圍住。荷蘭總督揆一派人求見，表示願送白銀十萬兩，年年納貢，要求鄭成功退出臺灣，被鄭成功嚴詞拒絕。他親率大軍強攻，但此城築得堅固，火力猛烈，連攻十數日未克，遂改為長期圍困。閏七月，荷蘭殖民主義者從爪哇派出戰船十餘艘來援，鄭成功在海上進行迎頭痛擊，毀荷戰船二艘，俘獲戰艇三艘，擊斃艇長以下官兵一百三十餘人，迫使荷援軍殘部逃回。從此，荷蘭人再不敢向揆一增援了。

「熱蘭遮」從四月開始被圍困到十二月沒能攻下的主要原因是城內沒有斷水。後經臺灣人民的幫助，鄭成功終於找到城裡水源是來自一鯤山上流入城壕的幾處泉水。鄭軍便把這幾處水源切斷。水源一斷，鄭成功立即發起總攻。清康熙元年（一六六二年）二月一日，揆一終於扯起白旗，在投降書上簽字，然後率領五百餘人的殘兵敗卒、以及官吏商賈狼狽撤離。

經過十個多月艱苦戰鬥，荷兵死傷一千六百多人，臺灣重歸中國，結束了荷蘭在臺三十八年的殖民統治。在這次收復臺灣的戰爭中，鄭成功正確選擇進攻方向，善於利用季風、潮汐，出其不意地實施登陸，爾後集中優勢兵力分割圍殲荷軍，取得了大規模渡海登陸作戰的勝利，在中國軍事史上寫下了光輝的一頁。

開臺聖王

鄭成功光復臺灣後，改赤嵌地方（現臺南一帶）為「東都明京」，設一府二縣，即承天府（今臺南市），天興（今嘉義）和萬年（今鳳山）二縣，建立行政機構，作為抗清基地。

除了善於用兵之外，鄭成功更有一套完整的經濟政策。荷蘭人佔據臺灣時，荷蘭東印度公司將所有耕地據為己有，稱為「王田」，非但不允許臺灣人擁有私有耕地，更奴役大陸移民為農奴，強迫他們在王田內栽種甘蔗，外銷牟利。鄭成功登陸臺灣，尚在圍城時，就盡改荷蘭人的土地政策，不但廢王田，改為官田，由佃農耕作，官府收租，換種五穀，更將制糖外銷的殖民地經濟政策，改為以糧食為本位的經濟政策，蔗園放火燒掉，改種番薯，使軍民都吃得飽，臺灣經濟一變而成自給自足。

圍城時，鄭成功唯恐糧食不足，立刻採取屯田駐兵政策，其子鄭經（一六四二－一六八一）也繼承父志，將官兵分發到南部各地駐屯，開闢出許多「營盤田」，並鼓勵開闢私田，增加糧食生產。

鄭成功還精於貿易。當他收復臺灣時，率有明朝所遺下的大部分艦船，共有三千多艘，他不但以這些海船用於抗清，更驅使這些大船到菲律賓等地從事貿易，將所得之利用來養兵，綽綽有餘。

鄭成功把臺灣作為反清的根據地，苦心經營，並號召漳州、泉州等地的沿海居民，來臺灣開墾；又派遣漢族「農師」向高山族傳授先進技術；還開設學校，招收學生，給與教育，定下律法，維持地方治安，促進了臺灣社會經濟文化的發展。

可惜收復臺灣後不久，即在一六六二年五月初八日，鄭成功病逝，年僅三十九歲。人們崇敬有加，稱之為「開臺聖王」。鄭成功是歷史上一個很了不起的人，不但深明大義，為恢復明朝與清朝抗衡，更從外夷手中光復臺灣，為中華民族命脈開闢了一片新天地，延續了中華民族的思想與傳統。鄭成功反清複明雖然沒有成功，但是他們父子為臺灣早期的建設奠定了基礎，當年追隨他們來臺灣的幾萬名軍人和平民，也就成為開墾臺灣的先祖。現在臺灣南部有許多古跡，還有許多地名，像是左營、新營或林鳳營，也都和鄭氏父子的「軍屯」有關。

知識窗：赤嵌樓和鄭氏祠

來到臺南，赤嵌樓是必看之處，這裡記載著鄭成功收復臺灣的輝煌歷史。赤嵌樓其實就是荷蘭統治者在臺灣時所建的普羅民遮堡。據說福建方言中把高出水涯的地方叫做坎，也讀作嵌。又因其赤紅色的磚瓦，在夕陽餘暉中，顯得格外亮麗，故稱赤嵌樓。鄭成功的部隊自鹿耳門登陸，攻下赤嵌樓後，以此為指揮部，調兵遣將征討荷蘭人，盡復臺灣失土。從此，赤嵌樓成為一個有歷史意義的古跡。

當年赤嵌樓修在臨海灣的高處。可是三百多年來，舊日海灣逐漸淤填成陸地，故今日赤嵌樓已在市中心（民族路上）。同治元年（一八六二年）大地震，赤嵌樓全毀。後來在廢墟上修建了文昌閣、海神廟以及蓬壺書院。閣內陳列臺灣立體地圖，鄭、荷兩軍海戰圖，鄭、荷談判圖等歷史文物。前面廣場中心建有鄭成功接受荷蘭軍獻降書的雕塑群像，及荷軍留下的兩門大炮，再現了歷史的場景。圍牆外有九座高達丈餘的龜駝石碑，滿漢文字對照，是清代林爽文事件結束後由乾隆帝親撰的旌功禦碑，人稱「龜碑」，亦很有文物價值。

現今的赤嵌樓雖已不是原來的模樣，但舊日城堡殘跡仍然可以辨認。登樓遠眺，古城景色盡收眼底。夕陽西照，景色尤佳，稱為「赤嵌夕照」。

民族英雄鄭成功，驅荷拓臺，功垂千古。人們很早就在本市東門附近建廟祭祀，兩百年香火不斷。光緒元年（一八七五年），巡臺欽差大臣沈葆楨奏請褒揚鄭成功，以服民心，振作忠義。清廷批准了這一奏請，重建開臺聖王廟，改稱為「延平郡王祠」。

祠堂面積廣大，共占地九四〇〇多坪（約三・一萬平方米）。全部匠工和材料都是來自福州，因而其建築號稱為本省惟一福州式廟宇建築。內分前後兩殿，東西兩廡以及儀仗廳和祭器廳等。正殿是全建築群的中心，厚重的綠琉璃瓦穩穩壓住朱紅牆身。正殿中央，鄭成功穿著明朝官服的塑像，端坐在神位上，威武嚴肅、栩栩如生。殿堂內柱楹對聯極多，無不歌頌鄭成功的豐功偉績，其中不少聯語出神人化，膾炙人口。如祠殿落成之日，閩撫使者王凱泰撰寫長聯曰：

由秀才封王，柱持半壁舊河山，為天下讀書人頓生顏色；
驅外夷出境，開闢千秋新世界，願中國有志者再鼓雄風。

張學良將軍游延平郡王祠時留下這樣一首詩：

孽子孤臣一稚儒，填膺大義抗強胡；豐功豈在尊明朔，確保臺灣入版圖。

站在國家和民族的角度上，對鄭成功做出了高度評價。

保衛臺灣的欽差　沈葆楨

日本明治維新後，首先把對外擴張的矛頭指向琉球臺灣。清朝名臣沈葆楨作為欽差大臣接連於一八七四、一八七五年兩度來臺，為保衛臺灣、舉辦洋務、建設臺灣做出很大貢獻。臺灣改建行省之前，許多建設的基礎，都奠基於沈葆楨時期。

船政大臣

沈葆楨，字幼丹，一八二〇年出生於福建侯官（今福州）。他出身於書香世家，自幼飽讀詩書，成年後考中進士，很受朝廷重臣曾國藩的賞識。後來經由媒妁之言，沈葆楨娶了禁煙大臣林則徐的女兒，成為當時政壇上的一樁美談。

沈葆楨翰林出身，學識淵博，瞭解世界局勢，熟悉西方情況，支持洋務派的主張。在擔任江西廣信府（今上饒）知府期間，與妻子林氏，堅守城池待援，由是出名。升任江西巡撫，因對太平軍態度堅決，受到清政府的重視，後出任總理各國事務大臣。

同治五年（一八六六年）閩浙總督左宗棠（一八一二－一八八六）創辦福州船政局，在馬尾山下開設造船廠，這是中國第一座新式機器造船廠，也是最有深遠影響的一項「洋務」（即現代企業）。可是正當他興致勃勃籌辦船政的時候，忽然朝廷下旨，調他擔任陝甘總督。福州船政局由誰來接辦呢？他看中了當時正丁憂在家的沈葆楨。左宗棠親自去他家敦請了三次。沈葆楨這才答應。他就任福州船政大臣，具體主持福州船政局（或稱馬尾船政局）的工作。他擴充馬尾船廠廠房，增添設備，使船廠開始生產。

一八六九年六月十日。第一艘國產輪船「萬年青」號下水，排水量為一三七〇噸，由中國舵工和水手駕駛。在岸邊觀看的千萬群眾看到輪船緩入海中，無不興高采烈。據當時人記載說：「微波不興，江岸無聲，中外歡呼，詫為神助。」萬年青號一直航行到達天津，抵達碼頭時，中外人士「觀者如堵，詫為未有之奇。」這是中國人製造的第一艘大輪船，過去中國人不敢想的事，現在終於做到了，無怪中外人士驚奇。顯然，造船成功使中國人學習西方科學技術的信心提高了一大步。

福州船政局所設的船政學堂，也辦得有聲有色，培養了一大批中國第一代優秀的造船人才和海軍軍官。鄧世昌、薩鎮冰等人都是這個學堂的學生。沈葆楨還提出派遣第一批海軍學生到英法留學。這批學生共三十名，幾經蹉跎，終於在一八七七年成行，其中包括嚴復（一八五四－一九二一），對晚清思想界頗有影響。

牡丹社事件

一八七四年，日本侵略者在臺灣製造牡丹社事件，沈葆楨被任命為欽差大臣到臺督辦軍務。所謂牡丹社事件發生於一八七一年。當時一批琉球船民，在海上遇到狂風巨浪，其中一船在臺灣南部琅嶠（恒春舊名）附近靠岸尋求庇護。六十六個船民急匆匆登陸上岸，卻因語言不通，溝通不良，與牡丹社（今牡丹鄉）的原住民起了衝突，其中五十四人被害，其餘十二人受到保護。

這本來是中國的內政，因為當時琉球還是中國的屬國。可是明治維新（一八六八年）後國力漸強的日本，覬覦琉球，正好利用這個機會，假借要替琉球船民報仇，而在一八七四年興師犯臺。三千多日本侵略軍來到琅嶠。通往牡丹社的隘口石門是個險要的地方。牡丹社原住民在石門據險奮力抵抗，重創敵軍，但終因寡不敵眾，牡丹社首領等二十多人戰死。日軍攻下石門後，燒殺擄掠，大肆殘害當地的高山族同胞。這就是臺灣近代史上有名的「牡丹之役」，又稱牡丹社事件。

清廷眼見日本蠻橫囂張，卻苦於內憂外患，歷經太平天國內戰，又受到英法等國欺壓，所以遲遲不敢與日本交涉。這時沈葆楨以欽差大臣的身分來到了臺灣。沈葆楨制定的防禦之策有四條。一是聯外交，以國際輿論，對日本施加壓力；二是儲利器，購置鐵甲輪及水雷槍彈，充實自己的軍備；三是儲人才，調提督羅大春及前臺灣道黎兆棠等人到臺會籌對策；四是通消息，安設福州廈門間的陸路電線，廈門臺灣間的水線，以迅通消息。通過這四項保臺政策，希望能阻止日本對臺的野心。

沈葆楨積極增兵設防，在府城和澎湖增建炮臺，安放西洋巨炮，增調淮軍精銳武毅銘字軍十三營六千五百人入臺。海上部署六艦常駐澎湖。清政府也運來洋炮二十尊，士氣民心為之一振。

這時，臺灣南部惡性瘧疾流行，日軍病死者日有四、五名至數十名。據日方後來發表的數字，與臺灣原住民作戰死十二人，傷十七人，而病亡者卻多達五百八十一人。

在中國布兵備戰的情況下，日本才萌生退意，派全權大臣大久保利通到北京談判。經七次會商。兩國簽訂條約，軟弱的清廷付給日本軍費五十萬兩白銀，日本軍隊撤離臺灣。

臺灣近代化的先驅

「牡丹社事件」發生後，清廷對臺灣的治理態度轉為積極，兩次命福建船政大臣沈葆楨為欽差來臺，主持臺灣軍政，統籌海防事務，進行善後處理。沈葆楨依當時情況，擬訂經營計畫逐步實施。如安撫原住民、移民墾植、開山通路、增設府縣、修築炮臺、開辦企業等種種措施，奠定了日後開發臺灣的良好基礎。

爆發牡丹社事件的原因，雖然是琉球船民和臺灣番社雙方面的責任。但是，原住民個性比較兇悍，也是不爭的事實。所以，沈葆楨擬定了「開山撫番」的政策。清廷早年將臺灣納入版圖之後，並不鼓勵漢人移民來臺，以防止臺灣人口增加而形成反政府的勢力。但偷渡的情況十分嚴重。清廷對原住民則採取放任的統治，禁止漢人擅入原住民區（即番界），這就是「劃界封山」的措施。沈葆楨認為，朝廷對來臺墾荒的移民有諸多限制，不利於開發，不利於保衛臺灣。於是上奏提出建議，清廷這才解除了山地封禁的政策，大陸內地漢人渡海來臺的各項禁令也陸續廢除了。於是沈葆楨鼓勵大家前往後山（臺灣東部）一帶開發。為移民提供各種方便，如土地、種子、耕牛、農具、建房費用，頭三年免稅等。

為了開發這片山區，增進開發的效果，沈葆楨就為之點通大山血脈。他大辟「後山道路」，一年中開闢了三條道路，即分北、中、南三路。其中北路起自宜蘭蘇澳，直達花蓮，路寬五尺，全長二〇五華里。這是臺灣東部通往外界的第一條道路，由提督羅大春率兵十三營修築，整條道路開鑿於蘇花斷層海岸上，盤亙於山腰，蜿蜒如長龍。以當時的人力物力以及技術條件而言，不難想像開闢這條山道所付出的艱辛。中路由林圮埔（南投竹山）經玉山附近的八通關、到璞石閣（花蓮玉里），由總兵吳光亮率領飛虎軍千餘人，鑿山、架橋、填壑、伐木，歷時十個多月，大功告成，全長二六〇多華里，即今所稱的「八通關古道」。南路自下淡水溪（今稱高屏溪）翻山至卑南（臺東）。三條路共長八百餘里，把原來被高山、原始森林所阻塞的東西交通打開，加強了平原與高山之間的聯繫。

「臺灣的面積雖小，但在行政區域的劃分上，應該增設府、縣積極經營」沈葆楨走訪各地後再次提出建議。一八七五年在南路設恒春縣，又於北部設臺北府，轄淡水、新竹、宜蘭三縣，並在臺東設卑南廳。這表明臺灣開發已遍及除高山外的全島。

沈葆楨巡視中，發現琅橋四季如春，而且四面環山、地勢雄偉，可攻可守，經奏准築城設縣治，並以「恒春」命名。恒春縣後來因縣城改設屏東而易名為屏東縣，但恒春作為鎮名一直延續到今天。一八七五年，恒春城開始動工修築，翌年告竣。據連橫的《臺灣通史》城池志記載，城高二丈有八尺，周九百七十二丈。城牆以扁形方磚及石灰土砌築，並砌有東、西、南、北四門。城門上各有炮臺四具。城牆外環繞壕溝，每一城門皆有壕橋對外聯繫。此標準的縣治城池設計，氣勢雄偉非凡，防禦相當堅固完備，是臺灣在清朝中末期城池的代表作。由現存四城門、殘留的城牆，仍可揣摩當時規模，探尋古城的面貌。如今恒春古城已被定為臺灣二級古跡。

基於國防的需求。沈葆楨在安平、旗後（高雄）、東港（屏東）修築炮臺。並禮聘法國工程人員籌建「億載金城」，這是全臺灣第一座西式炮臺。沈葆楨又積極編組義勇軍，一改過去老弱殘兵的慘況，他還架設電報、在臺南建立軍裝局和火藥局，在基隆辦起中國第一座近代煤礦，讓臺灣走上近代化之路，能真正發揮護衛自己的效果。

一八七五年夏清廷調升沈葆楨為兩江總督，兼南洋通商大臣。他於八月離開臺灣。一八七九年沈葆楨病逝。他在臺灣停留的時間雖然不長，但對臺灣的貢獻卻相當多。

知識窗：億載金城

臺南市安平有一處著名古跡叫「億載金城」，又稱安平炮臺。一八七四年，清廷為防止日人犯臺，派欽差大臣沈葆楨主持臺灣軍政。安平炮臺就是沈葆楨親自視勘並聘請法籍工程師設計建造的。城堡為西洋式，周圍長一八〇丈，高一丈六尺。城垣不高，但曲折多角，四角有五角形城壕，通貫海水，城門有橋可通。城門向外門額石匾題「億載金城」四個大字，意思是說守土有責，希望這座城堡，千秋萬世永遠屹立不搖，裡面門額題「萬流砥柱」，均為沈葆楨手跡。

中日甲午戰爭後，日本派艦至臺灣南部，企圖在此登陸。臺灣軍民憑此處炮臺城池，多次擊退登陸日軍，堅守達四個月之久，為保衛臺灣領土譜下了光輝的歷史篇章。現在城垣上置有大炮三尊，立沈葆楨銅像一座，用以紀念這位清代名臣。

臺灣建省首任巡撫　劉銘傳

臺灣自古就是中華領土，但建省相當晚，時間是在清代一八八五年，第一任巡撫（即省長）是劉銘傳。他能文能武，有謀有略，為保衛臺灣、建設臺灣嘔心瀝血，戰功政績均可圈可點，人稱他是為臺灣現代化奠定基礎的大功臣。

淮軍悍將得國寶

劉銘傳原籍安徽合肥，一八三六年九月七日（清道光十六年七月二十七日）生於大潛山下潘龍墩（今屬肥西縣）。年幼時僅受過幾年私塾教育，但在讀書期間，他知曉了不少古聖先賢的事蹟，因而培養出一番豪情壯志。「大丈夫當生有爵，死有謚。」年少時期的劉銘傳期許著。

劉銘傳出生後不久，清廷先後在鴉片戰爭及英法聯軍中戰敗，內部又發生太平天國的動亂，民不聊生的現象十分嚴重，劉銘傳的父親為了謀生，不得已做起不法的勾當，販賣私鹽以圖利，當時稱為「鹽梟」。

「鹽梟」經常在大江南北各地東奔西跑，接觸的階層頗為複雜，黑白兩道都要有所來往，有時也難免發生一些逞勇鬥狠的事，劉銘傳跟著父親奔波，倒比一般年輕人顯得早熟又具膽識。

當太平天國席捲中國時，劉銘傳的家鄉也受到波及。一八五四年，劉銘傳組織團練，竟然屢建戰功。到了一八六二年，李鴻章（一八二三－一九〇一）代表朝廷招募軍隊征討太平軍，劉銘傳決定率眾投靠，成為淮勇五營（即最初的淮軍）中「銘字營」的首領千總（營長），這一年，劉銘傳二十六歲。數年之內，劉銘傳作為淮軍悍將，在平定太平天國時戰功卓著，兩年內一路飆升為遊擊（旅長）、參將（師長）、副將（副軍長）、總兵（軍長）和提督（軍區司令），一八六八年在消滅捻軍後受封一等男爵。他所率的「銘軍」全軍一萬兩千人，分左中右三軍和步騎炮三個兵種，所用武器全部改為「泰西新式」，就是說清一色的洋槍洋炮，成為淮軍中首屈一指的勁旅。

內戰之事，不必一一敘述。有一件事倒值得細表一番。一八六四年，劉銘傳率部佔領常州後，住在原太平軍護王陳坤書府中養傷，有一天，聽到馬槽發出金屬撞擊的清脆聲，叫士兵洗刷乾淨，發現原來是一件青銅器。高一尺二，長三尺九，寬二尺四，中空，腹深一尺一，重約四七〇餘斤。外觀佈滿雲狀花紋，底部有八行一一一個蝌蚪形文字，叫籀文，又稱大篆，是周宣王時太史籀所創的文字，已有兩千八百多年歷史。劉銘傳下令運回家鄉劉老圩（潘龍墩附近）。請人考證，竟是西周宣王十二年（前八一六年），西虢國諸侯小兒子姬白（季子白）所製作的銅盤，稱為「虢季子白盤」。此銅盤與散氏盤、毛公鼎並稱為西周三大青銅器，是無價的國寶。它是道光年間，在古代西虢國所在的陝西寶雞縣被一個農民挖出來的。當時眉縣縣令徐燮鈞用小錢買下，卸任後帶回家鄉常州。太平軍佔領常州後，把徐府作了護王陳坤書的王府。護王沒什麼文化，不知此物是寶，見它腹空，就用來作為馬槽放草料喂馬。劉銘傳獲此國寶，欣喜若狂。此號稱「西周著名三大青銅器之首」的國寶在劉家珍藏整整八十六年，歷經四代人之後，於一九五〇年捐獻給國家，現存中國歷史博物館。這正應了劉銘傳當年說過的一句話：「清平世道，寶盤終歸要歸諸天下。」其他兩件即散氏盤和毛公鼎現存臺灣。

赴臺抗法戰強敵

一八八四年，中法之戰正酣，法軍侵犯臺灣，形勢危迫，清廷令劉銘傳任督辦臺灣事務大臣，又立即授為福建巡撫（當時臺灣為福建一部分）、並加授兵部尚書銜。同年五月，劉銘傳抵達臺北，統籌備戰。臺灣雖是海疆重地，系東南安危，但軍政不整，餉械也短缺。劉銘傳將原有和增援的兵力一・六五萬人重新部署，把防務中心移往北部，駐兵四千，趕築炮臺，在臺北設立大營，嚴陣以待。

沒多久，法國組成遠東艦隊，由孤拔統率，八月五日來攻基隆。劉銘傳旗開得勝，法軍傷亡一百多人，清軍不但殺了法軍中隊長三人，還奪得法軍連隊旗兩面。

法軍受挫後，於二十三日轉而襲擊福州，擊沉擊傷南洋水師十一艦，又炮轟馬尾船廠，將其擊毀。閩浙總督驚嚇而走。朝廷命大學士左宗棠到福建治軍，人心粗定。劉銘傳抓緊時間整修軍備，準備再戰。

法軍掌握了制海權，分兵兩路進攻基隆和滬尾（今淡水）。劉銘傳得不到增援，兵力不足。他認為滬尾是臺北的要害，滬尾一淪陷，臺北府城就岌岌可危，而基隆海港完全處於敵艦大炮射程之內，防守不易，且距離臺北較遠，沿途地形複雜，處處可以設防阻敵。於是大膽決定，從基隆撤軍，只留統領林朝棟駐守城南的獅球嶺，而把主力用在守滬尾。

十月八日晨，法軍炮轟滬尾，海軍陸戰隊近千人登陸後遭到埋伏，戰鬥持續四小時，法軍被斬首二十五名，內軍官兩人，被擊斃士兵三百餘人，十四人當了俘虜，七十八人因潰逃溺水身亡。清軍陣亡哨官（排長）三名，死傷兵勇百餘人，大獲全勝。這就是臺灣歷史上有名的「滬尾大捷」。

基隆方面，法軍兵士三千登陸，佔領了空城，雖圖謀南下，但始終攻不下獅球嶺炮臺。大戰持續八個月，孤拔只好第二年春天轉而攻澎湖，後來病死在那裡。

一八八五年三月，清軍馮子材取得鎮南關大捷。四月四日，《中法議和條約》簽訂，宣告了法軍侵略臺灣的戰爭以失敗而告終。根據條約，六月二十一日，法軍撤離基隆，七月份撤離澎湖。在中國軍民的英勇抗擊下，法軍佔領臺灣的企圖破產，只在基隆留下了「一座巨大悲慘的墳場」，內有五百多個法軍官兵，成為侵略者可恥下場的永久標誌。而劉銘傳作為這場抗法保臺戰爭的指揮者，則在近代中國史冊上留下了英名。

臺灣建省氣象新

中法戰爭讓清廷瞭解到臺灣海防地位的重要，戰爭結束後，清廷立即決定臺灣正式建省，任命抗法有功的劉銘傳擔任臺灣巡撫。劉銘傳是清末洋務運動中具有時代眼光、革新思想和實幹精神的傑出代表人物。他在任職巡撫的六年中，對臺灣的行政、防務、財政、生產、教育、交通等多方面，進行了廣泛而大膽的改革，使臺灣面貌煥然改觀，成為「自強」新政中的模範省。

行政上增設府縣。清初僅設一府三縣，後增為四縣。到沈葆楨一八七五年來臺時，增設一府四縣，共有二府八縣四廳，仍然不能滿足實際需要。劉銘傳把臺灣擴建為三府一州六廳十一縣，劃疆分守，粗具規模，奠定了今日臺灣地方行政區劃的基礎。人口增至二五四萬（一八九三年）。

防務上，劉銘傳淘汰庸兵，只留三十五營，訓練新兵，全部改用洋槍。防務日漸充實。並增設軍械所、機器廠、火藥局、水雷局，以生產和儲存武器。他還下令在淡水、基隆、澎湖等地趕建炮臺。如今，淡水紅毛城西邊約半公里有一處炮臺遺址，名滬尾炮臺，城門上劉銘傳題有「北門鎖鑰」四個字，就是當年劉銘傳督建的，目前是臺灣二級古跡。

財政上，清理田賦，丈量土地，清出溢額土地四百萬畝，田賦呈三四倍增長。茶稅、鹽稅、樟腦稅等各項收入大增。財政總收入從九十萬兩激增至三百萬兩，最高達四五〇萬兩。國防、建設經費始有著落。

經濟上興辦新式企業。建煤務局、煤油局、伐木局、水電站，還設立腦磺總局，用新法熬制樟腦、硫磺等，獲利甚豐。他還在新加坡設立招商局，招商引資。在臺北裝設電燈、電話、開鑿新式水井、用上自來水，購買蒸汽碾路機、架鐵橋，設醫院，在短短幾年裡把臺北建成一個清潔整齊的近代化城市，有小上海之稱。

教育方面，提倡新式教育。他於一八八七年在臺北大稻埕創辦西學堂一所，聘請西人教習外語、數理化、測繪、史地等課程，中國教習講授漢文課程。一八九〇年又創辦電報學堂。同年，設立「番學堂」，選「番童」（原住民子弟）入學，授以漢文、書算和禮節等，每三日由教習領導出遊一次，使與漢人多所接觸。在劉銘傳的積極宣導下，臺灣教育進入了新的歷史時期。

交通方面，劉銘傳開設輪船公司，積極發展航運，開闢通往上海、香港、新加坡等地的航線。鋪設電報線，全臺設電報局十二處，使臺灣與大陸資訊瞬息相通。創辦獨立經營的郵政，全臺共設郵局四十多處，開創了中國自辦民用公共事業的先例。而最受後世稱譽的則是修築中國自建自辦的第一條鐵路。

自辦鐵路第一人

劉銘傳是近代大倡興修鐵路的第一人。早在一八八〇年，他就向清政府上過《籌造鐵路自強折》，遭到保守派的反對。

在臺灣推行新政期中，劉銘傳尤其致力於交通的建設，制定了以「興造鐵路為網鈕、輔之以電線郵政」的方針。一八八七年，臺灣鐵路總局在臺北成立，並由大稻埕開始分南北動工，期間經過許多艱辛，也有不少工程人員犧牲，特別是基隆獅球嶺隧道的挖鑿就費了好一番功夫。「想當初這獅球嶺屏障了我軍，讓法軍不得進犯臺北，如今這隧道開鑿卻又如此艱困，皇天后土，還請指點迷津，保佑工程順利進行。」劉銘傳對天喃喃自語。在當時尚未進入機械化時代，開鑿隧道談何容易。一個「兩路進擊，中間會合」的大膽想法被劉銘傳採納。他發布命令，兵勇兩路鑿隧道者，凡多開一米者，晉升一級，賞銀一兩。長達五七四米的隧道真的鑿通時，劉銘傳親筆寫下了「曠宇天開」四個字，至今仍高懸在獅球嶺隧道的上方。

自基隆經臺北至新竹，鐵路總長一〇六・七公里。一八九一年，基隆到臺北段完工通車，一八九三年延長到新竹。前後歷時六年，用銀一二九萬餘兩。臺灣鐵路在近代鐵路史上具有重要意義。如果說一八七六年英商擅自在上海興築的吳淞鐵路是中國土地上出現的第一條鐵路的話（一年後被清政府拆除），如果說一八八一年興建的九・七公里長的唐（山）胥（各莊）運煤鐵路是中國政府批准的第一條鐵路的話（開平礦務局係中英合辦），那麼，臺灣鐵路就是中國自行集資（部分資金來自南洋華僑）、自行主辦、自行控制全部權益的第一條鐵路，是中國近代交通史上的重大成就。它也為以後臺灣鐵路網的形成打下了基礎。

一八九一年，劉銘傳以體弱為由，向朝廷請求告老還鄉而離開臺灣。一八九五年他聽到割讓臺灣給日本的消息後，憂思鬱結，口吐鮮血不止，病倒在床。一八九六年一月十二日逝世。朝廷追贈他太子少保銜，諡號「壯肅」。劉銘傳為臺灣的現代化奠定基礎，沒有辜負「生有爵，死有諡」的自我期許。明清時代，在臺灣建樹最多的人物，除了鄭成功以外，就要數劉銘傳。臺北新公園（現名二二八和平公園）內豎有劉銘傳銅像，紀念這位帶領臺灣走向現代化的先驅。

知識窗：臺灣的鐵路

劉銘傳開創了臺灣的鐵路事業。清光緒十三年（一八八七年），臺灣鐵路總局在臺北成立，開始興修基隆至臺北段，一八九一年完工通車，一八九三年延長到新竹，鐵路總長一〇六・七公里。這是在清廷割讓臺灣以前建設的。為臺灣的鐵路系統打下了初步的基礎。

一八九五年簽訂馬關條約後日本統治臺灣五十年，為掠奪臺灣資源，大力興建鐵路。到一九四五年日本無條件投降，國民政府接收時為止，臺灣鐵路線總長達三九二二公里，其中營業里程為八九七公里。但軌距不統一，有一〇六七毫米和七六二毫米兩種，由於大部分鐵路是日本將國內拆下的鐵路舊料運到臺灣築路的，這部分鐵路沿線橋樑荷重不一，軌距不同，重型機車無法全線通行。更為嚴重的缺陷是東西兩部分鐵路沒有貫通，沒有形成環臺灣的完整鐵路系統。

日本投降後，國民政府對原有鐵路進行了技術改造。近幾十年來，一些通往產糖區、鹽場、林區、礦區的鐵路支線被淘汰。鐵路長度只剩下二〇〇〇多公里，但現代化程度大大提高。一九七九年從基隆到高雄的南北縱貫鐵路（四〇九公里）實現電氣化，行車時間縮短一半。從臺北到高雄僅需四小時。一九九一年建成南回鐵路，從而把東西兩部分鐵路完全連接起來，形成總長一〇七六公里的環島鐵路。

一九九九年從臺北通往高雄的高速鐵路（全長三四五公里）開始動工，二〇〇七年通車，把兩地間行車時間再縮短至一〇〇分鐘以內，且其尖峰發車班次密集，無需長時間候車，與搭乘飛機時間相當。這條貫穿臺灣南北的高鐵，速度快，服務好，給臺灣人提供了不少方便。

抗法抗日悍蔽邊疆　劉永福

劉永福是黑旗軍統領，在歷史上一直為中國和越南人民所尊敬。他先在越南抗法，後在臺灣抗日，留有卓著戰功，為反侵略鬥爭史寫下了可歌可泣的篇章。

援越抗法

劉永福一八三七年出生於廣西欽州一個貧苦農民家庭。他幼年做過傭工。拳棒武藝超群。一八六五年參加廣西天地會的反清起義。劉永福的隊伍以七星黑旗為軍旗，故稱黑旗軍。初創時有二百多人。一八六七年因受清軍壓迫，黑旗軍轉移到中越邊境保勝（老街）一帶，開闢山林，聚眾耕牧，擴充到二千餘人，分為三營。後來一度發展到六千餘眾，成為戰鬥力很強的武裝。

當時，與中國山水相連的越南正遭到法國侵略，後來戰火擴大到中國。在中法戰爭爆發之前，劉永福的黑旗軍始終是越北抗擊法國侵略軍的主力。英勇的黑旗軍同法軍進行了三次大戰，狠狠打擊了侵略者，使他們聞風喪膽。

一八七三年十一月，法國駐西貢總督派海軍軍官安鄴統領一支侵略軍佔領河內。越南政府火速派人求救，劉永福毫不猶豫立即率千餘英勇彪悍的黑旗軍戰士從保勝出發到達河內城外。十二月二十一日，黑旗軍同法軍在河內西門展開激戰。劉永福「設伏以誘斬安鄴，覆其全軍」，殲敵數百名，迫使法國侵略者退出河內。

一八八二年，法軍又侵入越南北部。海軍上校李威利率軍再次攻佔河內。還揚言要為安鄴報仇，懸賞一萬元捉拿劉永福。面對敵人的瘋狂進攻，劉永福再一次接受越南政府的請求，發兵三千人，會合越南軍隊，收復了一些失地，李威利龜縮在河內，不敢出動。

一八八三年進行了第三次大戰。五月十日，黑旗軍全體將士在河內城外慷慨誓師，決心「為越南削平敵寇」，「為中國悍蔽邊疆」，並向李威利下戰書，約他十日內決戰。李威利已得到增援，決心孤注一擲，借此逃出重圍。五月十九日，雙方在河內以西二里處的紙橋決戰。法軍先向關帝廟的黑旗軍發起猛攻，遭到迎頭痛擊。接著雙方展開了一場肉搏戰。黑旗軍短刀出戰，法軍槍不及施，結果法軍司令李威利死於黑旗軍的大刀之下。黑旗軍在越南軍民的支持下，浴血奮戰三小時，擊斃法國「兵頭三十餘人，斬法兵二百餘人，傷者無算，奪獲洋槍、馬匹、刀劍、鼓角、時辰表、千里鏡不可勝計」。

黑旗軍紙橋大捷具有重大的影響。不甘失敗的法國蓄意擴大侵略戰爭，把戰火燒到中國。

這時，清政府應越南政府的請求，已派兵到了越南。一八八三年十二月，法國任命孤拔為統帥，率領法軍六千人，在越南山西地區（河內以西四十公里）向清軍和黑旗軍聯合防守的陣地發動進攻。中法戰爭正式爆發。清軍領兵統帥十分腐朽，當法軍進攻時，竟撤軍而逃。黑旗軍在山西孤軍奮戰，有的身受重傷，還用槍托把敵人的頭骨打碎。連法國侵略軍中也有人驚呼：「這些人的英勇氣概，實在是神奇。」經過五天激戰，殲敵三百多名，只是因眾寡懸殊，十二月十六日，黑旗軍才被迫退出山西。

一八八四年，法國軍艦襲擊福州南洋水師，進攻臺灣。但在越南，法軍始終占不了便宜。從一八八四年十二月上旬開始，劉永福領導的黑旗軍和西線清軍一起向法軍發起進攻，將宣光城包圍兩個多月。黑旗軍預料法軍一定會出動援軍來解圍，就在離宣光不遠的地方，埋下兩萬斤炸藥。一八八五年三月二日，法軍大批援軍到達，黑旗軍把他們誘到埋火藥處，當場炸死炸傷士兵四百多名，軍官二十五人。黑旗軍乘勝用火箭攻擊，燒得殘餘法軍焦頭爛額，逃回河內。後來，法軍調兵遣將，不斷增援，黑旗軍則得不到後援，終於撤離宣光。接著，黑旗軍在臨洮（越池附近）大敗法軍，收復十多個州縣。五月，清軍馮子材在鎮南關和諒山也取得巨大勝利，消滅敵軍二〇〇〇多人。

但是清政府不準備繼續打下去，竟在中國軍隊勝利進軍時，於一八八五年六月簽訂和約，中國放棄了對越南的宗主權。九月劉永福率領黑旗軍精銳三千人回國。次年，他被清廷任命為廣東南澳鎮總兵（軍長）。

戰守臺灣

一八九四年，日本挑起了對中國的侵略戰爭。八月，劉永福被調往臺灣，任幫辦軍務。一八九五年四月，清政府與日本簽訂《馬關條約》，割讓臺灣。消息傳出，引起全國人民莫大憤慨。五月底，日軍進攻臺灣，侵佔基隆、臺北，臺灣巡撫唐景崧倉皇逃回大陸。臺灣各地人民，紛紛組織抗日義軍。這時，劉永福率黑旗軍駐守臺南，他被義軍推舉為大將軍，領導抗日。劉永福表示「本幫辦亦猶人也，無尺寸長，有忠義氣，任勞任怨，無詐無虞。如何戰事，一擔肩膺；凡有軍需，紳民力任。誓師慷慨，定能上感天神；慘澹經營，何難銷敵焰。」各地的英雄好漢、綠林豪傑，都網羅起來，支援戰事。

六月，日本臺灣總督樺山資紀大將寫信給劉永福，勸他解散軍隊，他回信嚴詞拒絕。於是日寇從海陸兩路向臺南和臺中進犯，劉永福分兵把守，自己坐鎮臺南，指揮軍民嚴密防範。六月二十五日，日軍艦艇偷襲臺南的安平口，企圖登陸。劉永福親自發砲轟擊，日艦倉皇逃去。劉永福日夜巡防各海口，指揮將士擊退、殲滅來犯之敵，日寇被迫只能從陸路進犯。

六月中旬，日寇進佔新竹。但臺灣義軍在徐鑲的領導下，不斷向新竹的日寇發起反擊，大小戰鬥二十餘次，牽制日軍達兩個月之久。直到八月份，日軍才渡過大甲溪，向臺中重鎮彰化進犯。劉永福急派部將吳彭年率黑旗軍衝鋒隊七星隊前往支援，在彰化城東制高點八卦山，與義軍一起同日軍展開血戰，予敵以沉重打擊，最後全部壯烈犧牲。義軍首領吳湯興也英勇戰死，其妻自殺以殉。「七星旗卷秋雲黑，八卦山圍戰火紅。」如今在此豎立有一座「八卦山乙未抗日烈士紀念碑」。碑文記敘了這段悲壯的戰史：

「清光緒二十年（西元一八九四年），中日甲午之役清軍戰敗媾和。翌年簽訂馬關條約割讓臺澎。日軍隨即澳底登陸，武力攻佔臺灣。惟臺胞堅貞不屈，各地仁人志士紛紛組成義軍，堅決抗拒。奈因敵我戰力懸殊，難以制勝。戰況由北南移，集結於八卦山上幾近萬人。我義軍守將吳彭年予以整編，據守卦山炮臺，與敵作殊死戰。槍林彈雨，前仆後繼，血戰三晝夜。終以彈盡援絕，壯烈犧牲成仁者約達四五千人。敵酋師團長北白川宮能久親王（日皇之叔）及山根少將被我炮擊命中，不治死亡。戰況之慘烈為日軍犯臺諸戰役所僅有。是役也，吾胞基於民族大義守土禦侮，僅憑血肉之軀力挫敵軍三倍於我之堅甲利兵，其英勇壯烈雖敗猶榮，而威武不屈之民族精神尤其為後世所欽崇。謹追源溯本，略述當年戰場情態，勒諸貞瑉，藉垂永久，以彰英烈而勵忠貞。」

彰化陷落後，日軍繼續南侵，佔領雲林，於九月二日推進到大莆林，遭到劉永福部福字軍副將楊泗洪部的猛烈抵抗，狼狽敗走。義軍諸部埋伏在蔗園內從四面八方射擊，殺敵甚眾。徐鑲也率領新募集的義軍趕到，與諸軍會合，奪回雲林。大莆林的勝利再一次打亂了日軍的進軍計畫，日軍傷病累累，暫時無力南進。

日寇近衛師團感到兵力不足，難以對付劉永福指揮的部隊和義民軍，就急忙請求從遼東調來第二師團，重組「南進司令部」。近衛師團繼續南攻嘉義，而第二師團的兩個旅團分別在臺灣南部枋寮和臺南以北的布袋口登陸，形勢十分危急。劉永福雖有兩萬多軍隊，但財政困難，餉械兩缺。劉永福屢電清政府和南洋大臣張之洞求援，但清政府答以「臺事無從過問，所有餉械，自不宜再解，致生枝節。」劉永福目睹此情形，不得不發出錐心泣血的悲鳴：「內地諸公誤我，我誤臺民！」在極端困難的情況下，劉永福所率的軍隊和義民軍仍然堅持戰鬥。徐鑲也在一次戰鬥中英勇犧牲。十月十五日，日軍進攻臺南城，劉永福駐安平炮臺，策應臺南城中守軍。當時，各軍士都已飢餓得不能起立，無力應戰。十七日，日軍攻安平炮臺，劉永福親自發炮，殲敵數十人。十八日，臺南城中彈盡糧絕，守軍潰散。在這種情況下，劉永福深感回天無力，便聽從眾部將的建議，於十九日晚帶領十多名部將乘英國商船內渡廈門。兩天後臺南陷落。

在五個多月的抗戰中，劉永福率領部隊和義民軍以劣勢裝備抗擊日寇兩個近代化師團、一個混成支隊和一支海軍部隊，給與日本侵略者以沉重的打擊。共殺死殺傷日寇官兵三萬多人。日本侵略者在侵臺中所付出的慘重代價，超過其在整個甲午戰爭海陸主戰場上所付代價的一倍以上。劉永福領導的抗日保臺鬥爭，也成為中華民族反抗帝國主義侵略的悲壯篇章，充分顯示了中華民族不畏強暴，勇於鬥爭，誓死捍衛民族尊嚴和領土完整的氣概和勇氣。劉永福不愧為「民族英雄」的稱號和讚譽。

劉永福晚年退居家鄉，仍關心國事。一九一五年，日本政府向袁世凱提出滅亡中國的二十一條，年近八十高齡的劉永福聽到這個消息，萬分氣憤，通電反對，倡議組織義勇軍抗日。不幸，疾病和憤恨交加，於一九一七年去世。

知識窗：霧社起義

劉永福在臺灣抵抗日軍兵敗以後，大規模的作戰行動逐漸平息，但在日本統治五十年間，抗日活動仍然時起時伏，其中霧社起義就是彪炳史冊的一例。

霧社在臺灣中部，屬南投縣，今名仁愛鄉。它坐落在合歡山、水社大山、能高山及大禹嶺延伸交叉的蒼翠山叢裡，海拔一一四八米，四周群峰羅列，高低錯落，形勢十分險要。這裡是原住民泰雅族的聚居地，舊名「霧社」，以當地多霧而得名。

日本侵略者統治臺灣期間，霧社因地處山區交通要衝而成為日軍控制的重點。高山族同胞的耕地和山林，大部分被日本統治者搶去，大多數原住民淪為「臺灣制腦會社」的「腦丁」，即製造樟腦的工人，一天實得工資只有一角四五分錢，生活幾乎近於原始狀態，而且飽受欺侮。一九三〇年十月二十七日，憤怒的火山爆發了。霧社一帶的一千二百多名高山族同胞在民族英雄摩那・羅達奥（或譯「莫那魯道」）的領導下揭竿而起，發動了震驚中外的霧社起義。起義民眾趁在霧社學校開運動會時，日本官吏、軍警到場的機會，迅猛沖進會場，一舉全殲敵人，同時還攻克了霧社員警分室及十多個員警駐所。他們僅有十二支槍和一些打獵砍柴用的刀子，卻在一天內殲滅了一百三十四個日本統治者，奪取了一百八十多支步槍、五萬多發子彈和許多糧食日用品。

霧社人民的英勇鬥爭，使日本殖民當局十分驚慌，氣急敗壞地調集駐臺軍警六千餘人，並出動飛機和炮兵，進行殘暴鎮壓。起義隊伍退入山區，據險英勇抗擊，與敵人激戰二十餘晝夜，使日軍遭到巨大損失。日本侵略者束手無策，竟滅絕人性地施放毒氣，把大部分起義戰士毒死在山谷裡。倖存的起義者繼續鬥爭，直至彈盡糧絕，壯烈犧牲。摩那・羅達奥最後也在深山裡英勇殉身。一場震驚世界的抗日武裝起義終於失敗。但是霧社人民在鬥爭中所表現出的大無畏精神，沉重地打擊了日本侵略者的囂張氣焰。

今天在霧社，有許多可供人們憑弔的起義活動遺址和紀念建築物。

在霧社入口公路旁邊斜坡上有一座「觀櫻臺」，是春天賞櫻的極佳眺望點。臺畔豎起一座高大石坊，名為「褒義坊」，額題「碧血英風」，坊柱刻對聯兩副，其一曰：「抗暴殲仇九百人壯烈捐生長埋碧血、褒忠湣難億萬世英靈如在永勵黃魂」

褒義坊後建有一座巨大的「霧社起義殉難紀念碑」，即烈士們的埋骨之所。紀念碑四周栽種了櫻花、梅花和松柏，以慰烈士英魂。紀念碑的後方是大理石築造的抗日首領莫那魯道之墓，墓前並刻有烈士們抗日成仁的經過。每逢花季，萬紫千紅的花朵爭相吐豔，形成一片欣欣向榮的氣息。

霧社以東廬山附近的山谷之中，有一個「馬黑波」岩窟，是起義隊伍的最後根據地，也是摩那・羅達奧及其領導的堅持鬥爭到底的起義戰士們壯烈自盡的地方。

霧社到埔里途中的人止關，也是人們憑弔當年起義烈士的地方。這裡兩崖峭立，拔地摩天，下臨絕壑，中通一線，真有「一夫當關，萬夫莫開」的氣勢。當年起義者曾在此憑險據守，抵抗日軍，給了侵略者很大的打擊。

還臺後的二號人物　陳誠

陳誠是蔣介石的寵將，無論在抗戰、在內戰中都是他的臂膀。國民政府退居臺灣後，又是陳誠擔當重任，作為行政院長和副總統，為鞏固政權，建設臺灣立下功勞。

軍人生涯的開始

陳誠，字辭修，一八九八年一月四日生於浙江青田，父親初為塾師，後為小學校長。陳誠取得師範和體專文憑後，一九一八年投考進入保定軍校。

保定軍校，全名保定陸軍軍官學校，是中國近代史上第一所正規陸軍軍校，位於河北保定市區東風東路，前身為清朝北洋速成武備學堂，一九一二年至一九二三年期間，保定軍校辦過九期，畢業生有六千餘人，當中不少人後來成為黃埔軍校教官。在國民黨及共產黨內都有保定軍校學生。若從北洋軍學堂算起，保定訓練了接近一萬名軍官，當中超過一千六百人獲得將軍的頭銜。民國最著名的軍事家蔣百里（一八八二－一九三八）曾任校長。最著名的學生則是蔣介石。此外還有葉挺、薛岳、白崇禧、傅作義、鄧演達等人。陳誠為第八期炮兵科學生。

保定陸軍軍官學校位於保定舊城東北五華里，總面積約一千五百餘畝。中院有校部辦公室和尚武堂。高大的尚武堂坐北朝南，四周環以石欄，雕樑畫棟，氣勢宏偉。廳門兩側有副楹聯，上聯為「尚父陰符，武侯韜略，簡練揣摩成一廳」，下聯是「報國有志，束發從戎，莘莘學子濟斯望」。這副對聯把姜子牙（尚父）和諸葛亮（武侯）這兩位傑出的軍事家，作為軍人學習的典範，對陳誠激勵良多。

一九二二年陳誠畢業，被分發到浙軍，成為少尉排長。次年隨鄧演達南下廣東，參加孫中山的革命軍。一九二四年春，黃埔軍校成立，蔣介石任校長，鄧演達任教練部副主任。陳誠對黃埔軍校十分嚮往，便隨鄧演達來到該校擔任副官和炮兵教官。

在黃埔軍校，陳誠開始得到蔣介石的賞識。他在東征中作戰機智沉著，率炮兵屢立戰功。在北伐中勇敢頑強，不到一年，歷經營、團、師三級官階，擢升少將，時年二十九歲。

武漢大會戰

抗戰爆發時，陳誠任軍政部常務次長，他籌備的廬山暑期訓練團剛開學，為進行抗日戰爭做幹部和思想上的準備，蔣介石親任團長，陳誠任教育長。受訓的將領一批批奔赴前線，指揮作戰。

一九三七年八月十三日，戰火燃燒到華東，松滬抗戰開始。陳誠負責左翼作戰，指揮十個師，戰場在寶山一帶，激戰近三月。陳誠指揮的左翼部隊，在掩護兄弟部隊撤退後，於十一月十一日晚最後撤離。他的嫡系部隊第六七師黃維部，經慘烈血戰，有的團已傷亡殆盡，復奉命至安亭車站掩護大軍撤退，再遭巨大犧牲。這樣不畏犧牲，奮勇作戰的精神，頗得各部松滬守軍的好評。

一九三八年，陳誠就任武漢衛戍總司令，肩負保衛大武漢的重任。前一年淞滬抗戰和南京守衛戰見證了中國軍人鐵血抗戰的精神，也暴露出在對日作戰戰略上的缺失。一城一地的拼死防禦不但讓眾多名城慘遭戰爭蹂躪，也幾乎耗盡了軍隊的實力。然而，中國政府和軍隊終於在戰爭中成長。當日本試圖「發動攻略漢口之戰，使其成為戰爭一決雌雄的最大機會」後，蔣介石國民政府終於認識到「抗戰軍事勝負之關鍵，不在武漢一地得失，而在保持我繼續抗戰持久之力量」。為此陳誠拋棄過去的教條，跳出城市防禦的桎梏，將防禦作戰推進到武漢週邊的廣闊戰場。同時部分發動群眾的抗日熱情，以「致力於全面之戰爭與抗戰根據地之充實」。當時，陳誠身兼軍事委員會政治部長，周恩來為副部長，郭沫若為第三廳廳長，共同為提高軍隊的戰鬥精神、組織訓練民眾，集中各方面力量抗戰做了大量的工作。

武漢會戰是抗戰史上中日雙方規模最大的會戰，日本調集了九個師團又三個旅團，約二十五萬人猖狂進攻，中國方面共一三〇個師，約一百萬人迎戰。從一九三八年六月十二日到十月二十五日敵占武漢止，中國軍民進行大小戰鬥數百次，以四十萬人的傷亡，造成日軍近十萬人的死傷，不但粉碎了日軍迅速解決「中國事變」的企圖，也鼓舞了全國抗戰的熱情。任第九戰區第一兵團少將高參、後曾協助薛岳取得第三次長沙大捷的趙子岳高度評價國民政府在武漢會戰的戰略決策：「綜觀武漢會戰，我軍不在武漢城內彈丸之地作困獸之鬥，而在武漢週邊的廣闊天地進行靈活、堅強的作戰，予日軍以重創，作戰逾四個多月，竟無一個整師被殲滅，這都是由於統帥部正確的戰略決策而來的。」武漢會戰達到了消耗日軍的力量以及掩護我軍輸送物資到後方的任務。武漢會戰以後，戰爭明顯呈現出膠著和遙遙無期的勢態，日本再也沒有力量發動如此規模的大戰，抗戰轉入了相持階段。

抗日戰爭有兩個戰場：正面戰場和敵後戰場。陳誠是抗日戰爭中正面戰場上重要的指揮官。在淞滬會戰中，他是一個方面的指揮者，武漢會戰和後來的鄂西會戰，他都是總指揮。此外陳誠還擔任過中國遠征軍司令官，指揮大軍赴緬甸作戰。這幾次會戰均為正面戰場上重要的戰役，陳誠對抗戰的貢獻，是不可磨滅的。

和平漸進搞土改

抗戰勝利後不到一年，又打起了內戰。陳誠此時當上參謀總長，成為全面內戰的總指揮。可是內戰不比抗戰，腐敗的國民黨喪失了民心，在各個戰場不斷慘敗。一九四八年，陳誠被免去參謀總長和東北行轅主任等本兼各職。十月份，他懷著悽愴的心情，攜一家老小離開大陸，移居臺北草山（即陽明山）靜養。但他的暫時離開，並不能勾銷他在內戰中應負的責任。十二月二十五日，中共權威人士列舉了四十三名戰犯，頭三名就是蔣介石、李宗仁和陳誠。

其實，陳誠退居臺灣，何嘗不是蔣介石預留後路的一個棋子。果然一九四九年一月五日，行政院發表陳誠為臺灣省政府主席。大陸慘敗，讓陳誠思索良多。他接任省主席的當日，就去徵詢國民黨元老治理臺灣的意見，並從善如流，把「人民至上，民生第一」作為施政目標。民生的問題首要是農業問題。國民政府敗退臺灣，一下子帶來兩百萬軍民。這麼多吃皇糧的人，對當時只有六百萬人的臺灣，是個極大的負擔，就連解決吃飯都是極大的問題。所以必須首先解決農業問題。而要提高農業生產，就必須改善農民的境況，必須解決土地問題。據一九四八年統計，全臺耕地中，政府從日帝接收的土地占百分之二一・六，八千一百戶大地主占百分之五六，而六十一萬戶農民占百分之二二・四，也就是說，占人口百分之八八的農民僅占百分之二十二的耕地，導致農村剝削苛刻，生產力低下，社會矛盾尖銳。陳誠吸取了在大陸失敗的教訓，力主在臺灣進行「和平漸進」的土改，以免發生農民「叛亂」。

土地改革第一階段是實行三七五減租。依照以前臺灣的慣例，農民向地主租地耕種，要把收成的一半交給地主，有的地方甚至要交給地主百分之六十或七十。所以農民的所得非常少，幾乎沒辦法養家糊口，地主卻坐享其成。所以政府通令實施三七五減租，也就是農民只要把收入的百分之三十七・五，交給地主就好了。這樣一來，農民的收入增加了，生活逐漸寬裕了，就有錢買牛發展生產，有錢送子女上學，社會也因而日漸安定。

第二階段稱為「公地放領」，即把政府掌握的土地以分期償還的方式賣給農民。地價是二年半的產量，以實物計算，十年還清後農民就成為該土地的所有者。

第三階段實施「耕者有其田」政策。規定地主可以保留相當於中等水田三甲（一甲約合〇・九七公頃）或旱田六甲。超過規定的土地，由政府徵收，轉放給現耕農民受領。徵收土地的價格為二倍半年產，以實物土地債券七成，公營事業股票三成搭配補償。放領地價與徵收地價相同，加算年息百分之四，由領地農民在十年內償付。這項政策一方面使農民受惠，另一方面為發展工業籌集了大量的資金。

臺灣土改沒有搞過鬥爭清算地主，沒有槍斃過一個人，在十多年的時間裡，「和平漸進、周密完善」地完成了土改，瓦解了地主經濟，推動了農村生產力的發展。陳誠獲得了廣大農民的愛戴。他對此項成果也很滿意，親自寫下《臺灣土地改革紀要》一書。他還宣稱，他所領導的「土地改革」，「為整個世界解決土地問題，尤其是中東與亞洲各國，提供了一個正確的途徑與最好的先例」。事實上，一些亞非國家，如菲律賓等，對此也很感興趣，還專門派人來參觀取經。

在陳誠大力推動土改的基礎上，再加上改善水利措施、增加化肥施用、農會組織的改革等等措施。臺灣農業到一九五三年已經恢復到戰前水準，從一九五三年到六十年代，年均增長率超過百分之五，大米不但夠吃，還能出口，想一想，當時亞非很多地方包括中國大陸鬧饑荒，這是很了不起的成就。

孤島扶危，竭盡心力

自從國民政府撤退來臺，陳誠一直是蔣介石以外的第二號人物。一九四九年陳誠開始當臺灣省政府主席。同年七月為配合國民黨政府遷臺及軍事需要，行政院又發表陳誠兼任東南軍政長官，坐鎮臺北，指揮東南地區戰事。一九五〇年三月一日，蔣介石復行視事，再任總統。陳誠則接替閻錫山為行政院長。一九五四年，陳誠擔任副總統，其院長職務由俞鴻鈞接任。一九五八年，陳誠復以副總統兼任行政院長，一九六三年因病行政院長由嚴家淦繼任，但陳誠擔任副總統直到去世。自從蔣介石來臺，陳誠一直都是蔣介石的得力助手，「中正不可一日無辭修」，甚至有人稱之為「蔣陳體制」。蔣介石主要抓政治軍事等大政方針，而陳誠則對臺灣的建設殫精竭慮，鞠躬盡瘁，投下最大的心力。

陳誠在大陸情勢逆轉的關鍵時刻，推行土地改革、改革幣制、穩定金融、整編來臺部隊、規劃地方自治；對臺灣社會與經濟具有深遠的影響。他在臺灣的政績主要屬於經濟和民政，並親自主持石門水庫的興建，提出「以農業培植工業，以工業發展農業」。此時期相對於蔣介石，陳誠的聲譽乃是來自民政與經濟，跟大陸時期的一級上將軍人形象可謂大相逕庭。

一九六五年三月五日陳誠因肝癌去世，享年六十八歲。噩耗傳來如晴天霹靂，全臺駭悼。送殯的行列長達五公里。尤其是農民以廣受其澤，設奠路祭，哭之尤哀。陳誠死後，蔣介石曾題一挽聯痛悼愛將：「光復志節已至最後奮鬥關頭，那堪吊此國殤，果有數耶？革命事業尚在共同完成階段，竟忍奪我元輔，豈無天乎！」挽額為「黨國精華」。有的挽辭，較為客觀地頌揚陳誠「孤島扶危，竭盡心力」。「武略文韜，大名垂宇宙；均田治水，至計贊中興」。

陳誠在黃埔時期起就與時任黃埔軍校政治部主任的周恩來私交甚好，後來雖因意識形態原因分道揚鑣，但當周獲悉陳誠逝世的消息後，也對其進行了高度的評價：「陳辭修是愛國的人」。

陳誠一生為官清廉。死後葬於新北市泰山區，那裡曾有陳誠墓園。一九九五年八月，陳誠的骨灰遷移到高雄市的佛光山。一九三二年，陳誠與民國元老譚延闓的女兒譚祥結婚，介紹人是蔣介石和宋美齡。他們育有四子二女。其中長子陳履安（一九三七年生）在美國獲博士學位，回臺後擔任過經濟部長和國防部長等要職。

知識窗：石門水庫

陳誠主政時，為了澈底解決灌溉問題，在桃園市南部修建了一座大水庫，叫石門水庫。它於一九五五年動工，一九六四年完工。除供灌溉外，還具有防洪、給水、發電和觀光等多功能。

石門水庫位於大漢溪中游。這裡的石門村，有雙峰對峙成峽，正好修建水庫。攔水大壩就築於兩山之間，高一三三米，頂長三八〇米，號稱遠東最大的水壩之一。水勢宏大的大漢溪被攔截，形成一個長十六公里，廣及八平方公里的人工湖。攔水壩有六條溢洪道。每當颱風來臨，豪雨不停，山洪水量超過大壩攔洪安全量時，閘門適時開啟，頓見洪水就如六條蛟龍沖出，隆隆水聲，彌漫水花，使人怵目驚心。

登臨石門山頂四望，近可俯瞰大壩、發電廠和人工湖，遠可眺望重疊山巒與桃園市一片鄉野。彎彎曲曲的湖水，宛如纏繞在崇山峻嶺的一條碧綠玉帶，一眼難望其盡頭。若乘遊艇在湖中鼓浪前進，可看到夾峙的青山翠巒如重重門扇，逐一展開。沿途許多幽雅別致的景色，吸引遊客登岸玩賞。水庫周圍，還辟有亞洲樂園、童話世界，金島樂園、阿姆坪等遊樂場所，每年可接待一兩百萬遊客，已成為臺灣最吸引人的風景區之一。

陳誠是石門水庫建設的宣導者、組織者和領導者，親自掛帥籌委會和建委會主任，曾多次前往視察、籌畫。他的功績臺灣民眾永誌不忘。

山西王掌行政院　閻錫山

人們都知道，閻錫山是中國現代史上赫赫有名的軍閥，統治山西長達三十八年。鮮為人知的是閻錫山還是國民政府撤臺後的第一任行政院長。他在臺北度過了餘生。

辛亥革命閻都督

閻錫山，字百川，一八八三年十月八日（光緒九年九月初八）生於山西五臺河邊村（今屬定襄縣）。他上過私塾，隨父親閻書堂做過生意。一九〇二年投考山西武備學堂。兩年後被選拔赴日本留學。在日學習軍事期間，他與孫中山相識，加入同盟會。一九〇九年閻錫山從日本陸軍士官學校畢業回國，次年升任山西新軍標統（團長）。

一九一一年十月十日武昌起義爆發。閻錫山聞訊後便在山西新軍中組織回應，於十月二十九日發動太原起義，攻破撫署和滿營，擊斃巡撫，一舉成功，被推舉為山西都督。從此掌握山西軍政大權直到一九四九年。

閻錫山掌權後，先後投靠北洋軍閥，國民黨政府，但他屬管不屬調，始終以山西為獨立王國，培植自己的武裝——晉軍（後為晉綏軍），最多發展到二十萬人。他在政壇上縱橫捭闔，進退自如，曾多次參加軍閥混戰。尤其是一九三〇年的蔣桂閻馮大戰最為激烈。但閻錫山始終能化險為夷，保住自己的地盤，成為中國現代史上掌權最久的軍閥。

閻錫山是個過渡人物。他一方面深受傳統影響，要做獨霸一方的封建土皇帝，另一方面畢竟是留過洋的同盟會員，眼界比較開闊，深知國家的落後，極力辦教育、興實業，為山西的經濟文化發展，做了不少實事。

一九二二年九月，閻錫山邀請孫中山來山西訪問。孫中山考察鐵路，調查礦產，對山西的建設發表了不少意見。他當著閻錫山向山西民眾誠摯忠告：「古今來破壞甚易，而建設甚難。今非享福之時，尚須苦心建設」。孫中山特別強調了俄日侵略中國的危險，主張憑藉山西豐富的煤鐵資源，「在山西設一大鋼廠，製造最新武器，以備全國擴張武備之用。」要求發展獨立的軍事工業。

閻錫山採取了「保境安民，惟力是視」的方策。對山西的國民教育，「村本政治」基層政權的建設，以及對工農業生產的發展，制定了頗有雄心的計畫，都是對孫中山訪問山西時指導方針的落實。閻錫山在他的施政綱領中，提出民德、民智、民財三大目標。所謂民德，即以信、實、進取、愛群為民德四要。所謂民智，即推廣國民教育及人才教育、職業教育等。所謂民財。即改良農業，提倡工業，以利民生。他在一個較長的時間裡大抓了一下山西的各項建設，農業、農田水利、交通、工業，都搞了一些基礎建設。尤其是兵工生產，成績更為顯著。這樣才有力量抵抗北洋軍閥各派系武裝的進攻，抗戰時期，有力量抵抗日本帝國主義的入侵。

閻錫山號召鄉鎮搬掉泥神，騰出廟宇辦學堂，起先引起一些人的反對。可是等到後來推行國民教育，城鎮辦起中學、高等小學，農村辦起初級小學，人們又誇獎起閻錫山了。早在一九一九年五四運動時期，閻錫山就創辦了山西省立國民師範學校，為當時第一流的新興學校。該校培養出大批人才。徐向前元帥、薄一波、李雪峰、程子華等都是國民師範畢業的。

閻錫山在農村推行「六政三事」。所謂「六政」，就是水利、種樹、蠶桑、禁煙、天足、剪髮（男人剪辮子）。「三事」，即種棉、造林和牧畜。這些都取得了一定的成效。

交通方面，依靠本省的財力，調用晉軍的力量，從一九三二年動工，到一九三七年修通了貫穿山西南北的同蒲鐵路，全長八五〇餘公里。這在各省中，也是突出的政績。

工業方面，閻錫山發展煤鋼工業，早在一九一七年就開始軍火製造。抗戰開始時，山西已有機器廠、煉鋼廠（有日出五百噸的鐵爐、兩百多噸的鋼爐）、水泥廠等，太原兵工廠聞名全國，使山西成為內地重工業最發達的省份之一。在軍工製造上，步槍月出三千支，槍彈月出四萬發，輕機槍月出三百挺，重機槍月出五十挺，山炮月出三十門，野重炮十二門。抗戰初期，閻錫山指揮國民革命軍（包括八路軍）抵抗日本侵略軍作戰，一大部分軍械彈藥是山西自身供應的。隨後部分工廠內遷陝西、四川等大後方，為抗戰繼續做出貢獻。

忻口會戰

一九三七年全面抗戰爆發，八月國民政府將抗日戰場劃為五個戰區，任命閻錫山為第二戰區司令長官，下轄第六集團軍（總司令楊愛源）、第七集團軍（總司令傅作義）、第十八集團軍（總司令朱德）和預備軍，後又增加第十四集團軍（總司令衛立煌）。

九月日軍板垣師團和關東軍兩個旅團等共八萬餘人進犯山西，突破了長城防線。戰爭打到了閻錫山的地盤，六一軍軍長李服膺抵抗不力，從九月九日起，僅四天時間就丟掉晉北天鎮大同等大片土地。閻錫山震怒，命將李拘獲，押解太原，他親自擔任審判長，宣判死刑。閻錫山說：「我把你從排長提升到軍長，實指望你為國效勞，不想你壞到如此地步！今日槍斃你，實在使我慚愢而又傷心！我不願你的同事審判你，所以親自審判，但我不能因私害公。至於你的家屬，我自會為你照料。」言訖，遂揮淚下令將李押赴刑場，執行槍決。

為了保衛太原，「守土抗戰」，閻錫山的態度是積極的。他調集了國軍七個軍，六個師和四個旅的兵力，在忻縣以北的忻口地區，組織防禦。八路軍也參加了忻口會戰，朱德兼任第二戰區副司令官。九月二十二日，一一五師在林彪指揮下，在平型關伏擊日軍，殲敵一千餘人，打破了

「日軍不可戰勝」的神話。一二〇師的七一六團則在雁門關設伏，殲滅日軍五百餘人，一二九師七六九團夜襲陽明堡機場戰鬥，焚毀敵機二十四架，有力地配合了忻口的防禦作戰。

忻口會戰，戰況十分慘烈。姜玉貞指揮一九六旅鎮守原平，「誓死抗戰，無令不離斯土」，阻敵十日以身殉國，五千將士僅剩不到十分之一。閻錫山《原平戰役》詩曰：「全區原平戰最烈，三團只剩五百人。據守三院十一日，玉貞旅長兼成仁！」

守衛忻口防線南懷化的是郝夢麟第九軍，郝軍長說：「瓦罐不離井口碎，大將難免陣前亡」。他身先士卒，在穿越日軍火力封鎖線時，壯烈犧牲。戰鬥最激烈時，在正面二里寬的戰線上，一天之內損失了十個團。二十三天的戰鬥，日軍受到嚴重打擊，死傷萬人左右。閻錫山指揮忻口戰役期間，每日下午乘坐小車，親臨前線坐鎮，並調遣一個憲兵大隊，隨執法總監在前線督戰。

我軍抵抗的威力，迫使敵人不得調整進攻計畫。十月中旬，日軍又增兵從正太路向西進犯，十月二十六日攻陷晉東門戶娘子關。致使我軍北、東兩面受敵。太原城防由傅作義（一八九五－一九七九）負責，在一個多月中大量殺傷敵軍後撤出。

直到十二月九日太原失陷，忻口會戰共打了整整三個月，殲滅日軍近三萬人（總兵力十四萬），中國軍隊也有十萬人（總兵力二十八萬）血灑戰場。忻口戰役是抗日戰場正面戰場的壯舉。《西安文化報》說忻口會戰「是華北抗戰數月中僅有的一次光榮戰爭，……予敵人以嚴重打擊，為民族增無限光榮。」《華北前線》登載英國記者貝特蘭的報導：「忻口戰役是華北抗戰高潮的標誌，是標誌抗戰前途的一個很有意義的吉兆。」閻錫山有《忻口會戰》一首：「忻口佈防得從容，激戰南懷血染紅。假使娘關不失敗，豈止廿三任敵攻？」

忻口會戰後，閻錫山先撤到臨汾，後又西渡黃河在陝西宜川秋林鎮駐紮，深有寄人籬下的感覺。一九四〇年四月他離開秋林，回到自己的地盤上，把第二戰區長官司令部和山西省政府，在晉西吉縣黃河邊的南村坡（後改名為克難坡，）安頓下來，券起幾間窯洞的「閻公館」。在此安營紮寨整四年，一直堅持到抗戰勝利前不久。

兵敗至臺灣

經過八年抗戰，山西的形勢發生了很大變化，閻錫山直接控制的地盤主要是晉西諸縣，而晉西北、晉東北和晉東南已分別歸屬中國共產黨領導的晉綏邊區、晉察冀邊區和晉冀豫邊區。日本宣布投降後，閻錫山迅速派軍五萬，搶佔了太原和鐵路沿線一些中小城市。八月三十日閻錫山重新回到省城，再做土皇帝的美夢。

可是好夢不長，到一九四八年六七月徐向前率軍發動晉中戰役後，閻錫山就剩下了太原一座孤城，坐以待斃。

說起閻錫山的死對頭徐向前，竟和閻錫山是同鄉。徐向前一九〇一年生於五臺縣永安村，與閻錫山家鄉河邊村僅隔十幾里路。徐向前在閻錫山創辦的山西省立國民師範學校畢業後，從一九二二年至一九二四年間，還在閻家鄉河邊村的川至中學附小當過兩年教師。隨後徐向前投筆從戎，南下黃埔。徐由黃埔軍校分配到馮玉祥的國民二軍，該部被打垮後，徐向前和幾個山西同事回了家。閻錫山惋惜知情晚了一步，沒能挽留爭取徐向前成為晉軍將領。後來，徐向前又轉向南方尋找共產黨，當了紅軍第四方面軍的總指揮。當徐向前在鄂豫皖，在川陝把蔣介石指揮的多於紅軍幾倍的「圍剿」部隊打得落花流水時，閻錫山也曾為他五臺出了個「大將軍」而贊口不絕。

不過這次厄運卻落到了閻錫山自己頭上，徐向前率領的華北第一兵團等部隊共八萬餘人，一九四八年十月發動太原戰役，把太原圍困起來。平津戰役結束後，太原前線解放軍增加到三個兵團三十二萬人，是閻錫山守軍的三倍。包圍圈逐步收緊，解放軍威逼城下。一九四九年三月二十九日閻錫山假借開會，逃往南京。四月二十四日太原易手。

一九四九年六月二日，閻錫山在廣州就任國民政府行政院長，是為國民政府在大陸的最後一屆「內閣總理」，勉強支撐了半年。十二月八日，解放軍逼近成都，閻錫山只得飛逃臺灣。這樣他就成了國民政府撤臺後的第一任行政院長，當時，代總統李宗仁已經赴美就醫，作為行政院長的閻錫山便成了國民政府的全權代表。

然而好景不長。一九五〇年三月一日，蔣介石又重登總統寶座，幾天後他便罷黜閻錫山行政院長的職位。三月十五日，閻錫山在臺北介壽館舉行了新舊內閣交接儀式，交棒給陳誠。之後閻錫山改任總統府資政和國民黨中央評議委員等閒職。

閻錫山晚年遷居臺北郊區陽明山，像家鄉山西一樣，劵起窯洞式故居，起名「菁山草廬」。從此閉門讀書，著書立說，不再過問政治。一九六〇年五月二十三日病逝，終年七十八歲。

知識窗：五權制度

孫中山在歐美國家立法、行政、司法三權分立的基礎上，又結合中國固有的考試和監察權，創立了五權制度。根據這個制度，臺灣設有五院，即立法院、行政院、司法院、考試院和監察院。撤臺後最早的立法院長是童冠賢、行政院長是閻錫山、司法院長是王寵惠、考試院長是紐永建（代）、監察院長是于右任。實際上，最有權的是總統，即蔣介石。

百年少帥　張學良

東北少帥張學良發動西安事變，改寫了中國現代史。他為挽救瀕臨淪亡的中華民族付出了幾乎剝奪終身自由的慘痛代價，在臺灣度過了半生。值得欣慰的是，他所做的犧牲不是徒勞的，在歷史的天空他像一顆流星，雖然轉瞬即逝，但他劃破夜空時發出的奪目之光，人們將永誌不忘。

東北易幟

張學良，字漢卿，遼寧人，奉系軍閥張作霖的長子，一九〇一年六月三日出生於臺安縣。也許是期望孩子能有漢初張良「博浪沙的勇，佐劉邦的智」，而取名學良。張學良出生時，適逢八國聯軍後，社會動盪不安的年代。一九二八年六月，張作霖因不願臣服於日本帝國主義而在皇姑屯被炸死，張學良以二十七歲之齡就任東三省保安總司令，成為統治整個東北的「東北王」。

當然，張學良是官二代，其官位是與他有個「好爸爸」分不開的。但張學良本身也不是等閒之輩。他在東三省講武堂系統學習了軍事課目。畢業後，不到二十歲就當上旅長，專心整軍。不到一年，軍容為之一新，綠林弊端一掃而盡，打了幾個勝仗，張學良晉升為陸軍少將，成為父親的好幫手，人稱少帥。

張學良是民族自尊心極強的華夏驕子。一九二一年，他接受父命，東渡日本，觀看日本軍隊秋季軍事操練。傲慢的日本人故意向他挑釁，「邀請」讓他參觀甲午戰爭時日本從中國奪去的「戰利品」，張學良義正詞嚴地正告對方：「勝敗乃兵家常事，今天的中國已不是甲午之戰時之中國了」，並明確表示：你們日本能做到的，我們中國也能做到；你們日本不能做到的，我們中國也能做到；請君等拭目以待。歸國後，他就建議對整個奉軍進行整治，決心超過日本。

父親的慘死使張學良進一步看透了日本人的狼子野心。他一九二八年接過班以後，便以民族大義為重考慮東北的前途。他無畏日本人的威脅利誘，決定於同年十二月東北易幟，宣布服從南京國民政府，促成中國的統一。這是張學良的功績之一。

一九三〇年，爆發了蔣桂閻馮大戰，這是中國軍閥割據時代最後一場軍閥大戰。這場百萬人的惡戰造成三十萬人的傷亡，能夠及早收場很多方面要歸功於張學良。一九三〇年九月十八日，是張學良的一紙通電介入，靠東北軍的雄厚實力，打破僵局，平息了內戰，實現了統一。這個功績也不可低估。

國民政府為酬庸張學良的功勳，先後任命他為東北邊防軍司令官，陸海空軍副總司令，他達到一生權位的最高峰。

西安事變

一九三一年，九一八事變發生，張學良因蔣介石堅持「不抵抗原則」，即避免與日本發生衝突，下令東北軍不抵抗，坐視國土淪入日本手中，從此獲得「不抵抗將軍」封號。後來他引咎辭職，被迫下野出國，前往歐洲考察。

張學良回國後，一心抗日卻被派去打內戰。一九三五年，他被任命為西北「剿總」副司令，率東北軍到西北與紅軍作戰，幾度受重創於紅軍而漸對其有所忌憚，加上日本侵華情勢日漸危機，東北軍與日人有家國之恨，對中國共產黨的「停止內戰，一致抗日」主張深深認同。然而蔣介石認為「攘外必先安內」，將中央軍主力用於消滅共產黨紅軍，引起國內民眾普遍不滿和不解，張學良在種種環境因素包圍下，產生「逼蔣抗日」的想法，埋下西安事變的導火線。

蔣介石得知張學良不願打內戰，就於一九三六年十月趕到西安，命令張學良立即進攻陝北。張學良幾次請求蔣放棄打內戰，遭到斥責。十二月四日，蔣介石威脅張學良和楊虎城，要麼「剿共」，要麼就把東北軍調往福建，把西北軍調往安徽。此後張、楊對蔣多次苦勸無果。七日，張學良下決心再勸蔣一次，他說到東北的淪陷，甚至傷心地流淚了，可蔣介石絲毫不為所動，他拍著桌子態度堅決地讓張「剿共」。

在最後一次勸諫無效的情況下，張學良明白，勸說是改變不了蔣介石的，他決定採用兵諫了。十二月十二日凌晨，張學良和楊虎城毅然發動震驚中外的「西安事變」。蔣介石當時下榻於臨潼華清池五間廳。張學良部下孫銘九營長帶兵包圍了蔣的住所，蔣聞訊逃到不遠的後山，後來被找到，如今那裡建有一座兵諫亭。楊虎城則派兵扣留了住在西安城內的蔣介石隨行軍政要員。

西安事變後，張學良和楊虎城通電全國，提出抗日救國八項主張，並致電中共中央，要求派代表團來西安共商抗日救亡大計。十七日，中共派周恩來等來到西安，與蔣介石當面談判。宋美齡、宋子文也勸說蔣接受條件。蔣介石無奈之下，只得答應停止內戰，聯共抗日。西安事變終於得到和平解決。西安事變為實現第二次國共合作，最終走向全國抗戰打下了關鍵性的基礎。

軟禁歲月

西安事變後，蔣介石要返回南京。張學良毅然決定陪蔣到南京。行前，張學良對部下表明了送蔣的意圖：

「你們要知道，這次事變，對蔣是一個很大的打擊。我們現在不但要放他走，而且今後還要擁護他作領袖，還要同他一起共事。所以我們萬不能再為難他，我們要給他撐面子，使他恢復威信，今後好見人，好說話，好做事。我親自送他就是這個意思，使他答應我們的事不能反悔……」

當時，大家都勸他不要去送，害怕此去兇險難測。果然，蔣介石一到南京，就把張學良軟禁起來，從此張學良開始了長達半個世紀的幽居歲月。但他個人的犧牲終於使蔣介石沒有了食言的藉口，全面抗戰的序幕，就此拉開。

張學良被軟禁之後，先後輾轉關押在浙江、江西、湖南、貴州，一九四六年十一月被送往臺灣新竹縣五峰鄉桃山村清泉溫泉，在此住了十多年（其故居現已開放觀光）。雖然生活方面，不至於太虧待他，但昔日統率幾十萬大軍的少帥失去了最寶貴的人身自由，空有一腔愛國的熱血，卻無處發洩。然而，張學良並沒有悲觀、消沉，為了排遣心中的鬱悶，張學良苦中作樂，或醉心於山水，或參加體育運動，或研究明史，晚年開始信奉基督教，沉迷於神學。

一九四九年國民政府遷臺後，因戴笠已經去世，「管束」張學良的工作由當時擔任國防部總政治部主任的蔣經國接替。由於他們都有一位做元首的父親，經歷和背景也很相似，同時蔣經國對張學良的為人很欣賞，而且西安事變的結果是促成蔣經國從蘇聯回國的主要因素。因此，他主管看管張學良的工作後，就決心要和張學良做朋友。不論工作多麼忙，總是抽空去看望張學良或是約張學良到他的官邸小聚。

一九五九年蔣介石下令解除對張學良的管束，實際上仍然暗中監視。一九六一年張學良在臺北市北投復興崗蓋了一棟二層小樓住下。蔣經國送了一套客房用的家具。張學良自己也買了一輛二手的福特轎車，可以去看看朋友。

張學良愛好畫畫，早在一九三〇年，就結識了張大千。張大千回臺定居後，住在臺北外雙溪摩耶精舍，兩人經常相見。在張大千的提議下，張學良、張群、王新衡，每月聚會一次，人稱「三張一王團團會」。

漫長的幽居生活，張學良孤傲的性格被煎熬得逐漸平和，健壯的身體也日漸衰弱，用他自己的詩寫照：則是「白髮催人老，虛名誤人深」。一九九一年，張學良獲准赴美探親。一九九五年，他定居美國檀香山，餘生在夏威夷度過。二〇〇一年十月十四日晚（北京時間十五日凌晨）因病去世，享年一〇一歲。

軼事：紅粉知己、白首締盟

在張學良漫長寂寞的幽居生活中，幸虧有趙四小姐陪伴相守，給了他莫大的安慰。想當年張學良為顯貴公子，少年得志，倜儻風流。有美女喜愛，不算稀奇。難得是大廈將傾，樹倒猢猻散之後，仍有紅顏知己，捨命相從，坐通牢底，生死不渝。這一點縱是《紅樓夢》裡的賈寶玉，也無此福分。而張學良卻一生受之，的確難得。

張學良的元配是于鳳至。他和趙四小姐是一九二七年在天津認識的。當時趙四小姐只有十五歲。她名叫趙一荻，是英文名字Edith的譯音。她的父親趙慶華，曾任津浦鐵路局局長。那時趙四小姐還是中學生，隨姐姐到蔡公館的舞廳，與張學良雙雙進入舞池。兩人相遇純屬偶然，不過趙四小姐這一次好奇之行卻改變了她一生的命運。她在這次舞會上偷偷愛上了叱吒風雲、有少帥之稱的青年將領張學良。而少帥也驚歎她的天生麗質和優雅舉止。只是當時雙方都未明確示愛。然而，愛就這樣默默地誕生了。一九二八年六月三日，張父遇害後，埋頭奔喪的少帥心事重重地向趙四道別，並委婉的袒露愛慕之情。不想，面對這個深陷於哀痛中的青年男子，趙四竟不顧羞澀與矜持，勇敢的接受了少帥的一吻定情。

後來，趙四小姐的異母兄就到老太爺那裡告狀。原來趙四的母親是盛宣懷家裡的丫頭，是姨太太。上面還有個太太，是盛家的小姐，生了幾個哥哥。哥哥就借這事來打擊趙四母親這一房。老太爺一聽大怒，就登報脫離父女關係。

趙四小姐索性就與張學良同居。原配夫人于鳳至對趙四小姐此舉的理解和寬容接納，又讓張學良和趙四小姐倍感欣慰。儘管為了家庭和睦，張學良向趙四小姐提出她將沒有夫人名分，只能對外稱作他的私人秘書，對內稱為侍從小姐，但這並未阻止兩人相愛。

為了不使趙四寂寞及荒廢學業，張學良不僅將她送進奉天大學深造，還讓美貌出眾、才智過人的趙四熟悉了軍內密碼，成為張少帥軍務上名副其實的秘書和不可缺少的助手。以至於張學良後來「西安事變」的成功進行，也多虧了趙四這位賢內助。她表現出了強烈的愛國熱忱，夜以繼日地精心完成好張學良交辦的每一項任務。

張學良被軟禁後，起先主要是于鳳至一路陪伴，直到貴州修文。一九四〇年，闊別已久的趙四小姐從香港趕到修文，于鳳至因患癌症去美國治療。從此就一直是趙四小姐陪伴張學良，無怨無悔，一直跟隨到臺灣。幾十年如一日照顧張學良，卻連個名分都沒有。直到一九六四年，在美國的于鳳至，被趙四小姐的堅貞愛情所感動，應允離婚。同年七月，六十四歲的張學良和五十一歲的趙四小姐，經過三十多年的相愛，過了二十多年與世隔絕，相依為命的生活，在簡單而隆重的婚禮中，正式結為夫妻，宋美齡是少數觀禮的貴賓之一。報界於當天報導了這一消息，並將大標題名為「紅粉知己，白首締盟」、「卅載冷暖歲月，當代冰霜愛情」等等。

二〇〇〇年六月二十二日，趙一荻去世於檀香山，一年後，張學良逝世，與趙一荻合葬。

抗戰中最強將領　薛岳

一九九〇年二月，臺灣召開第一屆國民大會第八次會議，選舉正、副總統。主持開幕典禮的是九十六歲高齡的薛岳。為什麼偏偏找這樣一位白髮蒼蒼的老人家出來主持呢？不少年輕人對他不熟悉。其實薛岳在抗戰中聲名遠揚，有抗日「戰神」之稱，是殲滅日軍最多的將領，為民國陸軍一級上將。臺灣開會讓他來主持典禮，正是人們對這位抗日名將的無比敬重。

以岳飛為楷模

薛岳，字伯陵，綽號「老虎仔」，一八九六年（清光緒二十二年）十二月二十七日生於廣東韶關市樂昌縣九峰鎮小坪石村。當時正是中日甲午戰後，全國彌漫雪恥氣氛，其父仰慕民族英雄岳飛，乃給兒子命名薛仰岳。及兒子長大後，自認為僅仰慕岳飛意猶未足，乃取消「仰」字，單名「岳」，以示不僅仰慕岳飛，更將身體力行，要作當代岳飛。

一九〇七年，十歲剛過的薛岳進入黃埔陸軍小學堂學習軍事，一九一〇年畢業。當時革命風潮已風起雲湧，少年薛岳與同學鄧演達、葉挺加入同盟會，追隨朱執信出粵，到各地進行革命活動。一九一四年，二次革命後薛岳加入中華革命黨，不久，恢復學生生涯，投入武昌陸軍第二預備學校第二期，受訓兩年。畢業後，再入保定軍校第六期，與張發奎、鄧演達等人為同期同學。

一九一八年六月，薛岳尚未畢業，即南下廣東，加入孫中山所組的革命軍援閩粵軍，任總司令部上尉參謀、連長，隨軍入福建，攻佔以漳州為中心的二十多個縣。

一九二一年五月，孫中山在廣州就任非常大總統，成立大總統府警衛團，薛岳、葉挺及張發奎分任第一、二、三營營長。是年八月，孫中山溯西江至桂林，設置北伐軍大本營，薛岳負責總統府警衛任務。

一九二二年六月十六日凌晨，陳炯明公然叛變，圍攻總統府。警衛團葉挺營堅守總統府前門，薛岳所部固守後門，多次擊退叛軍的進攻。戰鬥持續了十多個小時，警衛團保護宋慶齡突圍。葉挺全營在前面開路，薛岳率領機槍營殿後，冒著槍林彈雨，將孫夫人送出脫險。孫中山則在事變即將發生前登上了永豐艦。

北伐戰爭中，薛岳由團長而師長，一路激戰，經江西浙江，打到上海。後來薛岳也跟隨過張發奎反蔣。他又是一個和共產黨部隊作戰多年的反共將軍。是他，在紅軍長征時，親率國民黨中央軍八個師窮追不捨，給紅軍造成很大威脅，可以說紅軍走了兩萬五千里，他也長追了兩萬里。

毛澤東曾風趣地說「有勞伯陵兄遠送」。

三戰長沙

然而薛岳最熱心的不是內戰，而是衛國殺敵。抗戰爆發後，薛岳三次電呈蔣介石，請纓出征。九月十七日，薛岳在赴滬參戰的請求獲准的當天即出發直奔南京。二十二日，薛岳到達南京後面見蔣介石，後被任命為第十九集團軍總司令，編入左翼軍。二十四日，他即馳赴上海指揮作戰。從這時起，薛岳將軍為民族的獨立奮戰八年，立下了赫赫戰功，其軍事生涯也走向了巔峰。

一九三八年八月薛岳在武漢大會戰中，指揮江西德安萬家嶺戰役殲敵萬餘人，是抗日戰爭初期的一次重要勝利，亦為抗日戰爭中首次全殲日軍一個師團的戰鬥，戰果猶過於臺兒莊。同時也為武漢撤守爭取了重要的時間。曾經是老戰友也曾經是死對頭的新四軍軍長葉挺，則盛讚薛岳指揮的「萬家嶺大捷，挽洪都於垂危，作江漢之保障，並與平型關、臺兒莊鼎足三立，盛名當垂不朽。」

薛岳戰功最輝煌的是長沙會戰。他作為第九戰區司令長官指揮作戰。中國軍隊前後三次粉碎了日本侵略者向長沙大規模圍攻的野心，寫下抗日戰爭中光輝的一頁。

第一次長沙會戰是在一九三九年九月上旬到十月初。日軍為了鞏固武漢的侵佔，由岡村寧次指揮四個師團、兩個支隊及海空軍部隊，約十萬人，分三路大舉進攻長沙，來勢洶洶，在戰鬥激烈的時候，還屢次施放毒氣，企圖一舉攻下長沙。薛岳指揮十六個軍，二十萬人，沉著應戰。我軍利用山嶽江湖組織防禦，阻擊敵軍。諸師於新牆河、汨羅河等戰線逐次抵抗，將敵誘至撈刀河決戰地帶。十月初，薛岳見日軍氣竭力衰，即令對敵反攻。致南犯之敵，四面受擊，傷亡慘重，向北突圍。隨即，他令各路部隊追擊、阻擊和側擊。經過二十多天的戰鬥，日軍遭到慘敗，傷亡四萬多人。

第二次長沙會戰發生在一九四一年九月到十月初。日軍由阿南維幾中將指揮陸軍十二萬人，飛機一百餘架，兵艦二十餘艘，攻向長沙。薛岳指揮十三個軍，約十七萬人迎戰。在正面進行「後退決戰」的同時，將七個軍部署於東側山地，實施側擊，牽制敵人。經過逐次抵抗後，誘敵深入汨羅河、撈刀河伏擊地帶予以重創。日軍借其優勢的火力，妄圖一舉消滅第九戰區主力，結果不僅未達到目的，反而遭到沉重打擊，最後，日軍被迫逃回新牆河以北原據點。是役，中國軍隊共打死打傷日軍四萬餘人。

才過了兩個多月。日軍為配合其在香港地區的作戰，調集十萬人於十二月中旬又發動了對長沙的第三次進犯。薛岳總結第一、二次長沙會戰的經驗教訓，提出「天爐戰法」，即「在預定之各作戰地帶，構成網形陣地，配備必要之守備部隊，以伏擊、誘擊、側擊、尾擊諸手段，逐次消滅敵人兵力，挫其銳氣。然後於決戰地帶，使用優勢兵力，熾盛之火力，施行反包圍及反擊，用絕對優勢，予敵以殲滅性的打擊」。結果這次日軍損失更加慘重。一九四二年一月二十二日，薛岳致電蔣介石報告清理戰場的結果，消滅敵軍五・七萬人。

三次長沙會戰共殲敵十幾萬，使薛岳成為殲滅日軍最多的將領。薛岳將軍更是因此得到日軍的「長沙之虎」的封號。一九四六年十月十日，美國總統杜魯門授予薛岳一枚自由勳章，以表彰他在抗日戰爭中的功績。張治中將軍稱其為「百戰名將」。二〇〇五年八月六日，新華社和中央電視臺《新聞聯播》中《抗日英雄譜》欄目介紹了薛岳的抗日事蹟。

閒居臺灣

抗戰結束後，薛岳也參加了內戰，一九四九年十月，解放軍入粵。廣東蔣軍無力抵抗，薛岳只好逃到了海南。十二月一日，任海南防衛總司令，統一指揮海南陸、海、空三軍，總兵力約十萬人，企圖阻止解放軍攻佔海南。但薛岳深知，海南守軍戰鬥力低下，不堪一擊，無力防守海南。一九五〇年一月，薛岳飛赴臺北面見蔣介石，要求撤出海南。但蔣介石以海南不戰而棄、損害臺灣的民心士氣為由，拒絕了他的請求。三月五日，解放軍發起海南戰役。果如薛岳所料，海南守軍兵無鬥志，一觸即潰，被擊斃六千，俘虜二・六萬。四月二十二日，薛岳征得蔣介石同意後，命令所部撤退。由於計畫周密，解放軍又無制空和制海權，撤退比較成功。五月一日，守島國民黨軍隊六萬多人上船撤往臺灣。

在臺灣，薛岳擔任總統府參軍長以及戰略顧問、光復大陸設計研究委員會主任委員等職務。實際上都是閒職。

薛岳晚年時，有些當年日本兵的後裔想到薛岳在臺灣嘉義的寓所去拜訪他，說要感謝薛將軍在長沙會戰後把戰死的日本兵屍骨收集在一起，給予埋葬，十分人道。薛岳一聽日本人就來氣，說他們殺了這麼多中國人，還不肯認錯，堅決不見，非常有個性……

薛岳的家鄉人民，對薛岳充滿敬意。儘管文革時期，談論薛岳是犯禁忌的事。但是當地人們心裡都清楚，薛岳是打日本鬼子的英雄，他們採摘了兩斤最好的茶葉，想盡辦法托人送到臺灣，薛岳也托人回信，說收到了家鄉的茶葉，很開心。

由於歷史的原因，薛岳在大陸漸漸被人遺忘。改革開放後，薛岳作為抗日名將又被人提起。一九九二年，樂昌縣邀請薛岳回鄉探親，但最終未能成行。他對此事念念不忘，是年冬，他托人從臺灣帶來一塊銅鏡送給樂昌縣政府，上書「桑梓情深」。落款為「樂昌縣鄉親惠存，薛岳敬贈」。一九九八年五月三日，薛岳將軍以一〇二歲高齡過世，葬於國軍五指山公墓特勳區。

近年來樂昌縣政府對薛岳九峰的故居撥款進行修葺，其祖祠文物以及他當年所建的「伯陵堂」等建築物都得到了妥善的保護。

軼事：精忠報國

資深媒體人陳君天在訪問高齡一〇一歲時的薛岳時，聽到了長沙會戰時的一段故事：薛岳當時銜命守長沙，中央方面原本決定，守不住時就往衡山退，以保全實力。個子小但脾氣奇倔的薛岳不服氣：「我老薛一定挺得住！」堅持要與日軍一決勝負。

蔣介石急忙派陳誠與白崇禧調停，乘飛機從重慶到長沙傳達命令：「你如果一定要在長沙打，那就是抗命！」然而薛岳拒絕接受，反罵他們「亡國大夫」，將他們罵回去了。陳誠與白崇禧還沒有回到重慶，薛岳就打電話過去，直接請示蔣委員長。當時蔣介石已經就寢。薛岳就跟宋美齡說：「我就要在長沙打，打敗了我自殺，以謝國人；打贏了算我抗命，你們槍斃我！」宋美齡說：「薛將軍你不要激動。我跟委員長講。」

第二天宋美齡傳話：「伯陵兄啊，委員長講過了，你要有這個信心你就在這裡打，這個時候我們難得有這樣的信心，有這個信心我們為什麼不要呢？你這不是抗命，現在委員會重新再下個命令，配合你。」

薛岳敬仰岳飛，一生以岳飛為榜樣。在訪問結束時，雖已高齡一〇一歲的他仍動筆揮毫「精忠報國」送給採訪人員。

威震緬甸的抗日名將　孫立人

在八年抗戰中，中國軍隊幾乎都在自己的土地上浴血奮戰，可是也有過境外作戰的經歷，取得痛殲日軍的光輝戰績，這就是赴緬作戰。其中最傑出的將領，就是孫立人。他被歐美軍事家稱作「東方隆美爾」，是軍級單位將領中，殲滅日軍最多的將領。

美國軍校畢業的戰將

孫立人一九〇〇年十二月八日生於一個書香仕宦之家，安徽省巢湖市廬江縣金牛鎮（原屬舒城縣）人。少時聰慧好學，一九一四年以安徽省第一名考取清華學校（今清華大學）留美預科，接受八年的留美預備訓練。孫立人在校風薰陶下，熱衷於體育鍛鍊，最擅長的是籃球。一九二一年入選中國國家男子籃球隊，參加了在上海舉行的第五屆遠東運動會，身高一百八十五公分的孫立人當時擔任球隊的主力後衛。中國隊戰勝日本菲律賓，榮獲本屆運動會籃球冠軍，這是中國在國際大賽中第一次獲得的籃球冠軍。

孫立人於一九二三年畢業。同年赴美留學。孫原欲學軍事，但其父對當時北洋軍閥甚為反感，反對孫學軍事。故孫選入普度大學學土木工程。因其預科已習工程基礎科目多門，故直接入三年級。一九二五年取得工程學士學位畢業。即申請得入維吉尼亞軍校，斯時其父鞭長莫及，亦無可奈何。維吉尼亞軍校是美國著名軍校，位於維吉尼亞州府里士滿以西兩百多公里的列克星敦（Lexington）。它與西點軍校（位於紐約州）齊名，盛傳「北有西點，南有維吉尼亞」的說法，美國五星上將馬歇爾就是該校的畢業生。在這裡，孫立人接受了正軌嚴格的軍事訓練，一九二七年畢業。接著他遊歷歐洲，考察英、德、法等國的軍事。孫立人自視甚高，軍閥部隊他固甚蔑視，就是黃埔系，他也認為不夠格。他認為黃埔軍校也不外乎短期速成班，和前清遺留軍隊差別不大。

一九二八年孫立人回國，在國民黨中央黨務學校（即今臺北的政治大學），任中尉軍訓隊長。一九三〇年入陸海空軍總司令部侍衛總隊任上校副總隊長。一九三二年調財政部稅警總團任第二支隊上校司令兼第四團團長。此間孫在訓練上下了很大功夫，把中國傳統教育和美國軍校的教育方式結合起來，制訂出適合自己部隊需要的訓練制度和方法，形成了一套與國軍其他部隊不同的訓練操典，被大家稱為「孫氏操典」。一九三七年全面抗戰爆發。九月稅警總團開拔奔赴淞滬會戰前線。稅警總團駐守蘊藻浜（吳淞江北支流），後因側翼被優勢日軍突破，被迫退守蘇州河（吳淞江南支流）南岸。成功阻擊日軍橡皮艇七次渡河。之後孫立人在蘇州河周家宅一線血戰中被日軍火炮炮擊成重傷，全身中彈片十三處，昏迷三天。

孫立人傷癒後負責組建緝私總隊，他按照陸軍標準訓練和列裝，很快把緝私總隊訓練成為一支精銳之師。一九四二年一月，緝私總隊被改編，成立新編第三十八師，孫立人擔任師長，軍銜為中將。編入第六十六軍序列，赴緬參戰。

仁安羌大捷

日軍於一九四二年初入侵緬甸，駐緬英軍節節敗退，不得不請求中國派兵入緬作戰。中國為了保衛中國國際交通線滇緬路，以第五，第六、第六十六軍，共十餘萬人組成遠征軍，由羅卓英和同盟國中國戰區參謀長史迪威指揮入緬支援英軍。

新編第三十八師是第六十六軍入緬的先頭部隊。三月二十七日，三五〇輛汽車組成壯觀的車隊，奔赴異國的戰場。四月七日該師到達曼德勒，孫立人被任命為曼德勒衛戍司令，這是中國將領第一次在國外擔任地方軍事行政長官。

英軍一路敗退，其中七千多人在曼德勒西南兩百多公里的仁安羌被包圍。英軍頻頻告急。中方派出新編第三十八師兩個團前往救援。四月十九日凌晨四時，孫立人和第一一三團團長劉放吾上校指揮全團一千一百多名健兒，在黎明前的黑暗中悄悄逼進仁安羌油田區日軍陣地，突然發起進攻。雙方激戰，陣地多次易手，到下午二時中國軍隊奪取油田區的制高點五〇一高地，擊潰日軍主力。到下午五時，全部收復了仁安羌油田區。在這一場惡戰中，日軍遺屍一千二百餘具。一一三團犧牲二百〇四人，負傷三百一十八人。

第一一三團經過浴血奮戰，解救出在仁安羌被困的英緬軍第一師和第七裝甲旅七千多人，同時被解救的還有英軍俘虜、美國傳教士和新聞記者五百多人。絕處逢生的英緬軍，豎起大拇指高呼「中國萬歲」，與中國官兵熱烈擁抱，感激之情溢於言表。

仁安羌大捷是中國遠征軍入緬作戰第一次重大勝利。一掃太平洋戰爭爆發以來英美軍隊接連失利造成的沉悶空氣。英國將英軍在仁安羌被救脫險稱為「亞洲的敦克爾克奇跡」。為了表彰孫立人將軍及其部隊援救英軍的重大戰功，英國國王喬治六世後來授予他「帝國司令」勳章。孫立人成為第一個獲此殊榮的外國將領。他還獲得了中國的四等雲麾勳章和美國的豐功勳章。

可是由於英國軍隊已成驚弓之鳥，放棄緬甸，退保印度，致使中國遠征軍孤軍作戰。遠征軍被迫後撤。東路撤回滇南，中路第五軍經野人山艱難撤退，那裡螞蟥遍地，瘴癘密布，瘧疾、回歸熱等傳染病流行，全軍四・二萬人，在戰鬥中傷亡七千三百人，撤退途中傷亡一萬四千七百，損失巨大。掩護第五軍撤退的新編第三十八師，則在孫立人率領下，選擇就近向西退往印度的道路。孤軍擺脫日軍的圍追堵截。五月底，孫立人率新編第三十八師到達印度邊境。英駐印邊防軍要求中國軍隊解除武裝，以難民身分進入印度，孫立人拒絕解除武裝。恰巧，為新編第三十八師在仁安羌解救過的英緬軍第一師師長正在當地醫院療傷，聞知孫立人部的情況後，即前往調解。第二天，新編第三十八師開進印度，英軍儀仗隊列隊奏樂，鳴炮十響以表歡迎。六月八日全師撤退到印度恩帕爾（又譯因帕爾），還有官兵七千多人。新編第三十八師是遠征軍各部中唯一經過艱難的撤退仍然保持完整建制的一個師。

橫掃緬北立奇功

西撤到印度的軍隊，即新編第三十八師和新編第二十二師（師長廖耀湘），進駐藍姆伽，接受美式裝備和訓練，又通過空運從國內補充兵員，擴編為駐印軍。藍姆伽（Ramgarh）是加爾各答以西兩百多公里蘭契附近的一個小鎮。訓練營各種設施齊全，是理想的練兵場所。經過培訓補充，二師兵員均達到一萬兩千多人，整編為新一軍，由鄭洞國任軍長，孫立人為副軍長兼新編第三十八師師長。該軍裝備精良，成為反攻緬甸的勁旅。

一九四三年十月，中國駐印軍開始向緬北大舉反攻。第二次緬甸戰役開始，孫立人指揮新三十八師進攻胡康河谷日軍十八師團。第十八師團素稱精銳，其前身為久留米師團，一九三七年即參加侵華戰爭。轉戰中國多年，一向看不起中國軍隊，但此次與駐印軍作戰卻接連受挫。新三十八師十月二十九日佔領新平洋，十二月二十九日攻佔于邦，此次作戰系駐印軍第一次與日軍王牌部隊作戰獲勝，稱為于邦大捷。

一九四四年三月四日新編第三十八師與廖耀湘新二十二師兩路夾擊攻克孟關。三月九日，新三十八師一一三團與美軍突擊隊聯手攻佔瓦魯班。日軍號稱「叢林作戰之王」的第一八八師團死傷四千五百餘人，狼狽逃出胡康河谷。到三月底掃清敵軍，日軍傷亡總數達一萬兩千多人。

駐印軍攻佔胡康河谷後，三月十四日乘勝向孟拱河谷進攻。新三十八師一一三團從左翼翻山越嶺迂回到堅布山後方，和新二十二師兩面夾擊，二十九日攻佔堅布山天險，扣開了孟拱河谷的大門。四月二十四日，按史迪威的計畫，新三十八師和新二十二師分別向孟拱和加邁攻擊前進。五月下旬，孫立人將軍從繳獲的日軍信件中獲知：由於日軍第十八師團主力在索卡道被新二十二師包圍，加邁城內兵力極為空虛，師團長坐守空城，驚恐萬狀。孫立人見機而行，不拘泥於原定計劃，以一一二團祕密渡過南高江，向加邁南面的西通迂回，切斷加邁日軍的後路；以一一三團向西進取加邁；以一一四團向南對孟拱實施大縱深穿插。六月十六日，一一三團與新二十二師會師加邁。

八月三日，中美聯軍克復密支那。至此，反攻緬北的第一期戰鬥結束。中國駐印軍重創日軍第十八師團，一雪兩年前退兵緬甸的恥辱。史迪威稱此戰為「中國歷史上對第一流敵人的第一次持久進攻戰」。中國駐印軍攻克密支那後，部隊進行休整擴編，由新一軍擴編成兩個軍，即新一軍和新六軍。孫立人任新一軍中將軍長，下轄新三十八師和新三十師（後廖耀湘新六軍回國增援國內抗戰，其五十師編入新一軍）。

一九四四年十月，反攻緬北的第二期戰鬥開始。中國駐印軍由密支那、孟拱分兩路繼續向南進攻。孫立人率新一軍為東路，沿密支那至八莫的公路向南進攻，連續攻取緬甸八莫、中國南坎。一九四五年一月十五日，新一軍與滇西中國遠征軍會師芒友，打通了滇緬公路。隨後，孫立人指揮新一軍各師團繼續猛進，三月八日攻佔臘戍，三月二十三日佔領南圖，二十七日攻克猛岩，消滅中緬印邊界所有的日軍主力部隊，勝利結束第二次中緬印戰役。

在兩次遠征緬甸的戰爭中，孫立人部消滅日軍三萬三千餘人，孫立人因此成為消滅日軍人數最多的中國軍級將領。二戰後，歐洲盟軍統帥艾森豪曾邀請孫立人訪問歐洲，孫遂成為艾森豪、戴高樂、巴頓的座上賓。

莫須有的罪名

一九四五年日本投降後孫立人率新一軍進駐中國東北，期間與解放軍林彪部隊發生激戰，進而取得四平和長春。後因與國民黨內其他將領如杜聿明等不睦，他於一九四七年八月為蔣介石調離東北，調任陸軍副總司令。

一九四九年，孫立人赴臺灣任東南軍政長官公署副長官，兼臺灣防衛司令、陸軍訓練司令。國民黨敗退至臺灣後，一九五〇年四月，孫晉升陸軍總司令，受命整軍。蔣介石任用他，是因為他訓練部隊深得美國人賞識，一可以起到爭取美援的作用，二可以表現自己有決心打破傳統，

「大公無私」，「人才至上」。然而由於孫立人是少數受美國軍事教育，又沒有加入國民黨的將領，非蔣介石的嫡系，得不到真正的信任。

孫立人在「整軍」的過程中損害了黃埔系的利益，並因試圖削弱軍隊政工制度而得罪蔣經國，使得蔣介石擔心孫最終會威脅到自己的權威，阻礙蔣經國日後「接班」。一九五五年六月，孫立人被祕密拘捕。罪名是，孫涉嫌其老部下郭廷亮等企圖在蔣介石到南部屏東檢閱部隊時發動「兵變」。孫立人遭捕後，臺灣當局隻字未發，外電率先報導了這一訊息。輿論的壓力很大，蔣介石在無可奈何中於八月三日拋出所謂「孫立人的辭職書」。八月二十日蔣下令成立對孫立人的調查委員會，經五十天苦戰，炮製出長達一・六萬言的調查報告。十月三十一日，蔣公佈此報告，下令免去孫立人總統府參軍長職務，「特准予自新，毋庸另行議處，由國防部隨時考察，以觀後效」。

從「孫立人兵變」案發，孫立人度過三十三年漫長的幽禁生活。一九八八年，蔣經國去世後，臺報掀起「為孫立人辯誣雪冤」的浪潮。同年三月，孫立人恢復自由。一九九〇年十一月十九日這位戎馬半生的名將在臺北病逝。

知識窗：中緬印公路

中緬印公路是二戰期間興建的，起點在昆明，終點在印度阿薩姆邦東端的雷多（Ledo，在迪格博伊附近）。這條公路從昆明經保山和密支那穿過深山雨林到達雷多，全長一千兩百多公里。它是中國戰區總參謀長，美國人史迪威將軍（一八八三—一九四六）領導興建的，所以也叫史迪威公路。當時，它是中國聯繫外界為數不多的「輸血管」之一，大批戰略物資由此運入中國，為抗擊日本法西斯做出過重大貢獻。如今，這條公路經修復改造後，又成為連接南亞最便捷的陸路貿易通道。

主持日軍投降儀式的福將　何應欽

何應欽是民國時期的一級上將，抗戰勝利之前，他是蔣介石手下最具實權的人物，一九四五年抗戰勝利日軍向中國投降的受降儀式就是何應欽主持的。到臺灣後，他失去了實權，但並未失寵，他利用較空閒的時間整理補充完成《日軍侵華八年抗戰史》，為我們留下了一部正面戰場珍貴全面的歷史資料。

黃埔教育長

何應欽，字敬之，一八九〇年四月二日生於貴州興義縣泥凼的一個經商兼農耕家庭。起初讀私塾，十六歲考上縣高等小學堂。入學之初，城中士紳子弟見其身穿土布青衣，赤腳草鞋，舉止隨便，一個地地道道的農村娃娃，於是稱其為「鄉巴佬」。何性格倔強，根本不把這蔑稱放在眼裡，只一個勁刻苦學習，暗中與這些城裡士紳子弟比個高低。同時，鍛鍊身體風雨無阻，因之教師們對其印象很好。一九〇七年起先後進入貴陽陸軍小學堂、武昌陸軍第三中學堂學習。一九〇九年秋，清政府陸軍部招考留日學生，何應欽又以第一名的好成績應選，入日本振武學校。昔日的「鄉巴佬」，成了東洋的留學生。

何應欽在振武學校讀書時，蔣介石以「蔣志清」之名就讀於該校，只比何高一級。何在學習期間。一面接受軍事教育，一面留心日本文化，並開始接觸到反清革命思想。當時留日學生中，加入孫中山創辦的「同盟會」者達數百人，何也加入了同盟會。辛亥革命爆發後，何應欽回國在上海參加革命。一九一三年他又重返日本，進入陸軍士官學校，一九一六年回國在黔軍任團長等職。

一九二四年何應欽應蔣介石電召前來廣州，擔任黃埔軍校教育長兼教導第一團團長。次年，他兩次參加東征陳炯明，在棉湖之戰中保護蔣介石脫險，此後深得蔣的信任，升為國民革命軍第一軍軍長。在北伐中負責閩浙戰事，成為蔣介石的重要助手。從一九三〇年起，他一直擔任軍政部長，參與圍剿紅軍的活動。

九一八事變後，何應欽任軍委會北平分會代理委員長，指揮長城抗戰，失敗後與侵華日軍簽訂了《塘沽協定》。一九三五年，又接受日本華北駐屯軍司令官梅津美治郎對華北主權的無理要求，世稱何梅協定。

一九三六年西安事變後，何應欽力主討伐張學良和楊虎城。何應欽與蔣介石雖有矛盾，但由於相互之間的依存關係，在蔣回南京後，何應欽仍留任軍政部長一職。

主持受降儀式

抗日戰爭期間，何應欽擔任軍委會參謀總長，指導臺兒莊、徐州、武漢等戰役。太平洋戰爭爆發後，他組織中國遠征軍開赴緬甸，參加對日作戰。一九四四年十二月，何應欽出任同盟國中國戰區陸軍總司令，辭去軍政部長兼職。

一九四五年四月初，何應欽開始組織湘西戰役，首先督率第四方面軍王耀武部阻敵於雪峰山，命第二方面軍湯恩伯部攻擊日軍側背。五月初，又令陸軍全線反攻。六月二日，湘西會戰結束，殲敵萬餘。同時，他令二、三方面軍向廣西進軍，五月收復南寧、河池，六月克柳州，七月克龍州，復桂林。何在此期間曾飛赴前線各要點考察部隊情況，將陸軍總司令部由昆明推進到柳州，在南寧設指揮所。當何在南寧行署按計劃向廣州和雷州半島進軍時，八月十日，日軍宣布無條件投降。

八年艱苦的抗戰終於勝利了。何應欽有幸作為中國戰區受降代表，接受日軍投降。是他，主持了受降儀式，全權處理日軍投降和遣返的事宜。

一九四五年八月十五日，日本天皇向日本國民廣播了停戰詔書。同日，中國行政院外交部，正式收到了日本的投降電文。八月十七日，日駐華派遣軍總司令岡村寧次聲明日軍已完成停戰態勢。東北境內的日本關東軍也向蘇聯遠東部隊總司令華西列夫斯基元帥投降。各戰區的戰鬥行動既全告停止，投降談判便順利地進行。

八月二十一日，湘西芷江城裡搭起了一座座松柏牌樓，上懸「勝利之門」的大字橫幅。在這個見證了中國正面戰場最後勝利一戰湘西會戰的小城，日本乞降代表、駐華日軍副參謀長今井武夫前來與中國陸軍總司令部參謀長蕭毅肅中將（一八九八－一九七五）及美軍有關人員舉行洽降會談。會議廳布置簡潔，正面懸掛孫中山遺像，中國國旗，還置有中美英蘇四強國徽和表達勝利的巨型V字符。日方在此交出日軍在華兵力配備圖，日軍當時共有陸軍三百萬，其中在華一百二十多萬（不包括東北）。並回答了蕭參謀長的各項質詢。這一具有歷史上重大意義的洽降會談持續了兩小時之久。二十三日今井到達陸軍總部，向何應欽總司令鞠躬敬禮。何應欽要求日方切實做好投降準備，並通知了空運部隊到首都南京接收的具體時間。

八月二十七日，中國陸軍總司令部副參謀長、中國陸軍總部南京前進指揮所主任冷欣中將率領一行一百五十九人，分乘軍用運輸機七架，安抵南京。在此建立前進指揮所，為何應欽前來受降預做安排。

九月二日上午，日本外相重光葵和參謀總長梅津美治郎在停泊在日本東京灣的「密蘇里號」戰列艦上，代表日本政府在投降書上簽字。隨後，接受投降的同盟國代表，包括中國的徐永昌將軍（時任軍令部長），美國的麥克亞瑟將軍等，依次簽字。當重光葵拖著那條十三年前在上海被炸斷的殘腿步履沉重地走下「密蘇里號」時，上千架慶祝勝利的美軍飛機從東京灣上空呼嘯而過。

在日本向盟國投降一個星期後，即九月九日上午，中國戰區受降儀式在南京原中央軍校大禮堂舉行。何應欽將軍於前一天飛抵南京，主持受降事宜。九月九日早晨，南京黃埔路的中央軍官學校門前，格外顯得雄武。國旗高揚，在緬甸戰場上屢建奇功的新六軍健兒警衛著，過了那鐘樓式的二門，眼前一大片廣場，一座座建築物矗立在四邊。一條長長的水泥道直對著大禮堂的大門。這條走道約半里路長，兩旁每隔十步豎一面國旗，國旗間站著臂纏紅布的警戒兵。

禮堂入口處，上懸「中國戰區日軍投降簽字典禮」大字。禮堂中央為受降席，面南而尊，受降席對面設置較矮的長桌，作為日本投降代表席。其後各立整齊嚴肅的中國士兵十二名。受降席與投降席的四周環以幾尺寬的白綢帶，成方形。東西兩側觀察席上有中國文武官員、盟國軍官和中外記者等。總計參加盛典者，共達一千人。

八時五十六分，代表中國戰區最高統帥受降的一級上將何應欽率領受降官四員，進入禮堂，坐於受降席中央。其左為中國海軍總司令海軍上將陳紹寬，及空軍第三路司令空軍少將張廷孟；其右為第三戰區司令長官顧祝同上將，以及中國陸軍總司令部參謀長蕭毅肅中將。

八時五十八分，由中國王俊中將導引日本投降代表入場。日軍投降代表為駐華日軍最高指揮官岡村寧次大將、參謀長小林淺三郎中將、副參謀長今井武夫少將、參謀小笠原清中佐、艦隊司令福田良三中將、臺灣軍參謀長諫山春樹中將、第三十八軍參謀長三澤昌雄大佐，及譯員木村辰男，共計八人。日投降代表入場後，先到規定地位，立正向何應欽總司令作四十五度的鞠躬。何應欽命其在投降席就座。岡村寧次手持軍帽，黯然肅坐。攝影歷時五分鐘。

九時四分，何應欽總司令指示岡村寧次提出證明身分的文件，岡村乃命參謀長小林呈交何總司令。何應欽檢視以後，將證明文件留置。旋即在中國政府所核定的日本投降書上簽字，由蕭參謀長交付岡村寧次。岡村當即起立，以雙手敬謹接受。落座以後，低頭展閱。閱畢，取筆蘸墨，簽上『岡村寧次』四個字，接著蓋章。然後再行呈交何總司令。何應欽接過以後，即將中國戰區最高統帥的第一號命令交付岡村寧次。隨即通知日軍投降代表退席。先後歷時二十五分鐘。

短短二十五分鐘的受降儀式，中國人為此奮戰了整整十四年。而南京，這個曾慘遭日軍屠城暴行的六朝古都，則見證了侵略者最後低頭的歷史性時刻。

受降典禮以後，何應欽立即向全國同胞發表廣播講話：

「中國戰區日軍投降簽字已於本日上午九時在南京順利完成，這是中國歷史上最有意義的一個日子，也是全國上下八年抗戰、艱苦奮鬥的結果。自今以後，東亞及全世界人類和平與繁榮，亦從此開一新的紀元……」

著書《八年抗戰史》

主持受降典禮是何應欽最大的榮譽和一生事業的頂點。此後，他的官運就日漸式微，開始走下坡路了。一九四六年五月，國民政府軍事委員會改成國防部，何受陳誠等排擠，失去了參謀總長、陸軍總司令兩個重要職務，而由陳誠和白崇禧分任參謀總長和國防部長，何僅任小小的重慶行營主任一職。十月十八日，被蔣派往美國，擔任聯合國安理會軍事參謀團中國代表團團長，一年多後，因國內反共戰場吃緊，何奉召回國，當過幾個月國防部長。一九四九年蔣介石下野，李宗仁擔任代總統，此間何應欽幹了三個月的行政院長。五月十三日，何應欽內閣在廣州集體辭職，把爛攤子甩給了閻錫山的「戰時內閣」，他自己則先到香港，後到臺灣。

在臺灣何應欽任總統府戰略顧問委員會主任委員，國民黨中評委主席團主席等多個職務。但這只是榮銜虛位。他有時間靜下來，對抗日戰爭正面戰場的過程作個總結。早在抗戰勝利之初，何應欽還在中國陸軍總司令任上，就曾把抗戰期間所記存的資料，編印《八年抗戰之經過》一書，於一九四六年四月出版。但當時他奉派出任聯合國軍事參謀團中國代表團團長，行期在即，未能詳證博考，僅就手邊歷年戰報所記，倉促成篇，頗多闕遺。來臺後，何應欽搜集補充有關資料，對原書重加整輯，增編了海空作戰經過概要，以及防空、中美合作諸篇，更名為《八年抗戰》，於一九五五年抗戰勝利十周年大慶時由臺灣國防部刊行。此時出版後受到學術機構和各方面的重視，尤其是所載內容均屬中日交戰經過的第一手資料，日本及世界各國治史者常以此書作為重要參考。到八〇年代初，九十多歲的何應欽已屆期頤之年。他緬懷全國軍民同胞，前仆後繼，抗禦外侮的偉大精神，深感重印此書的迫切，不顧年老體衰，特加校正充實，將有關圖表及作戰要圖等，一併列入，一九八二年九月九日受降紀念日由臺灣國防部史政編譯局出版。

《八年抗戰》全名《日軍侵華八年抗戰史》，共七百餘頁，資料豐富翔實，史料價值很多。此書根據全國各部隊所報和軍令部統計，抗戰期間，中國軍隊共進行了二十二次會戰，重要戰鬥一千一百一十七次。中國陸軍官兵傷亡三百二十一萬一千四百一十五人，其中負傷一百七十六萬一千三百三十五人，陣亡一百三十一萬九千九百五十八人，失蹤十三萬〇一百二十六人。沉重地打擊了日本侵略軍，日軍僅陣亡人數就達四十八萬三千七百〇七人，負傷者還有一百多萬。中國當時是個弱國，但是全國軍民同仇敵愾，承受了極大的民族犧牲，與反法西斯盟國一道，終於打敗了兇殘的日本侵略者，光復了寶島臺灣。

自一九八六年起，何應欽的身體日漸不佳。一位朋友到醫院探視，見他態度安詳，對他說：「漢唐以來尚未見有百歲高齡之將軍。」何笑著說：「我夠了！」的確，當年黃埔教官僅存者，只何應欽一人。就是在二戰中同盟國美英蘇中四強的高級將領中，也是何應欽活得最久。一九八七年十月二十日，何應欽在臺北榮民總醫院逝世，終年九十八歲。

知識窗：黃埔軍校

黃埔軍校由蔣介石任校長，何應欽任教育長兼教導第一團團長。舊址坐落在廣州市東南二十公里珠江中的黃埔長洲島上。黃埔軍校是國共兩黨的將帥搖籃，在短短數年內走出眾多對中國影響巨大的人物。這裡培養出一百八十七名國軍將領，以及三十七名共軍將帥。

黃埔校址坐北朝南。「陸軍軍官學校」校牌至今橫掛在兩柱牌坊式校門上方。軍校內門的牆上，掛著多幅木制對聯，左邊一幅是「炎黃大帝開天地，國父中華創共和」；另一幅是「軍政行伍文韜莫測，官兵運籌武略堪誇」；右邊兩幅是「軍政諏誠為祖國，校園訓詁報精忠」，「文能武能能文能武，武可文可可武可文」。創校者與師生們一心為公、為國為民的慷慨豪情展露無遺。「親愛精誠」則是黃埔軍校的校訓。

黃埔軍校面積並不大，校園為三路四進院落，圍牆內長寬均約百米，占地僅十五畝左右。簡簡單單的白牆黑椽兩層樓房，顯得格外莊嚴肅穆。

校舍二樓，是校領導辦公的地方。孫中山的總理室、蔣介石的辦公室以及周恩來的政治部辦公室，都按照片資料一一恢復舊觀。校長接見賓客的地方懸掛著「登高望遠海，立馬定中原」對聯，是于右任贈送給蔣介石的。學生集體寢室裡，床鋪排成佇列，被子疊得整整齊齊，彷彿還帶著主人的體溫。據介紹，當時更多的學生住在臨時用蘆席搭成的棚子，睡的是竹子擔起的床。就是在這樣艱苦的條件下，培養出中國軍隊的棟梁。

北伐勝利後，蔣介石把軍校遷往南京繼續開辦，定名為中央陸軍軍官學校。抗戰爆發後，軍校遷往成都等地，在西安王曲，漢中乃至新疆等地設立九處分校。為抗戰培養了大批軍官。

抗戰勝利後，正是在南京中央軍校的大禮堂裡，中國陸軍總司令何應欽（黃埔軍校教育長）於一九四五年九月九日，主持了侵華日軍投降的簽字儀式。

一九四九年中央軍校隨國民政府撤往臺灣，將陸軍官校設在鳳山，空軍官校設在岡山，海軍官校設在左營，均在高雄附近。這些軍校都可以看作是黃埔軍校的後繼。

學者將軍　蔣緯國

我們知道，蔣介石有兩個兒子，大兒子是繼承大位的蔣經國，二兒子就是蔣緯國，他雖然不如哥哥那樣顯赫，晚年卻也在臺灣政壇上掀起過波瀾。

赴德受訓

蔣緯國一九一六年十月六日生於上海。他的生父是國民黨元老，蔣介石的結拜兄弟戴季陶（一八九一－一九四九）；生母為日本女子，在生下他以後便回日本了。蔣介石把這個孩子領來交給夫人姚治誠養育。蔣緯國從小活潑健康，討人喜歡，後來宋美齡與蔣介石結婚，也很喜歡這位二少爺，因為他很有禮貌，而且個性開朗。

蔣緯國學習不錯，兩年內就修完了東吳大學物理系的全部學分。一九三六年，蔣介石派他到德國進入慕尼黑軍校接受正規軍事教育。前往德國，改變了他的人生。原來那時全國上下受五四運動的影響，青年都充滿了愛國情操。蔣緯國有北伐成功的直接感受，也認為從軍是愛國報國最直接的途徑，所以高高興興地前往德國。他回憶：「小學上史地課，授課的張老師每次一說到戰爭、割地、賠款就捶胸頓足，同學就跟著哭，憤憤不平，所以我的愛國思想，來自家庭、來自萬竹小學（在上海）。」在德國，軍校生正式學習前，必須先下部隊一年，蔣緯國自願選擇接受最辛苦的山地兵作戰訓練。在這一年當兵的日子裡，課程、實操都十分密集，因此較之其他常備兵兩年所學還要豐富。白天和他們一樣出操打野外，下午別人休息了，這些軍官候補生卻還得集中起來由專門的教官上課，要把團以下所有武器裝備都弄熟悉，包括通訊、工兵、輕炮、重炮各兵種，並要能在大風裡點著野戰炊具爐子的這般功夫。然後才回到軍官學校，踏踏實實地研究營連戰術、沙盤推演及種種野外戰技等，時間也是一年。

在德國，蔣緯國有幸隨侍前來考察的蔣百里將軍（名方震，字百里，一八八二－一九三八）好幾個月，受益匪淺。蔣百里是民國時期的中國軍事泰斗，保定軍校校長。一九三三年赴日考察，鑒於中日大戰不可避免，他擬就多種國防計畫，呼籲當局備戰。一九三五年任國民政府軍事委員會高等顧問，次年春赴歐美考察，回國後倡議發展空軍，建設現代國防。一九三七年夏，出版了他的代表作《國防論》，認為唯有長期抗戰，才能把日本拖垮。九月他以蔣介石特使的身分訪問義大利和德國，回國後發表了《日本人》和《抗戰的基本觀念》，進一步闡明日本必敗，中國必勝。蔣緯國與這樣一位軍事理論家朝夕相處，學習到很多東西，引發了他對軍事理論的興趣。後來在臺灣，蔣緯國寫過許多軍事理論著作，還當選為中華戰略學會理事長。

在德國軍校，蔣緯國受的是享譽國際的德國軍官教育，講究的是紀律、騎士精神和紳士儀表，這對蔣緯國的影響，外在的是挺拔的軍人動作、雪亮的馬靴，內在的是講究完美、效率和與士兵同甘共苦的精神。畢業後，蔣緯國又奉命轉往美國接受空軍戰術教育。

裝甲兵司令兼學者

一九四一年冬，蔣緯國學成歸國，被派往步兵第一師任少尉排長，駐守潼關。後來逐步升至青年遠征軍營長、副團長。抗戰勝利那一年，他奉調到裝甲兵，淮海戰役時，為裝甲兵司令部上校參謀長。一九五〇年升任裝甲兵司令。

蔣緯國任少尉軍官時，有一天在西安搭火車回營區，座位旁有一位摩登小姐正瀏覽英文報，他忍不住向她借閱。那位高傲的小姐見他是位低階軍官，很瞧不起，認為一個阿兵哥哪可能懂英文呢？而這位阿兵哥竟然輕聲誦讀起來，發音之正確令她驚奇，於是兩人交談起來。這就是他們談戀愛的開始。這位高傲的小姐就是西北棉紗大王石鳳翔的女兒石靜宜，後來成了蔣緯國的夫人。一九五三年，石靜宜因難產過世，蔣緯國悲痛萬分，辦了靜心小學來紀念愛妻。直到一九五七年，蔣緯國才續弦邱愛倫。一九六二年生子孝剛。蔣孝剛是蔣家第三代裡獲得博士學位而遠離政治圈的一位。

蔣緯國率性、爽朗、有親和力和民主作風。雖然蔣介石對這個兒子很喜歡，但也可能是因為瞭解他這個兒子太過直爽，不適合捲入兇險的政治鬥爭，而一直讓他待在一個單純的兵種——裝甲兵。因而他升任裝甲兵中將司令後，十五年未再給他升級，而叫他一再去讀書、辦教育，如創辦戰爭學院、陸軍指揮參謀大學和三軍聯合大學，並兼任校長。一九八四年他還執教於政治大學東亞所及淡江大學戰略所。這位學者型的將軍如魚得水，教書育人、潛心著述，出版了《臺海戰略價值》、《軍制基本原理》、《國防體制概論》、《蔣委員長如何戰勝日本》、《國民革命戰爭史》、《美國戰略研究》、《美國裝甲兵中心研究》、《陸軍如何在戰場上維持戰鬥效力》、《機動作戰》、《反坦克及反空降作戰等二十多種著作。這在國民黨的將軍中是少有的。他對於軍事戰略研究頗有成果，被軍方奉為「軍事戰略學家」。

直到蔣介石逝世後，哥哥蔣經國掌了權，老夫人宋美齡說了話，才把蔣緯國升為二級上將，後來又任命為聯勤總司令，主要掌管臺灣軍工生產和三軍後勤支持。

反李功虧一簣

一九八六年，蔣緯國出任國家安全會議秘書長，這已是接近蔣經國最後的日子，他的健康已經衰危。這時，蔣緯國對臺灣的安定作用才受到重視。臺灣《聯合報》發表評論說：「我們有理由相信，蔣緯國出任國安會秘書長，當可使國家安全問題，獲得現代戰略與民主法治的雙重檢驗；而使戰時與平時，非常時期需要與民主憲政規範的矛盾，獲得合理的具有前瞻性的統治。」香港《明報》發表文章稱：「以一貫具有民主素養並在臺灣公認為具有民主作風的蔣緯國任國安會秘書長，更可作為臺灣走向民主的安全閥。」

蔣經國去世後，起初蔣緯國是支持李登輝上臺的。可是李登輝掌權穩固後，卻多般封殺蔣緯國。一九八八年七月，國民黨舉行十三屆大會，一般相信，以蔣緯國的地位和人望，應列入中央委員候選人名單。結果名單中竟沒有他的名字。他僅被列為中央評議委員。

一九九〇年二月政潮中，部分元老有意推舉蔣緯國為國民黨副主席，被李登輝封殺。於是這些大老便轉而在國大代表中尋求連署推舉蔣緯國為副總統人選，與林洋港搭檔，同李登輝對抗。但遭到李登輝的分化瓦解。從此李登輝大權獨攬，蔣緯國等於脫離了權力中心。雖然他有時還會在國民黨會議上仗義執言，儘管明知說話無用，但他一直認為，不應該悲觀，該說的還是要說。

一九九三年初，反李陣營組成新同盟會，蔣緯國積極參與。十月間，他在美國演講時肯定鄧小平對促成大陸改革開放所作的貢獻，受到臺灣部分輿論的攻擊。他並不在意。他認為，思考問題應該從全體中國人的利益觀點出發，只要對中國人好，就應該予以肯定。

一九九七年九月二十二日，蔣緯國去世，享年八十一歲。

軼事：少年習武

蔣緯國中學在蘇州度過，吃穿用都很簡單樸素，褲子頂好的不過是陰丹士林布做的，然後一件襯衫、一雙布鞋，也常常穿童子軍裝，上學騎自行車。寄住的地方院子滿大的，井在房舍的另一端，中間隔著一窪大水池，每天，他都得繞過池塘去那兒挑回來一桶桶的水倒入水缸。

蔣介石為兒子請了師傅教功夫。師傅為了鍛鍊蔣緯國的腿力，先是要他挑著水跳過一處特別設計的水溝，溝寬逐日加寬。然後是在他腿上繫上鉛條，由二兩起直至五斤，如此練習攀跳上牆頭，且不能靠雙手撐持。另比如在粗石面上包黃草紙練劈刀手，直到紙爛石粉掉落為止。或在春夏之際拳打梧桐，需得將樹上青綠的葉子振落才能歇息。就這樣，蔣緯國練就了一身好體魄。

商界精英

辜汪會談開新局　辜振甫

一九九三年四月舉行的「辜汪會談」是海峽兩岸關係發展的一個永載史冊的里程碑。在「九二共識」的基礎上，兩岸越過幾十年隔絕的鴻溝，達成一系列協定，開啟了兩岸交流的新局面。辜振甫與汪道涵的歷史性會面的消息登上世界媒體，從此辜振甫名揚四海，成為公眾矚目的風雲人物。

儒雅富商

辜振甫，字公亮，一九一七年一月六日出生，臺灣彰化縣鹿港人，其故居已捐獻給縣政府，改建為民俗文物館，祖籍福建省惠安縣。其父辜顯榮，為臺灣日據時代五大豪富之一，有一妻五妾，八子四女。辜振甫排行第五。這是一個重視傳統文化與教育的大家庭，發跡後常住在臺北。兒時家中請私塾老師從四書五經開始教起。辜振甫字公亮，就是漢學老師給他取的，意思是希望辜振甫長大後能成為公謹（周瑜）和諸葛亮那樣的曠世奇才，兼具兩人之所長。辜振甫做詩填詞更不在話下，小小年紀，就已經有了自己的詩集。小時家規甚嚴，除了讀古書，父親還要求他把字練好，並且頻頻叮囑：「書法要寫好！要不然，以後要有人向你求字，那你怎麼辦？」辜振甫的父母都是京劇迷，為此辜家在臺北蓋了座新舞臺劇院，經常從北京上海請有名的劇團、演員前來表演。辜振甫童年常跟著父母往自己的劇團園子裡跑，日久，目眩神迷之中慢慢培養了濃郁的興趣。愛好戲曲的藝術表現是原因之一，但是其父更在意的是：京劇裡包含了中國的歷史，忠孝節義，禮樂教化，中國人做人的道理全在裡頭。他希望子女能親炙中國傳統的精華，耳濡目染，牢記在心。以後為人處世，方有依據。辜振甫是從五歲開始學戲的，年輕時還遠赴大陸，冒著風雪趕場看譚富英、李少春打對臺。他自己也曾拜師學藝，擅長老生，最愛扮諸葛亮，選唱《借東風》、《空城計》。他的夫人辜嚴倬雲，是清末大學者嚴復的孫女，受丈夫的影響，也喜歡京劇，專攻青衣。大女兒辜懷群從小跟著父母看戲、唱戲，自然而然培養了濃厚的興趣。後來，赴美國密歇根大學獲戲劇博士學位，回臺後策劃、製作了不少好戲。

辜振甫在東京大學還沒有完成學業，就因父親一九三七年遽逝，提早進入社會，接管辜家龐大的事業，分到他名下的產業就有七家。返臺後，他一面在臺北帝國大學（臺灣大學的前身）讀書，一邊挑起經營的重擔，還出任工商團體的代表。一九四〇年，他在臺大政治系畢業。隨後他毅然把企業委託給別人，自己又去日本，一邊在大學深造，一邊在一家大企業「大日本制糖廠」過起半工半讀的生活，學到一整套企業管理的知識和經驗。

臺灣光復以後，辜振甫曾在香港居住過一段時間，還到大陸遊覽，甚至遠到滿洲里。回到臺灣後，逐漸與國民黨政要黃少谷（一九〇一－一九九六）等人建立了聯繫。一九三四年福建陳銘樞兵變，他的父親辜顯榮曾調停此事，受到蔣介石接見，還得到了蔣親筆題詞「眷懷祖國，獨秉孤忠」的照片。由於這種種關係，辜振甫成為蔣家父子倚重的商界大亨。一九五三年，辜任經濟部顧問，參與籌畫臺灣工礦、農林、紙業、水泥四公司轉為民營事宜。他擔任董事長的臺泥集團發展為臺灣最大的集團企業之一。一九九〇年，辜振甫與張榮發、蔡萬霖、王永慶等六人被美國《富比士》列入世界富豪之林。

會談新加坡

辜振甫除了在商界拼搏外，還向政界發展。早年他就曾擔任臺灣工商協進會理事長等職，常奔波海外，有「經濟大使」之稱。一九八一年國民黨第十二次全國代表大會上，他被選為中常委（共三十一人）。一九八八年他被聘為總統府國策顧問。一九九〇年辜振甫受聘國家統一委員會委員。十一月，出任海基會董事長。

一九九三年四月十日，從北京釣魚臺國賓館傳出一個喜訊：海峽兩岸關係協會（簡稱海協會）常務副會長唐樹備在一次記者招待會上宣布，海協會和臺灣海基會經過為期三天的預備性會談，終於就舉行海峽兩岸第一次「辜汪會談」達成了共識。唐樹備在回答記者的提問時表示，

「辜汪會談」是兩個授權的民間團體領導人第一次會晤，是兩岸關係中的一件大事。這個會談的實現對兩岸兩會聯繫和合作的加強，對兩岸經濟、科技、文化交流合作的加強，對促進兩岸關係都起著積極作用。記者們立刻把這一消息發向全世界。頓時，海峽兩岸將要在新加坡舉行「辜汪會談」的消息，成為當時媒體所共同關注的特大新聞。

一九九三年四月二十七日，「辜汪會談」在新加坡海皇大廈正式拉開帷幕。上午十點六分，當大陸海協會會長、七十八歲的汪道涵與臺灣海基會董事長、七十六歲的辜振甫伸手越過不足兩米的會議桌握在一起時，隔絕四十多年的海峽兩岸關係終於跨出了重要的一步。現場採訪的兩百多名中外記者一再要求「再握一次」，以便拍照。兩位古稀老人一次又一次地滿足了「無冕之王」們的要求，前後共握了四次手。汪道涵笑道：「我們成了義務演員了。」會談是在融洽的氣氛中進行的。雙方就兩會會務、兩岸經濟交流和科技文化交流等三項議題，認真、坦率地交換了意見，達成了四項協議，即《辜汪會談共同協定》、《兩會聯繫與會談制度協定》、《兩岸公證書使用查證協議》和《兩岸掛號函件查詢補償事宜協議》。

四月二十九日，這是一個歷史性的時刻。海皇大廈四樓的簽字大廳裡燈火輝煌。十時三十五分，兩會人員分別把四份灰色和四份黑色的檔夾放在簽字臺上，期盼已久的時刻終於來臨了。五分鐘後，穿著白色套裝的汪夫人孫維聰女士和真絲旗袍的辜夫人嚴倬雲手挽著手首先進入大廳，汪道涵和辜振甫兩位主角西裝革履緊隨其後。接著，兩會的全體代表也先後入場。霎時，十六部攝像機同時將鏡頭對準簽字臺，至少一百部照相機的閃光燈不停地閃爍，差不多持續了七十八分鐘。一位臺灣記者實在無法擠在最前面，只好騎在同行的肩上攝下這歷史性的場面。簽字儀式比預定時間推遲了大約四十分鐘。事後，汪道涵告訴記者：「我和辜先生都想利用這有限的時間增進彼此的友情。」十時五十分，汪道涵和辜振甫在四份協定文本上先後簽上了自己的名字。簽字後，兩位古稀老人緩緩地站起身來，握手致意。他們睿智而深邃的目光，相互凝視著。他們知道，兩岸關係從此翻開了嶄新的一頁。

來訪大陸

一九九三年「辜汪會談」後，辜振甫原以為第二次會談在不久的將來就得以實現。可是沒有想到，由於李登輝訪美，在國際上製造「兩個中國」的活動，致使會談一下子中斷了五年。經過兩會的努力，一九九八年十月十四日，辜振甫終於飛抵大陸，當天傍晚，他和汪道涵的首次會晤就在上海和平飯店和平廳揭幕。在記者招待會上，有人提出眾所關注的問題：

「請問辜先生這次與汪先生會面，與一九九三年的『辜汪會談』相比，最大的不同是什麼？」

辜振甫的回答頗為得體：「我想最大的不同，是這次會面沒有在『第三國』，也就是說，是在自己的地方談，解決自己的問題。」他的回答立刻激起了反響，記者的掌聲非常熱烈。

十五日，辜振甫參觀了面貌巨變的浦東，遊覽了市區，繁華的南京路、熱鬧的城隍廟，都使他從心中泛起深深的懷舊情緒。在豫園的得月樓，辜振甫遵主人之請，當場欣然命筆，揮毫寫下「得月樓」三個字，然後他興猶未盡，又信筆題下兩句詩：「但知春發生，誰識歲寒心。」回到下榻的波特曼大酒店後，一些記者問他所提兩句詩的含義時，這位從小就喜歡吟詩作賦的老人說：「我是在用這兩句話來形容海峽兩岸的關係。我認為海峽兩岸的關係一定可以熬過冰霜之苦，之後，春天就會來了！」

當天下午辜振甫與汪道涵會長再次舉行會晤，這次是在錦江飯店白玉蘭廳舉行的。會談很成功。他們達成四項共識：兩會加強對話；兩會加強交流；兩會積極處理涉及兩岸同胞人身安全的問題；以及辜振甫先生邀請汪道涵會長訪問臺灣。汪道涵對此表示感謝，願意在適當的時候到臺灣訪問，加深瞭解。

晚上，蘭心戲院裡響起了一陣陣熱烈的掌聲。辜振甫與汪道涵坐在一起，聆聽昆曲《擋馬》、《遇皇后》和京劇《空城計》。在京劇演出的間歇，辜振甫在主人的盛情相邀之下，走上了舞臺，實現了嚮往多年在大陸登臺唱京劇的夙願。在全場觀眾熱烈的掌聲中，辜振甫寶刀不老，一連唱了三折京戲：《洪羊洞》、《魚藏劍》和《借東風》。掌聲雷動，盛況空前。

十六日，辜振甫一行結束上海的參觀訪問，抵達北京。當天，在他下榻的香格里拉飯店舉行了記者招待會。他說：「我們來瞭解大陸改革開放二十多年發展的現況，我們也要大陸所有的朋友瞭解臺灣五十年民主化的成果。就是互相瞭解，建立友誼，進而建立互信的條件。」

十七日，辜振甫夫婦來到香山碧雲寺，拜謁了孫中山衣冠塚。北京大學則是辜振甫與嚴倬雲伉儷的第二個參訪地，嚴倬雲的祖父嚴復曾任北大校長，他的銅像矗立在綠草如茵的校園中。兩人敬獻了花籃。接著他們又參觀了故宮。

辜振甫之行的最高潮發生在十八日。江澤民主席在釣魚臺國賓館會見了辜振甫及夫人。十九日辜振甫圓滿結束大陸之行，離京返臺。「我抱著善意而來，帶回去的是友誼！」這是辜振甫的深切感受。

遺憾的是，由於李登輝「兩國論」的影響，作為海基會董事長的辜振甫，沒能在辭世前看到大陸海協會會長汪道涵先生的到訪。二〇〇五年一月三日，辜振甫與世長辭，終年八十八歲。兩位故世老人的遺願直到二〇〇八年海協會會長陳雲林訪臺才實現。

知識窗：海基會和海協會

海基會全稱財團法人海峽交流基金會，為行政院大陸委員會授權處理兩岸交流事務的仲介機構，一九九一年三月九日正式成立，設在臺北。第一任董事長為辜振甫。現為林中森，二〇一二年接替江丙坤。

海協會全稱海峽兩岸關係協會，會址設在北京，為社會團體法人，成立於一九九一年十二月十六日。該會以促進海峽兩岸交往，發展兩岸關係為宗旨。第一任會長為汪道涵。現為陳德銘，二〇一三年接替陳雲林。

經營之神塑膠王　王永慶

說起王永慶，海峽兩岸無人不知。他被稱為「塑膠大王」（大陸稱plastics為塑料），白手起家創辦的臺塑集團，為臺灣企業界的龍頭老大，名列世界五百強。二〇〇八年汶川地震，王永慶慷慨解囊，決定由企業捐贈一億元人民幣，支援四川災區，創下臺灣企業捐款之最，充分體現了「同胞愛、手足情」。

出身貧寒

然而，這位奮鬥到臺灣首富的王永慶，出身卻十分寒微。

一九一七年一月十八日，臺北新店的一間茶農茅屋裡，傳出一陣陣新生嬰兒的啼哭聲。王長庚的妻子趕在龍年過去之前生了一個「龍子」。這是王家第一個男孩，做父親的很高興說：「這是值得紀念的日子，希望孩子將來也有值得慶祝的成就，就取名叫『永慶』好了。」

王永慶好不容易挨到小學畢業，由於家中經濟拮据，不允許他再繼續求學，於是他想外出闖闖賺點錢補貼家用。這個想法徵得了父母的同意。一九三一年，不到十五歲的王永慶便離鄉背井南下嘉義，被一家米店雇為小工。雖然工資微薄，但總算找到了工作，有了飯吃。

聰明要強的王永慶，除了做好分內送米的工作外，還暗中觀察老闆是如何經營米店的。因為他在想：「假如我也擁有一家米店，那父母該有多高興啊！」

皇天不負有心人，做了一年多小工，十六歲那年，在父親王長庚向親友借了兩百多塊錢的資助下，王永慶如願地開了一家米店。不久又開了一家碾米廠。王永慶回憶說：「開始的時候，生意並不理想，後來情況逐漸好轉，我的營業額終於趕上隔壁一家日本人開的米店。」

日本米店為什麼會輸給一個鄉下毛頭小孩子呢？王永慶是本著「一勤天下無難事」的做事精神，使他的同行甘拜下風。

每當送米到顧客家裡，他一定先把米缸內剩餘的舊米倒出來，把缸內清理乾淨，再倒進新米，把舊米放在最上層。同時默默地記下顧客家裡的人數，估計消耗的米量。然後根據資料分析，當顧客家裡的米快吃完時，他會預先提醒對方是不是該送米了。

有一次，已經深夜兩點多了，正在下著傾盆大雨，他從睡夢中被叫門聲驚醒，原來是一家小客棧臨時來了顧客，要求他送米去。他急忙穿上衣服，騎上自行車頂風冒雨前去。回來時，他渾身淋得透濕，睡意全消，便又開始思索如何提高服務品質的問題。

此外，當時大米加工技術比較落後，出售的大米摻雜著米糠、沙粒和小石頭，買賣雙方都是見怪不怪。王永慶在每次賣米前都把米中雜物揀乾淨，買主得到了實惠，一來二往便成了回頭客。有篇文章說，起初王永慶的米店一天賣米不到十二斗，後來一天能賣一百多斗。

當時，日本人的米店下午六點關門，他就開到晚上十點半。回想起這段慘澹經營的往事，王永慶感慨地說：「那時，由於中國人和日本人地位不平等，對方經營條件比較優越，我就同他們比苦心，比智慧，結果營業額反而領先。」幾十年來，王永慶的事業由小到大，他一直朝著「為顧客著想」的目標努力，汲汲營營於降低成本，提高品質，借此發展企業。

一九四三年，王永慶轉向木材業。在這個行業上，他慢慢賺了錢。一九四五年十月，臺灣光復，建築業因而逐漸呈現一派景氣，王永慶所屬的事業也跟著蒸蒸日上。到一九五一年。連同動產不動產，他的積蓄已達五千萬元左右了，那時他才三十五歲。

進軍塑膠業

一九五〇年代初，臺灣急需發展紡織、水泥、塑膠等工業。這時還是個名不見經傳的普通商人王永慶，卻主動表示願意投資塑膠業！消息傳出，王永慶的朋友都認為王永慶是想發財想昏了頭，紛紛勸他放棄這種異想天開的決定。當地一個有名的化學家，公然嘲笑王永慶根本不知道塑膠為何物，開辦塑膠廠肯定要傾家蕩產！

其實，王永慶做出這個大膽的決定，並不是心血來潮，鋌而走險。他事先進行了周密的分析研究，雖然他對塑膠工業還是外行，但他向許多專家、學者去討教，還拜訪了不少有名的實業家，對市場情況做了深入細緻的調查，甚至已私下去日本考察過！他認為，臺灣是一個燒鹼生產地。在電解食鹽（氯化鈉）生產燒鹼（氫氧化鈉）的過程中約有百分之七〇的氯氣棄而不用，這些剩餘的氯氣可以用來製造聚氯乙烯（又稱PVC塑膠粉）。聚氯乙烯可是用途廣泛的化工原料啊！

一九五三年，王永慶與來自上海的商人趙廷箴聯手採取了一項重大行動——投資塑膠業。這一行動最終造就了工業鉅子王永慶。

一九五七年，王永慶將公司更名為臺灣塑膠工業公司（簡稱臺塑），他擔任董事長。然而萬事開頭難，聚氯乙烯生產出來了，卻滯銷。臺塑公司面臨倒閉的危險。究其原委是因為供過於求。臺塑公司首期月產一百噸聚氯乙烯，而當年臺灣全省需求量才不過二十噸。遇到這種情況，一般投資者可能會打退堂鼓，或是採取減產政策。可是王永慶認為，聚氯乙烯用途廣泛（生產許多塑膠製品，如軟管、塑膠涼鞋、薄膜、泡沫製品、塑膠門窗等都要用到聚氯乙烯），當時日本月用量超過三千噸，按人口比例，臺灣需求量應在三百噸以上。王永慶分析了形勢後，不但不減，反而決定增加生產。因為他認為大量增產，可以壓低成本及售價，以吸引更多的國內外客戶。第二年，他又成立南亞塑膠加工廠，建立起塑膠原料與加工相結合的生產體系，各種塑膠製品不斷湧現。

這一獨特的措施，證明了王永慶具有常人所不及的遠見卓識，為日後臺塑王國的發展奠定了堅實的基礎。王永慶回憶當時的情景時說：「當時真是騎虎難下。」他毅然四處奔走，籌集了七十萬美元的資金，積極增加臺塑與南亞的設備，終於如願以償地達到了大量生產、降低成本、改進品質、打開銷路的目的。當年年產一千兩百噸發展到現在一百萬噸，使他的公司成了世界上最大的PVC塑膠粉粒（聚氯乙烯）生產企業。

一九七八年，臺塑集團的總營業額第一次突破十億美元。九〇年代，臺塑集團在雲林縣填海造地，建成臺塑工業園區，進一步增強了集團的實力。臺塑集團現已成為臺灣最大的民營製造業集團，旗下有三十多家分公司與海外公司，員工總數超過七萬，資產總額達一・五萬億新臺幣（一說資產高達一千億美元）。臺塑集團已建立起從原油進口、運輸、冶煉、裂解、加工製造到成品油零售等一體化的完整產業鏈，為亞洲最大的石化集團。王永慶更是世界「塑膠大王」。王永慶不僅在臺灣已經建立了龐大的家族事業，還在美國投資數十億美元，建立了龐大的石化工業基礎。

近年來，臺塑集團經營範圍擴展得更加廣泛，除煉油、石化原料、塑膠加工外，還延伸到纖維、紡織、電子材料、半導體、汽車、發電、機械、運輸、生物科技、教育與醫療事業等方面。

根據臺灣《天下》雜誌近年對島內兩千家大企業實力狀況的調查，臺塑集團已經躍居臺灣各企業集團的龍頭老大。王永慶也以五十四億美元的身價登上《福布斯》全球頂級富人榜。

為爭取大陸內銷市場，臺塑集團已積極進行大陸佈局，並於大陸寧波經濟技術開發區規劃一石化專區，投資專案包括年產能三十萬公噸ＰＶＣ廠（聚氯乙烯）、年產能二十三萬公噸丙烯酸酯廠、年產能四十五萬公噸聚丙烯廠及年產三萬公噸高吸水性樹脂廠。早在一九九六年，王永慶就在福建漳州興建發電廠，投資二十二億美元，目前已開始供應福建省三分之一的電力。王永慶在廈門籌設的長庚醫院，也已開始營運。

經營謀略

幾十年來，全球化工行業一直把王永慶尊為「經營之神」，其經營之道更是備受推崇，很多臺灣企業家都將王永慶的管理經驗當作最為實用的教科書。

有人總結王永慶經營成功有八個秘訣，追根究底：對問題不追究到水落石出，絕不甘休。務本精神：凡事只求根本，只求合理，不問結果。瘦鵝理論：忍饑耐餓，堅韌不屈，等待機會的到來。基層做起：腳踏實地，按部就班，從基層做起，成功的機會就愈大。實力主義：學歷不等於實力，實務經驗愈豐富，成功的機會就愈大。切身感：制定讓員工有切身感的管理制度，發揮員工最大潛能。價廉物美：堅持供應價廉物美的原料給下游客戶，企業得以蓬勃發展。客戶至上：買賣雙方唇齒相依，給客戶利益自己才能有最大利益。

還有文章指出，王永慶從多年的經營管理實踐中，總結出了一套實用理論，其中最為精闢的是「壓力管理」和「獎勵管理」兩件法寶。

所謂壓力管理，就是在人為壓力逼迫下的管理之道。具體地說，就是人為地造成企業整體及所有從業人員存在緊迫感。「一勤天下無難事」，王永慶始終對此深信不已，他認為承受適度的壓力，甚至主動迎接挑戰，更能充分體現出一個人的旺盛生命力，因此無論對人還是對己，王永慶都提倡嚴格要求。

據說，臺塑集團的主管人員最怕「午餐彙報」。王永慶每天中午都在公司裡吃一盒便飯，用餐後便在會議室裡召見各單位主管，先聽他們的報告，然後提出很多犀利而又細微的問題。主管人員為應付這個「午餐彙報」，每週工作時間不少於七十小時，他們必須對自己所管轄部門的大事小事十分清楚，對出現的問題做過真正的分析研究，才能順利「過堂」。王永慶本人每週工作一百小時以上。由於堅持事無巨細的工作方針，再加上習慣於刨根問底，龐大的臺塑集團完全在王永慶的掌握之中，他對企業運作過程的每一個細節都能瞭若指掌。

當然，獎懲分明是臺塑集團的一貫作法，王永慶對員工的要求雖然苛刻，但對部屬的獎勵也極為慷慨。據報導，臺塑的激勵方式有兩類：一類是物質的，即金錢獎勵；另一類是精神的。有關臺塑的金錢獎勵以年終獎金與改善獎金最為有名。王永慶私下發給管理人員的獎金稱為「另一包」，即公開獎金之外的獎金。對於一般職員，則採取「創造利潤，員工分享」的做法。臺塑員工都知道自己的努力會得到相應的報酬，因此都拼命地工作，王永慶的「獎勵管理」制度造成了「一＋一＝三」的效果。

王永慶晚年退出經營管理第一線。但他對臺塑集團的發展仍然很關心。二〇〇八年十月十一日他赴美視察業務，於美國時間十月十五日凌晨在睡眠中安詳辭世，享年九十二歲。

知識窗：臺塑工業園區

一九八〇年代末，有關部門看中雲林縣沿海，把這裡規劃為全臺最大的離島工業區。原來雲林縣的海岸，因濁水溪含沙量大等原因，是全世界土地生長最快的地區，低潮線每年向外海伸展四十二米，土地面積每年向海擴充八十公頃。基於雲林海岸的這種特性，計畫在海岸外填海造地，造出一連串六個人工離島，來安置石油化學、火力發電等污染程度高、土地需求大的基礎工業。這個工業區北起濁水溪口，南北長三十二公里，東西寬約四公里，在離島部分開發一萬三千五百四十九公頃（含港域），內陸部分則開發一千一百六十四公頃。一九九一年填海造陸工程開始啟動。

六個離島中，最重要的是麥寮工業園區，造陸面積就達二千二百五十五公頃，大約是臺北市的十分之一，均為抽沙填海的成果。平均每天造陸兩公頃，每年造地超過五百公頃，無論是造陸的速度或是一次填海造陸的總面積，都創下世界紀錄。這個園區即臺塑工業園區，也就是六輕的所在地，為全球最大的單一石化廠區。六輕即臺灣的第六輕油裂解廠，亦即第六座石化工業原料製造的源頭。現在，王永慶主持的臺灣最大的企業集團——臺塑關係企業在園內的四十九座工廠及專用碼頭、發電廠都已建成投產。整個園區廠與廠之間的物料配送，都以各種管路運輸，配管長達三千公里。

麥寮工業專用港，港域面積四百六十七公頃，跟臺中港的大小差不多，比基隆港的三百八十四公頃寬廣，共興建了二十座碼頭，具有年吞吐量六千萬噸的能力。麥寮港的航道在中潮位時水深二十四米，二十六萬噸的船舶可暢行無阻，是臺灣最深的港口。

臺塑石化公司煉油廠，是世界上一次建廠完成的最大煉油廠。每年能煉油二千一百萬噸，每日可煉原油四十五萬桶。全廠只有八百多名職工。煉油廠生產的輕油送到裂解廠，製造各種石化原料，像乙烯、丙烯、丁二烯，最後可以做成二百七十三種各式成品，如餐具、塑膠袋、人造羊毛、家電用品、資訊產品、玩具等，日常生活中衣食住行幾乎無所不包。

海空航運之王　張榮發

不管是在美國的洛杉磯、還是德國的漢堡，或是南非的開普敦，甚至是中國的上海，都可在海港見到漆有「Evergreen（長榮海運）」的巨型貨櫃船停泊，看到碼頭上堆積的長榮綠色貨櫃。經過多年的努力，長榮海運已擁有世界第一大貨櫃船隊，成為臺灣業績卓著的跨國企業。近年來，長榮集團又在航空業大展宏圖。集團創始人張榮發不僅在世界上享有「船王」的美譽，而且是兼跨航海、航空兩界的航運大王。

創辦長榮海運

張榮發，一九二七年十月六日出生臺灣東部的蘇澳，七歲移居基隆，從小與海結緣。其父是船上的木工，在他十八歲時就因第二次世界大戰被日本徵召入伍而死於海難，七個子女全賴寡母撫養。然而，張榮發並不屈服於困頓的環境。他自小就顯露出絕不就此低頭的骨氣，逆境反而鍛造了他創造新天地的氣概。從臺北商業職業學校畢業後，張榮發就跑到海運公司打工。少年氣盛的張榮發勤奮學習，努力工作，從最早當事務員，一步步升為事務長、理貨員、二副、大副，最後升級考到船長執照。這些坎坷的經歷，對張榮發日後事業的發展起著重要的作用。

張榮發一九六八年創立長榮海運公司，當時僅有一條二手船，是船齡二十年的四、五百噸級雜貨船。從他的第一條航線「中東航線」就開始挑戰當時把持海運業運輸龍頭的「運費同盟」。一開始的首航碰到無貨可載的窘境，船隻故障等等的事件也屢次發生，但是由於他本人的不屈不撓，加上日本的丸紅商社（日本四大商社之一）慧眼識英雄，不斷給長榮資金上的幫助，使得長榮一步步地站穩腳步。而在這段期間張榮發意識到「定期化航線」的重要性，因此致力於其發展，並且開始不斷地擴充船隊。

瞄準發展貨櫃運輸

七〇年代，張榮發敏銳地看到了貨櫃運輸這個新生事物的商機，瞄準世界上正在興起的貨櫃航運業，以高雄、基隆、臺中港為基地，大膽開闢國際性全貨櫃定期航線，業務突飛猛進。一九七五年，長榮海運公司的第一艘貨櫃船下水。當時正值石油危機衝擊全球，海運市場銳減之際，長榮海運卻以周全的準備，正式開闢遠東－美國東岸全貨櫃定期航線之先河。隨後，多條全貨櫃定期航線亦先後開闢成功。一九八四年，長榮更開闢了史無前例的環球貨櫃班輪航線，每八十天環繞地球一周，每隔十天（後縮短到七天）開出一對航班，分東行和西行兩條航線同時營運，採用第三代貨櫃船運往世界各大樞紐港，並以接駁和陸運服務，完整地連接成一個全球性海陸聯運服務網，從而被稱為「嶄新的貨櫃運輸革命」，改變了世界的航運模式。如今在全球各大港都能看到標有「Evergreen（長榮的英譯）」大字的巨型貨櫃船雄姿，使華人再度拾回以前「鄭和下西洋」時的海運雄風。

在短短十幾年中，張榮發就建立起全球「超級航運帝國」，執世界航運界之牛耳。長榮船隊的規模，自此一直居於全球貨櫃船隊之首。而張榮發更是全球第一位挑戰百年來全世界最強悍的遠歐運費同盟，切入大西洋航線的船公司負責人。就是這種勇於突破、開創新局的企圖，讓張榮發個人和公司能夠從默默無聞，發展至今日擁有國際級地位的關鍵所在。長榮集團現已擁有一百五十多條海輪，總容量四十多萬個貨櫃，航線和分支機構遍佈五大洲八十餘國，職工總數達一萬八千多人。

從海洋到天空

藉由海運事業在世界所奠定的根基，長榮集團的業務範圍，更擴展至航空運輸與旅館休閒服務業等領域。一九八八年，張榮發一手創立臺灣第一家民營的國際航空公司——長榮航空（EVA）。在短短的幾年時間內，長榮航空已與華航並列為臺灣兩大航空公司。雖說在成立初期碰到了有關部門維護官營華航壟斷地位，堅持不讓長榮航空獲得執照的問題，最後因為長榮的員工在報上刊登請相關人員不要扼殺航空事業的呼聲，才得已落幕，而長榮航空也如期的在天空自由的飛翔。長榮航空從首航時僅擁有兩架飛機，發展到如今擁有四十多架客貨機的規模，航點遍及歐、美、亞、澳四大洲三十餘個城市，其成長速度已創下世界民航史上前所未有的記錄。二〇〇三年首次海峽兩岸春節包機直航，六家航空公司中就有長榮航空，其競爭力在臺灣誰敢小覷？

近年來，長榮集團非常重視大陸市場，已在上海、青島、寧波等許多地方創辦企業。目前，長榮集團已發展成集海運、空運、內陸運輸、貨櫃、酒店、製造等業務為一體的跨國企業集團。除了旗艦長榮海運外，另有十家關係企業，分別是長榮運輸、長榮重工、立榮海運、長榮國際、長榮貨櫃、立榮航空、長榮航空、長鴻營造、榮剛重工、長榮空廚等公司。據保守估計張榮發自有資產近二十億美元。

二〇一六年一月二十日，張榮發辭世。

知識窗：貨櫃運輸

二戰後，隨著國際貿易的發展，改革傳統的運輸方式，降低運輸費用，成為迫切需要解決的問題。對於液體貨物（如石油）和散裝貨（如礦砂），通過使用專用油輪和散裝貨船，裝上輸油管以及自動化裝卸設備，問題得以解決。海運問題轉而集中表現在零散的雜貨運輸上。據統計，普通班輪在港口停泊和裝卸的時間占到全部航海時間的百分之四十～五十，其中百分之二十五～三十五的時間是用在裝卸工作上，裝卸費用要占運費總額的百分之四十～六十。為此，要提高裝卸效率、降低費用，就必須實行件雜貨的成組化（Unitization）。在這種情況下，貨櫃運輸就應運而生。貨櫃，英文Container，原意是容器，大陸翻譯為集裝箱。貨櫃運輸就是把貨物集裝在標準的貨櫃中作為一個運送單元而進行的運輸，大陸翻譯為集裝箱運輸。

國際標準貨櫃共有兩種規格。在國際海運中採用最多的是IAA型（即四十英尺）和IC型（即二十英尺）兩種。IAA型貨櫃即四十英尺乾貨貨櫃，箱內容量可達六七・九六m^3，一般自重為三千八百公斤，載重噸為二十六・六八噸，總載重量三十・四八噸。IC型即二十英尺貨櫃內容量三十三・二m^3，自重一般為二千三百一十七公斤，載重噸為十七・九噸，總載重量二十・三二噸。

一九五六年，美國的海陸公司在一條貨輪甲板上設計了一種平臺架，在紐約和休士頓航線上開展了世界上最早的貨櫃運輸，裝卸費用大大降低。一九六六年該公司開始經營北大西洋國際航線。目前最大的貨櫃船長度超過四百米；淨重噸位超過十八・六萬噸，能夠運載一萬九千一百個二十英尺標準貨櫃。

目前全球貨櫃輸送量最大的海港是上海港，年輸送量超過三千萬標準貨櫃。

學者科學家

提倡白話文的主將　胡適

我們今天寫文章，用的都是白話文，可是就在民國初年，文壇仍沿襲數千年的習慣，使用大多數人難懂的文言文，促使這一劃時代轉變，把文化從少數知識份子擴大到全民的宣導者就是胡適。他的「白話文學」開啟了中國文學的另一扇大門。胡適是「五四」新文化運動的領軍人物之一，在中國現代思想史、文化史和文學史上，都佔有一定的地位。胡適在世界上有廣泛的影響，一生共獲得美英加等國三十五個榮譽博士頭銜，數量之多，世界罕見。胡適與臺灣也有深厚的淵源，兒時曾在臺灣度過，而晚年又在臺灣領導中研院，去世後安息在臺北。

國學根底

胡適，字適之，一八九一年十二月十七日出生於上海，世為安徽績溪人。他的父親胡傳，字鐵花，清歲貢生，做過幾處地方官，家裡還經營著兩處商號，算得上一個小康之家。母親馮順弟，是胡傳的第三位繼室，比丈夫小三十二歲。胡適出生後剛九十天，父親被奏調臺灣供職。到一八九三年春天，母親就帶著孩子去臺灣投親，在胡傳做官的臺北和臺東，度過近兩年的快樂生活。當時年過五十二歲的胡傳，在公務之暇，在紙片上寫上楷字，教年僅二十的馮順弟認字。他們又一起教剛過兩歲的兒子識字，父親當教師，母親既當學生又兼助教。這老夫少妻稚子三口，享到天倫之樂。到離開臺灣時，母親認了近千字，兒子也認了七百字。

胡傳當時是臺東州知州。清廷甲午敗績，割讓臺灣，他只得內渡廈門，不久去世。胡適母子回到黃山腳下，績溪縣上莊的老家。不久，胡適進家塾念書，九年時間裡，熟讀四書五經，以及《綱鑒易知錄》、《資治通鑒》等書，為他後來做學問，「整理國故」，打下較系統的舊文化基礎。九歲時，他偶然看到了《水滸傳》殘本，引起他對小說的極大興趣。從此他到處借讀小說，也讀彈詞、傳奇和筆記小說。讀過以後，本家一些姊妹又常請他去講故事。眾姑娘聽得嘖嘖稱讚，便去泡炒米，做蛋炒飯，犒勞胡適。到離開家鄉時，胡適已讀過《三國演義》、《紅樓夢》、《聊齋志異》及《雙珠鳳》、《薛仁貴征東》等三十多種書，其中大多數是白話小說。這就無形中使胡適得到初步的白話散文的訓練，對他後來提倡白話文和考證小說，也遠遠地種下根苗。

一九〇四年，胡適告別母親和家鄉，到上海去求學，六年換了四個學校，其中包括中國公學。在這裡學到英文、數理化等新學。那時，嚴復譯述的赫胥黎著《天演論》正風行海內。胡適深受「物競天擇，適者生存」的進化論思想的刺激，便改名胡適，表字適之，留下接受進化論的「紀念」。那時，他讀了很多新書，其中對他影響最大的，要推梁啟超。胡適最愛讀梁啟超那些「筆鋒常帶感情」的文章，並從中知道世界上除了孔孟、朱子之外，還有培根、孟德斯鳩、盧梭、康德、達爾文等大學問家。特別是《新民說》和《中國學術思想變遷之大勢》使他受惠最大。前者使他「澈底相信中國之外還有很高等的民族，很高等的文化」；後者使他「知道四書五經之外中國還有學術思想」。一九〇六年，胡適在《競業旬報》上發表了生平第一篇白話文章《地理學》，講的是「地球是圓的」一類通俗地理學知識。以後他又為這份報刊作編輯，兼作記者，採寫時文和時評。從此他便熟練地掌握了白話文，這成為他後來宣導文學革命的有效工具。

西乞醫國術

一九一〇年，在朋友們的資助下，胡適北上進京，考取庚款留美官費生，「願得西乞醫國術」。八月入美東康奈爾大學，起初選讀農科，想「以農報國」。學了三個學期以後，改習文科，仍是想以文學來報效中國。不久，他便翻譯了法國著名小說家都德的短篇名作《最後一課》，最先把這個愛國名篇介紹給中國讀者。稍後，又翻譯了英國大詩人拜倫詩作《唐璜》中的《哀希臘》歌，也是慷慨哀怨，用以「激勵希人愛國之心」的名篇。胡適自己也寫了不少表現愛國情懷與抱負的詩，特別是那篇《睡美人歌》被廣為傳頌：「東方絕代姿，百年久濃睡。一朝西風起，穿幃侵玉臂。碧海揚洪波，紅樓醒佳麗。昔年時世裝，長袖高螺髻。可憐夢回日，一一與世戾。畫眉異淺深，出門受訕刺。殷勤遣群侍，買珠入城市。東市易官衣，西市問新制。歸來奉佳人，百倍舊姝媚。裝成齊起舞，主君壽百歲。」

詩中把中國比作一位「百年久濃睡」的東方絕色美人，一朝被「西風」吹醒後，無論服裝、髮式及各種打扮都過時了，落後了，因此要派侍兒們去「西市問新制」，採購各種時新的衣物珠寶，歸來妝扮美人，使她「百倍舊姝媚」。詩的寓意非常明白，胡適希望學習西方的「新制」，以改變中國貧窮落後的面貌，使我們這「東方文明古國」振興富強起來，能在「他日有所貢獻於世界」。

為了挽救和振興中國，胡適接受西方啟蒙思想家的影響，高度重視教育和培養人才。他在一首詩中說：「救國千萬事，造人最重要；但得百十人，故國可重造。」留美期間，胡適經歷了兩次美國大選，參加過各種集會，實際的觀察和對美國政制的研究，使他接受了美國式的民主、自由和法治的思想。

對胡適的思想影響最大的，是美國哲學家杜威。一九一五年九月，他轉入哥倫比亞大學（在紐約），拜在杜威門下，專攻實驗主義哲學。實驗主義便成為胡適終生信奉的金科玉律。胡適在學術上影響最大的是對於「大膽的假設、小心的求證」的治學方法的提倡，而這一治學方法正是來源於實驗主義。一九一七年胡適完成博士論文回國。他的博士論文經過擴充與延伸，就成為那部中國學術史奠基石的《中國哲學史大綱》（上卷）。

宣導文學革命

在五四新文化運動中，胡適是《新青年》雜誌提倡「文學革命」的主要宣導者之一。還在留學的時候，胡適就與幾個留美同學開始討論中國文學的問題。他在送朋友的一首詩中提出：「神州文學久枯餒，百年未有健者起。新潮之來不可止，文學革命其時矣！」當時胡適對文學革命的觀念還很朦朧。經過同學和朋友間的討論乃至激烈的爭辯，逐漸醞釀形成一些具體的主張和方案，把白話文代替文言文，用白話詩代替舊體詩作為突破口。一九一六年秋，他從美國寄書陳獨秀，便第一次提出了「文學革命」的口號，並列舉了具體主張的「八事」，即後來的「八不主義」：（一）須言之有物。（二）不摹仿古人。（三）須講求文法。（四）不作無病之呻吟。（五）務去爛調套語。（六）不用典。（七）不講對仗。（八）不避俗字俗語。

陳獨秀立即在十月出版的《新青年》上發表了這封信，而且稱讚胡適的文學革命主張是「今日中國文界之雷音」。後來蔡元培也把這封信看作是文學革命的起始。

一九一七年元月，胡適將上述主張發揮寫成《文學改良芻議》，在《新青年》上發表。陳獨秀於二月推出《文學革命論》，他說：「文學革命之氣運，醞釀已非一日，其首舉義旗之急先鋒，則為吾友胡適。」，乃正式舉起「文學革命軍」大旗，以為胡適的聲援。《新青年》同人錢玄同、劉半農、周作人及傅斯年等，也都撰文回應。中國現代史上這場著名的文學革命便成為一個有力的大運動，從而開創了文學現代化的新紀元。

胡適一九一七年夏回國，立即被蔡元培聘為北京大學教授。蔡元培曾經稱讚胡適是「舊學邃密」而且「新知深沉」的人，可以用新方法整理國故，又可以引進新知識。一九一八年胡適加入《新青年》編輯部，大力提倡白話文，宣傳個性解放，思想自由，與陳獨秀、李大釗等人同為新文化運動的領袖人物。在文學革命中，胡適最突出的事業，最積極的貢獻，是提倡白話文，反對文言文。主張文章分段、加標點。他自己帶頭堅持用白話寫詩作文。他的《嘗試集》是新文學史上第一部白話新詩集，影響很大。胡適還試做了中國第一個白話文學劇本《終身大事》，又最早用白話文翻譯了都德、莫泊桑、契訶夫等人的短篇小說名作，為小說的現代化提供了有益的借鑒。他寫的白話遊記和傳記散文，不假雕飾，卻清新優美；大量的論說文字，也多寫得明白曉暢，如行雲流水，使許多人都很佩服。當時尚在湖南第一師範讀書的毛澤東，就「非常佩服胡適和陳獨秀的文章。」

臨危受命任大使

一九三七年盧溝橋事變爆發，中華民族面臨著亡國的危險。此時胡適堅定了抵抗決心，並用自己的實際行動影響蔣介石痛下全面抗戰的決心。蔣介石也為胡適準備了奔赴國難的任務，希望他以非官方身分去歐美訪問遊說，揭露日本發動侵略戰爭的罪行，爭取民主國家對中國抗戰的同情與支持。

九月二十六日，胡適抵達美國三藩市。他在各界團體代表的歡迎中，開始了自己的抗日演講。他在中華大戲院講出了一句流佈很廣的話：「算盤要打最不如意的算盤，努力要做最大的努力。」十月一日，他又應廣播電臺之邀，做了長篇廣播講演。他對美國廣泛要求置於戰爭之外的願望表示極大理解。但進而指出，戰爭不以人們的和平願望為轉移。崇拜黷武主義的瘋狂戰爭販子肯定會把愛好和平的美國強行拉入戰爭漩渦。美國人民總有一天被迫選擇參戰來結束罪惡的戰爭，為世界和平做出自己的貢獻。這篇廣播演講詞送到電臺時，曾被認為「太厲害」而要求修改，但胡適表示「寧可取消廣播，不願修改」。最後電臺只得讓步。演講播出後，立即受到美國政界的喝彩。

截至一九三八年六月，胡適在美國、加拿大、英國、瑞士等國，巡迴講演五十六次。他的積極的、非正式的外交產生了巨大效果，不僅歐美各國，就是在日本也引起了強烈震動。但是他的演說並不能扭轉戰爭初期中國節節失利的現實，這使他非常痛苦。

一九三八年九月，胡適被任命為駐美大使。當時正是抗戰最危急的時刻，蔣介石發來電報，「開示四事：一、歐洲變動如何促美助我。二、中立法。三、財政援助。四、禁軍用品售日。」胡適深感此職責重大，不敢有半點疏忽，遂全力投身到工作中去。

他多次與羅斯福總統及美國要員溝通，希望美國把僅從道義上同情轉向實際政治上的支持和經濟上的援助。他積極斡旋於各種借款活動中，於任上幫助宋子文同美國成功簽訂了「桐油借款」、「滇錫借款」及其他三筆借款，數額總計一．七億美元。這些款項對保持抗日戰爭期間中國財政平衡與支撐戰局，起了重要作用。在輿論宣傳方面，胡適更是發揮特長，竭盡全力。一個文弱書生，行程幾萬里，演說數百場，在美國朝野進行廣泛活動。演講幾乎每日不斷，贏得了美國朝野對中國抗戰的同情和支持。

一九四一年十二月，珍珠港事件爆發，美國正式對日宣戰，反法西斯陣線形成，這對苦苦支撐的中國人民來說是令人振奮的。作為駐美大使的胡適終於盼來了這一天。他說：「這使我國家民族鬆了一口氣，太平洋局勢大變了。」胡適感到他為國家奔命紓難的重大任務完成了，心願達到了，可以告慰國人、告慰歷史了。

反法西斯戰線形成後，胡適認為，自己擔負的駐美大使使命已經完成，以後的道路平坦易走。他更嚮往研究學術的生活。胡適想到了辭職。一九四二年八月十五日，他終於盼來了免職的電報。九月他與新大使魏道明進行了交接。之後大約四年，胡適定居美國，從事文化學術與教育。

返臺定居

抗戰勝利後，胡適於一九四六年六月回國，擔任北大校長。一九四九年四月再次離開中國，前往美國，從事學術研究。一九五二年，胡適應臺灣大學及臺灣師範學院的邀請，對臺灣進行了六十天的訪問，做了不少演講。一九五七年十一月四日，蔣介石任命胡適為中央研究院院長，同時發出專電到紐約「促駕」。一九五八年四月八日，胡適飛抵臺北，實現了返臺定居的多年夙願。胡適所提倡的「勤、謹、和、緩」的治學態度在臺灣學術界影響深遠。他支援具有自由主義傾向的刊物《自由中國》，並因此為國民黨政權所不喜。他晚年所強調的「容忍比自由更重要」促進了臺灣的民主化。一九六二年二月二十四日，胡適在主持中研院新院士選舉慶祝活動時因心臟病發作突然逝世，一顆文化巨星就此隕落。終年七十二歲。

三月一日，為公開瞻仰遺容的一天，一日之內來人多達三萬。第二天上午，公祭開始，羅家倫、陳雪屏、毛子水等胡適的學生將北京大學的校旗覆蓋在前北大教授、校長的靈柩上。這是因為胡適和一批先覺者五四時期以北大為陣營，發動新文化運動，揭開了現代歷史新的一頁，尤其是文學革命的發動，開闢了中國文學的新天地。

這天，各界人士送來許多祭文。其中蔣介石為他寫的挽聯是：新文化中舊道德的楷模，舊倫理中新思想的師表。中研院同仁的祭文，情真意切，十分客觀：「你在這幾十年來的論戰裡，也只有一種不改不移的觀念。你最敬愛中國古代的聖人，但你最不愛浮誇遙遠的光榮。你最看重中國近代的革命與進步，但你又最深知我們民族累積的弱點。你不斷地用世界的水準衡量我們民族的內心和物理的生活，所以在你七十歲的病中，和在你的青年壯盛的時代一樣，你都不怕逆著風向，挺身高呼，你要國人痛切覺悟我們東方老文明的衰朽，你要國人熱誠賞識西方新文明的成就。我們懂得你的用心：你要國人踐孔子「知恥近乎勇」的格言，你是和首創民國的中山先生一樣，要喚起這個知識、道德「都睡了覺」的民族。我們懂得你的刺耳警心的言論，不是對國家尊嚴的傷害，而是一個再造文明、復興民族的關鍵。」

知識窗：中研院和胡適公園

中研院全名中央研究院，是臺灣最重要的學術科研機構。中央研究院的創設，最早為孫中山所提出。一九二八年中央研究院在南京正式成立，蔡元培被任命為第一任院長，最初只設三個研究所。兩年後增加到十所，規模初定。抗戰期間，中央研究院遷到大後方。一九四八年中研院選舉出第一屆院士，共八十一人，都是中國各領域的翹楚精英。一九四九年，該院歷史語言所遷臺，後來在臺北成立了中研院。歷任院長為朱家驊、胡適、王世傑、錢思亮、吳大猷和李遠哲，其中除李遠哲外，均曾為北大校長或教授，可以說一脈相承。因此，中研院始終保有北大的遺風。中央研究院院址設在臺北南港區的研究院路。該院現擁有二十多個研究所。共約有一千四百人，其中從事研究的人員八百多人。每個研究所都有最新的科研設備，並各自設一個研究圖書館。

一九六二年胡適去世後，被安葬在臺北中研院對面的南港山上，同時這裡也被開闢為胡適公園。走上幾十級石階，就到了樸素大方的胡適墓。花崗岩的墓碑上刻有于右任先生書寫的「中央研究院院長胡適先生墓」十二個大字。背面刻著毛子水所寫的「墓誌銘」：「這個為學術和文化的進步，為思想和言論的自由，為民族的尊榮，為人類的幸福而苦心焦思，敝精勞神以致身死的人，現在在這裡安息了！我們相信，形骸終要化滅，陵谷也會變易，但現在墓中這位哲人所給予世界的光明，將永遠存在！人死了，其精神在。」

胡適在南港的故居被辟為胡適紀念館，客廳、書房、胡適臥室、餐廳等均保持原樣。展示胡適所用的許多書籍、器物。

無文憑的出版家　王雲五

在全球華人世界，商務印書館幾乎無人不曉。它是中國近代出版事業中歷史最久的出版社，與北京大學同時被譽為中國近代文化的雙子星。它所出版的各類詞典，如新華字典，在大陸幾乎人手一冊。外語詞典和知識讀物也廣泛流傳。在商務印書館成長的過程中，兩個人扮演了最重要的角色，一位是編輯家張元濟（一八六七－一九五九），另一位就是王雲五。

自學成材

王雲五，原籍廣東香山（今中山），一八八八年七月九日出生於上海一小商人家庭，一九七九年八月十四日在臺北逝世。

王雲五靠自學成材。幼年唯讀過一點《三字經》、《千字文》等書。十四歲他在上海一家五金店當學徒，入夜校學英文。十六歲時，進入一家同文館修業，次年春還兼任該館的教生（助教）。同文館附設圖書館，這使他有機會廣泛閱讀西方學者斯賓塞、孟德斯鳩等人的著作。十八歲開始擔任中國公學英文教員，兼授數學、史地課。胡適（時名洪騂）、朱經農等為該校學生。胡適曾說：「我在中國公學兩年，受姚康侯和王雲五兩先生的影響很大。」任教時，王雲五曾以分期付款方式購買一套三十五冊的《大英百科全書》，每日以二三小時讀之。三年到頭，款付清時，這套大部頭的巨著也通讀了一遍。他一生未進過大學，無一紙文憑，但學識淵博，胡適讚揚王雲五是「有腳的百科全書」。在臺灣政治大學授課十三年間，碩士、博士出其門下者不下一百人。

王雲五對工作的忘我程度和工作能力都令人吃驚。他晚年在回憶當時翻譯一篇中美合約的情況時寫道：「我立即開始工作，從當日下午五時起，夜間僅睡二小時，迄次日午後三時，計實際工作二十二小時，而成稿二萬六千字……」

辛亥革命後，王雲五應邀出任孫中山臨時大總統府秘書。一九一三年三月，他應蔡元培的邀請就任民國政府教育部教育司科長，與普通司科長許壽裳、社會司科長周豫才（魯迅），被稱為「三司」之秀。一九二一年經他的學生胡適推薦進商務印書館，歷任編輯所所長、總經理等職，長達二十五年之久。抗戰期間，他還連任過四屆國民參政會參政員。

一九四六年起，王雲五任國民政府經濟部長、財政部長、行政院副院長、考試院副院長等職。一九六四年他又主持臺灣商務印書館直到一九七九年逝世。

自從一九六三年十二月辭去官職後，他便進入了個人撰寫論著的高峰期，出版個人著作二十多種，文章近百篇，其中一百萬字以上的著作五部。如七冊《中國政治思想史》、六冊《中國教育思想史》，尤可稱為巨作。即使到了晚年，王雲五仍舊著述不已。在八十歲生日時，他出版了一部一百二十萬字的《岫廬八十自述》。在他九十歲生日時，又令人驚奇地推出了一部五十萬字的回憶錄《岫廬最後十年》。除撰寫學術著作和回憶錄外，他也喜歡作詩填詞，作為一種休息。

王雲五博學多才，除了以出版家編輯家著稱外，他還發明四角號碼檢字法、運用杜威的十進分類法編成《中外圖書統一分類法》，編著有《王雲五大詞典》、《中國史地詞典》、《英文成語新詞典》等。他一生的著作近百種。此外，他還有大量譯著。值得一提的是《美國全史》，這是一部長達一百三十餘萬字的巨著，王雲五從一九五三年六月中旬起翻譯，歷時三年才譯畢。

胡適在他的日記中記錄了王雲五的學問人生和道德人品，完全是發自內心的讚美，而非溢美之詞：「王雲五是一個完全自學成功的人才，讀書最多、最博。家中藏西文書一萬二千本，中文書也不少。他的道德也極高，曾有一次他可得一百萬元的巨款，並且可以無人知道。但他不要這種錢，他完全交給政府。……此人的學問道德在今日可謂無雙之選。」「他是一個符號象徵，象徵了一個貧苦無依的人的奮鬥成功的故事。」有人甚至把王雲五和美國的佛蘭克林相提並論。

可是，王雲五的一生，也是二〇世紀中國文人從政的一個失敗個案。抗戰結束後，王雲五應邀出任經濟部長，制訂了在中國經濟史上著名的「金圓券」貨幣政策，導致通貨膨脹、民怨沸騰，給國民政府統治區經濟的全面崩潰壓上了駱駝背上最後一根稻草。對此，王雲五的頭腦是清楚的，他在《八十自述》的「結語」中說，自己一生中最重要的工作就是出版，然後是教育；而其他社會活動，「公務政務殆如客串」。

主持商務印書館

凡熟悉中國現代出版史者都必須承認，在商務印書館的百年歷程中，對其決策、發展方向曾產生重大影響者，除德高望重的張元濟外，第二個就要數到王雲五，他們二人一前一後，分別代表了商務印書館發展的不同時期。

商務印書館創立於一八九七年。顧名思義，當初商務印書館成立的目的，主要是承攬印刷業務。後來因為印了一本《華英初階》獲利甚豐，才涉足出版事業，業務隨之擴張。但卻因印了一百冊《日本法規大全》滯銷，難以應付，一九〇二年找到張元濟負責編譯工作，才算站穩腳步，並逐漸發展成全國最大的出版社。張元濟為晚清進士，主持商務時，做了許多有意義的工作，包括編輯最新小學校各種教科書、創編《詞源》及《中國人名大辭典》等工具書、編印《四部叢刊》、出版《百衲本二十四史》；還以商務所搜集的善本、孤本及其他書籍構成聞名全國的「涵芬樓」（後來擴大為東方圖書館）。

「五四」以後，商務印書館的元老張元濟等人面對滾滾而來的新思潮，感到有些力不從心。為了跟上急劇變化的大時代，他們想引入新血液，曾下決心聘請在「五四」博得大名的胡適出任編譯所所長的要職。胡適謝絕了邀請，卻力薦當年有過師生之誼的王雲五代替自己。這樣既未受過正規高等教育、也未出過國門，完全靠自學起家的王雲五於是有機會邁入老商務的大門，施展他的全部熱忱和抱負。時在一九二一年，他三十四歲。

王雲五初入商務即顯示了其魄力和判斷力。他以「教育普及」、「學術獨立」為方針，大刀闊斧改組編譯所；一是調整和擴大了編譯所的機構，按照新科學的學科門類分設各部，延聘專家主持各部。二是創編各科叢書，為他日編印《萬有文庫》做準備。首先出版了百科小叢書，其後又出版了國學、師範、自然科學、醫學、體育、農學、商學、史地等小叢書。一九二九年開始出版的《萬有文庫》就是在此基礎上彙編而成的。

一九二九年，在王雲五的主持下，《萬有文庫》開始陸續出版，創造了百年商務第二輪輝煌。這是他策劃出版的一套由多種叢書組成的綜合性大叢書，包括各個學科。共出版兩集，第一集一千〇一十種，二千冊，第二集七百種，也是二千冊。《萬有文庫》堪稱是二十世紀上半葉最有影響的大型現代叢書，王雲五編輯這部曠世之作的目的是「使得任何一個個人或者家庭乃至新建的圖書館，都可以通過最經濟、最系統的方式，方便地建立其基本收藏」。王雲五的這一番雄心壯志，被美國《紐約時報》稱讚道「為苦難的中國提供書本，而不是子彈」，當時是戰火紛飛的時候，他的這種忠誠於文化的行動是一個了不起的創舉，在那樣的年代，這是「在界定和傳播知識上最具野心的努力」。《萬有文庫》的出版獲得了巨大的成功。二十世紀三十年代全國各地的圖書館，大多都陸續購置了《萬有文庫》以充實館藏。而一些學校和文化單位，因購置《萬有文庫》而新建的圖書館，約有一千餘所。《萬有文庫》的出版和發行，在當時對於開啟民智、傳播文化、普及知識起到了重要的作用，它的社會影響和文化貢獻至今沒有任何一部叢書能與之比肩。王雲五也因此在文化和出版界獲得了巨大的聲望。毛澤東在他的中南海藏書中，就有很多《萬有文庫》的書籍。

一九三二年一二八事變，日本突襲上海閘北，印刷廠總廠、貨棧、東方圖書館、尚公小學……庫存圖書和紙張，整個商務印書館的基業，幾乎都在日本侵略者的炸彈下化為灰燼。種種跡象表明，日本人是蓄意炸毀這家有一定規模且具有象徵意義的文化企業，並不是漫無目標地轟炸。

經此浩劫，王雲五痛心疾首，一夜而成「白頭翁」，這足可見其內心的焦慮和所承受的壓力。經過徹夜苦思，明知前途艱險莫測，他仍決定肩負起復興商務的責任。當年八月一日，商務總管理處、上海發行所、新開的印刷廠同時復業，在發行所門口，懸掛了一副對聯：「為國難而犧牲，為文化而奮鬥」，這個口號表達了王雲五和同仁當時的心願。總館、總廠復業後，新訂雇用契約重新錄用職工，陸續公佈各種章程、規則，全面推行科學管理法。業務重振，大量重版舊書和增出新書，達到日出新書一種。此後，王雲五又主持編印了多套叢書，其中《大學叢書》和《叢書集成》影響尤大。

短短時間內，商務實現了全面復興，而且再度開創了出版史上一個鼎盛的時代。王雲五說自己之所以不顧艱苦，不避嫌怨，力排萬難復興商務，僅僅是「為我們中國人爭一點點的氣」。

一九三七年，八一三淞滬抗戰爆發後，為適應戰時環境，王雲五決定商務以香港分廠為生產中心，仍堅持以出版業務為主的方針，親自駐港督導一切。一九四一年十二月太平洋戰爭爆發後，香港淪陷，王雲五改在重慶設商務總管理處統轄後方各分廠，其出版方針以一般用書為主，用叢書方式出版各種抗戰讀物。

王雲五從一九二一年進商務，到一九四六年辭職從政，前後在商務工作了二十五年。在這期間，除一九二九年九月至次年一月一度離開外，他一直在商務擔任要職，對商務印書館的發展起了重要的作用。

臺灣商務印書館

一九六四年，王雲五告別政壇，重新回到出版界，於同年七月出任臺灣商務印書館董事長。臺灣商務印書館原系商務印書館的一個分館，於一九四八年一月五日正式成立。在商務印書館海內外三十七八家分館中，臺灣分館不僅資歷最淺，規模也最小，全館同人寥寥十餘名。一九五〇年十一月一日，商務印書館臺灣分館重新登記為臺灣商務印書館股份有限公司，從此開始獨立經營。臺灣商務印書館從經銷總館圖書的分館一變而為出版機構。初期僅以印大陸舊版書為主，新版書甚少，經營慘澹。

王雲五主持館務後，認為造成營業小的主要原因是缺乏從事出版計畫的資金。為增加營業收入，他制定臺灣商務印書館的出版方針，以最初兩年儘量整理重印大陸商務印書館出版的有用圖書，自第三年起，開始印行新著譯的圖書。

王雲五一面零星選擇重印，以增進營業額，一面對過去曾經暢銷一時而今仍屬有用的大部頭叢書著手研究。王雲五看到，《萬有文庫》在臺灣奇缺，於是從兩集四千冊圖書中，刪除內容陳舊或不合時宜者，重新選輯一千兩百冊，編為《萬有文庫薈要》。該書包含各種門類，宛似一小圖書館，推出之後，極受各界歡迎，從一九六四年十二月開始預約發售，到一九六五年四月，已銷售四百餘套，臺灣商務印書館聲威重振。繼《萬有文庫薈要》之後，王雲五為臺灣商務印書館重印了《四部叢刊初編縮本》、《叢書集成簡編》、《漢譯世界名著甲編》、《國學基本叢書四百種》、《百衲本二十四史》等書。臺灣在光復之前日文書占統治地位，內地圖書流傳不多，這些圖書適時補充了文化資源的需求，如久旱逢甘雨，因而大都很暢銷。

王雲五一直主張：出版家能夠推進與否，必須視其有無創造性的出版物。因此，重印舊版書一年多後，王雲五決定提前籌畫新出版物。其中《王雲五社會科學大辭典》為精裝十六開，共十二冊，涵蓋社會科學各個學科，成為學術界的重要工具書。王雲五策劃的新書以叢書為最多，其中《人人文庫》從一九六六年七月迄一九九〇年六月止，共出版二十四年，出書逾兩千種，多達二千四百四十餘冊，讀者頗得實惠，因此風行一時。從某種意義上來說，該文庫對促進學術、普及文化起到了一定的作用。

王雲五主持臺灣商務印書館將近十六年，這是他一生出版事業中另一個輝煌，也是對臺灣文化事業發展的一大貢獻。

改革開放後，兩岸商務逐步有了一些業務交流。一九八八年，臺灣商務印書館總經理張連生來京會談。一九九〇年，臺灣商務印書館編審代表團一行十二人來北京商務印書館（五十年代商務印書館從上海遷到北京）訪問。一九九三年，由京、港、臺、新、馬五家商務合營的商務印書館國際有限公司在北京成立，這是商務印書館百年歷史上的一大盛事。

軼事：《王雲五社會科學大辭典》

世界各大國均編撰有百科全書，如創刊於一七六八年的《大英百科全書》，一九〇三年創刊的《大美百科全書》。中華學術界多年來亦深知綜合性大辭書的重要，唯鑒於各國編印經過，均經長期籌備，耗大量資金，而集合多數專家學者共同撰寫尤為不易，故多不肯輕易嘗試。一九二四年前後王雲五開始計畫編撰中國百科全書，組織很多專家撰寫，到一九三一年，已完成一半稿件，但一九三二年在日軍侵略上海的一二八事變中不幸遭戰火，全部被毀。

一九六七年值王雲五八十大慶。臺灣學界以先生多年來對於學術文化宣導推廣，不遺餘力，於是提議編撰《王雲五社會科學大辭典》，由政治大學校長劉季洪擔任出版委員會主任委員，由十二人組成編輯委員會，並公推程天放、楊亮功、陳雪屏為召集人。王雲五榮任名譽總編輯。經學界數以百計的專家學者共同努力，全書十二冊，為精裝十六開（也出版了平裝本），於一九七一年由臺灣商務印書館出齊，十二分冊涵蓋社會學、統計學、政治學、國際關係、經濟學、法律學、行政學、教育學、心理學、人類學、地理學、歷史學等十二個學科領域，條目六千以上，總字數超過七百萬字。這套《王雲五社會科學大辭典》成為學術界的重要工具書，至今仍有學術參考價值。

五四健將、臺大元勳　傅斯年

一九五〇年十二月二十日下午，臺灣大學校長傅斯年在臺灣省參議會回答質詢。他剛講完話，走下講臺，突然臉色蒼白，步履不穩，倒了下來，一下子處於昏迷狀態。這是勞累導致高血壓病發作，當晚即因腦溢血去世。消息傳到臺大，數千學生失聲痛哭。臺大師生把這位鞠躬盡瘁、為臺大付出一切的校長埋葬在校園之中，墓園稱為傅園，又豎立了一個鐘亭，稱為傅鐘。鐘雖不大，但聲音宏亮清脆，校園鐘聲不斷，傅園、傅鐘成為臺大一景，也成了臺大的精神象徵。

感人至深的美德

傅斯年，字孟真，是著名的歷史學家，二十世紀上半葉重要的學術領袖。他一八九六年三月二十六日，出生於山東聊城北門裡的傅家大院。傅家是聊城的名門望族。祖上傅以漸是清王朝的第一科狀元。傅氏故居上仍有康熙御筆所書的「狀元府第」的匾額和「傳臚姓名無雙士，開代文章第一家」的對聯。可是到了父親傅旭安，雖然是舉人，擔任龍山書院山長，但家道已經中落。他九歲父親英年早逝，祖父年邁，家境更為貧寒。但這也激勵著這個聰明、要強的少年發憤讀書，終成學林一代領袖。

傅斯年不滿五歲，就進了私塾，後來改入學堂，不論在哪里，他的年齡都是最小的，但學習始終是最好的。尤其擅長作文，往往是老師出了題目，傅斯年略加思索，然後文不加點，一揮而就，文章大氣磅礴而老成。每次作文，別的學生尚在冥思苦想，傅斯年早已筆下生風，妙語連珠。於是，有的孩子便私下和傅斯年達成協定：傅斯年每代寫一篇文章，便以一個燒餅作酬謝。傅斯年自幼仗義，且又有難得一吃的燒餅做誘惑，總是慨然應允。有時候，他竟然能在完成自己的作文之後，再為兩位同學寫出內容完全不同的文章來。不過這種把戲，最終難逃老師的法眼。每次講評作文時，先生不忘開玩笑，問這次有沒有換燒餅吃啊？

傅斯年的成才與深厚的家學淵源分不開。年邁的爺爺傅淦自己淡薄名利，卻希望孫子重振門庭。孫子三四歲時，老人就開始教其識字，背誦《三字經》、《百家姓》、《千字文》。每天給他講歷史故事，從盤古開天地，一直講到明朝，到傅斯年九歲時，一部二十四史已經口授完畢。十一歲，傅斯年便讀完了十三經，打下了雄厚的國學根底。

一位貴人的出現，把傅斯年送往天津，為他鋪就成才的大道。這次人生轉折的機會，得益於其父早年結下的一段善緣。一次傅旭安在聊城商店，看到一位學徒利用閒空持卷讀書。經攀談，得知他叫侯延塽，因家貧輟學，但學問已有一定功底。傅旭安愛才心切，不久就讓他辭職來書院隨自己讀書，一切費用由自己代為解決。後來，侯延塽果然成才，考中進士，被清廷授予刑部主事。侯延塽重情義，回鄉探親時專來書院拜謁恩師，才得知傅旭安已經去世，於是又前來看望師母，並親到恩師墓前拜謁。他在傅旭安墓前發誓，一定要把傅斯年和他弟弟培養成才，以報恩師當年知遇之情。

侯延塽與傅斯年交談中，發現傅天資甚高，基礎雄厚，為可堪造就之才。便與傅家商量，帶孩子到大城市讀書。就這樣，傅斯年十三歲來到天津，進入府立第一中學堂，系統地接受了新式中等教育，對數理化生物等科學知識有了一定的瞭解。這一切都使從窮鄉僻壤走出來的傅斯年擴展了知識視野。一九一三年，傅斯年中學畢業，以優異的成績考入北京大學預科。

侯延塽給了傅斯年無微不至的關心和幫助。傅斯年也始終以父執事之。侯晚年定居濟南，傅斯年經常前去探望。抗戰期間，侯延塽因老病留在濟南，傅斯年寄錢接濟，奉養終老。侯延塽與傅斯年父子兩代的關係是中國傳統美德的典範。這真人真事比小說裡的故事更讓人感動，甚至催人淚下。

新文化運動的健將

北大預科前身是一八六二年創辦的「同文館」（一九〇三年改為「譯學館」），特別重視外語，傅斯年一如既往，刻苦學習。除了用功讀書，傅斯年對課餘的學術活動表現出積極的參與意識和較強的組織能力，已經不是「兩耳不聞天下事，一心唯讀聖賢書」的書呆子了。

一九一六年，傅斯年預科畢業，升入北大文科國學門，即後來的中文系。之所以選擇這個專業，主要是出於他對傳統國學的熱愛。他的國學功力入北大時已經達到很高的水準。當時北大有一位教授講授《文心雕龍》。傅斯年拿到講稿，一夜看完，找出三十多條錯誤。學生們以此為證據，上書校長蔡元培（一八六八－一九四〇）要求更換教師。蔡元培曾是清末的翰林，對《文心雕龍》也是內行。可是他不信這些錯誤是學生發現的，還以為是別的教授在背後鼓動學生鬧事。弄清楚後，蔡元培調換了這門課程的老師。傅斯年的才華在師生中贏得了極高的榮譽。

傅斯年平時很少去上課，因為他覺得聽老師講課是在浪費時間，一些老師的水準並不比自己高，而且有些庸師往往以訛傳訛，灌輸給學生一些錯誤的知識，反不如自學。他基本上每天泡在圖書館裡。他用不著擔心曠課而受到處罰，因為有些教授不怕他不上課，就怕他去上課。在課堂上，傅斯年提的問題，老師往往回答不出來。還會指出老師的錯誤，經常把老師弄得張口結舌，下不了臺。即使像胡適這樣學識淵博的教授也常常提心吊膽，經常說一些學生的水準比他還高，指的就是傅斯年、顧頡剛（一八九三－一九八〇，歷史學家）等人。

嶄露頭角的傅斯年也受到了蔡元培的青睞和諄諄教誨。在陳獨秀和胡適等人的影響下，傅斯年又積極投身到新文化運動的大潮之中。儘管他能寫一手典雅流暢的文言文，卻大力提倡白話文，為老師胡適擂鼓助威。他約集二十多位志同道合的學生，如羅家倫、俞平伯、譚平山等，創辦《新潮》雜誌，提出要有「批評的精神」、「科學的主義」、「革新的文詞」，還為刊物起了英文名稱叫《The Renaissance》，以比於歐洲的文藝復興。傅斯年擔任主任編輯。一九一九年一月《新潮》第一期問世，即傳遍全國，銷量超過一萬冊。《新潮》雜誌「專以介紹西方近代思潮，批評中國現代學術上社會上各問題為職司。」這個雜誌在反封建、反禮教、宣揚新文化、鼓吹文學革命、介紹西方文學等方面，起過不小的作用。它與《新青年》並肩作戰，產生了廣泛深刻的影響。

五四遊行總指揮

一九一九年一月十八日，巴黎和會開幕，以解決第一次世界大戰的締約問題。出席和會的有二十七個國家，中國也在內。但會議由英法美意日五強操縱。中國代表要求從戰敗國德國手中收回山東權益，但列強拒絕了中國的要求，竟在對德「和約」上規定，把原來德國在華權益，轉給日本。五月一日，中國在巴黎和會外交失敗的消息傳到國內。第二天，蔡元培在北大邀集全校教職員開會討論。五月三日晚，怒不可遏的北大學生一千多人在法科大禮堂集會，並邀請北京其他十二所學校代表參加，會上決定進行四項救國活動：其一，聯合各界一致力爭；其二，通電巴黎專使堅持不簽字；其三，通電各省於五月七日國恥紀念日（即一九一五年日本向中國最後通牒，要求中國接受賣國條約「二十一條」的日子）舉行示威運動；其四、於第二天齊集天安門舉行學界大示威。當即推舉各校二十名學生為代表，負責組織工作。山東籍的傅斯年對日本的強盜行徑有切膚之痛，由於在學生中素有威望，被同學們推舉為代表和遊行總指揮。當晚，傅斯年等人幾乎是徹夜未眠，他們趕做了百餘面旗幟供遊行隊伍使用。

第二天，即一九一九年五月四日，為星期日。上午十點，十三校學生代表二十人，由傅斯年主持，商討集會遊行路線諸事宜，達成共識。各校代表立即回校集合學生，下午一點半齊集天安門。參加的學生有三千餘人（當時北京大專學生約二・五萬）。打著「取消二十一條」、「還我青島」、「賣國賊曹汝霖、章宗祥、陸宗輿」等標語。學生一面遊行，一面散發由傅斯年主持的新潮社起草的傳單，提出「外爭主權，內除國賊」的口號。下午二點半左右，傅斯年扛著大旗，率領隊伍來到東交民巷向各國使館抗議示威，要求各國主持公道。使館巡警不放行，派羅家倫等前往交涉，才被允許通過。學生們認為在自己國土上不能表達愛國熱忱，還要受外國使館掣肘，真是奇恥大辱，這都是賣國賊造成的。於是，群情激憤的學生大喊：我們找賣國賊算帳去。傅斯年怕引起過激行為，後果無法收拾，便勸大家冷靜。但學生們義憤填膺，根本聽不進去。傅斯年於是舉起大旗，率學生直奔趙家樓——曹汝霖的住宅。

一路上由於傅斯年等人的維持，遊行隊伍還沒有真正失控。就連外國報紙也給予了充分肯定，說學生們排著整齊的隊伍來到東城趙家樓。曹宅外有兩百名警兵把守，他們雖然荷著槍，但同情學生的愛國行動，只在一旁觀看，有的甚至還給學生指路。學生們闖入曹宅，曹汝霖隱避秘處，藏了起來，來訪的章宗祥正好被學生們抓住，痛打了一頓。接著曹宅起火，大多數學生筋疲力盡，返回學校。曹宅燒起來後，總統徐世昌緊急下令捉人。這時員警總監和步兵統領匆忙趕到，軍警趁機逮捕了三十多名學生。傅斯年因離開現場較早，故未被捕。

再造臺大的元勳

一九一九年夏，傅斯年從北大畢業，秋，考取山東公費留學生。一九二〇年一月他來到歐洲，先後入倫敦大學研究院、柏林大學哲學研究院，學習心理學、生理學、數學、物理以及愛因斯坦的相對論、普朗克的量子論等。他走廣涉群學、先博後專的路子。終於找到了西方科學和中國傳統學術的結合點，即以德國歷史學家蘭克（Leopold von Ranke，一七九五－一八八六）為代表的實證主義學派（考據學派）。傅斯年深信，注重史料的發現和考訂，運用西方科學的理論和方法，清理中國的學術材料，就可以建立科學的「東方學」。

一九二六年冬傅斯年回國，次年出任廣州中山大學教授兼歷史系中文系主任。一九二八年他向新成立的中央研究院建議設置歷史語言研究所。從此他長期擔任史語所的領導工作，並兼任北大教授，在整理「大內檔案」、組織殷墟發掘和學術研究方面都取得了很大的成就，成為中國著名的歷史學家和學術界的領袖，一大批名家學者匯聚在他的麾下。

抗戰爆發後，傅斯年擔任國民參政會參政員，兼任西南聯大教授。他懷著書生報國的激情，主導輿論，討奸禦寇，為抗日救國做了大量工作。他猛烈抨擊國民黨政權的各種弊端，揭露孔祥熙等官僚的貪腐行為，被人稱為「傅大炮」。

抗戰勝利後，傅斯年一度代理北大校長。一九四八年他當選為中央研究院院士和南京國民政府立法委員。一九四九年一月，傅斯年帶史語所遷至臺北，並出任臺灣大學校長。

臺大的前身是日本侵佔臺灣後於一九二八年建立的臺北帝國大學。不過這所日人所建的學校，主要是提供日本殖民政策所需的資料和人力，學生中臺灣人僅占五分之一，其餘都是日本人。一九四五年抗戰勝利，中國收回教育主權，將該校改組並更名為國立臺灣大學。最初的三任校長，政績平平，臺大每況愈下。直到傅斯年接任後，大刀闊斧，進行整頓，銳意改革，並把北大校風帶到臺大，為臺大成為一流名校奠定了基礎。在短短兩年裡，臺大面貌一新，人們把傅斯年視為再造臺大的元勳。

傅斯年大力擴充學校的圖書儀器，為大量增加的學生（從數百人增長到三千人）興建宿舍。當時經費主要來自省政府，然而省府本身也常捉襟見肘。因此傅斯年常直接去找蔣介石要錢。他每上一次陽明山（蔣當時住在那裡），必定滿載而歸。難怪傅斯年在提到胡適（北大校長）時說：「胡適比我偉大，但我比胡適能幹。」

臺大經費來自省府，校長必須到省議會備詢。就在省議會答復質詢時，傅斯年突然發病去世。接任校長的錢思亮（一九〇八—一九八三）原是北大化學系主任。他領導臺大二十年，繼續發揚北大傳統，把臺大辦得有聲有色。直到今天，臺大人仍常拿臺大校園比做北大的紅樓，以承繼北大學術自由、獨立的精神為其校風。

知識窗：今日臺灣大學

臺灣大學是全臺歷史最久，規模最大、聲譽最隆、人氣最旺的一所綜合性高等學府。古樸優雅的校區位於臺北市羅斯福路四段（大安區），面積廣達一百六十公頃。經過正門廣場進入校園，就會看見臺大的椰林大道，椰樹下植滿了杜鵑花，每逢三月花季，百花盛放的景色令人留連忘返。這景色使臺大冠上了「杜鵑花城」的雅號，在此賞花並不比遠赴陽明山感到遜色。校園的醉月湖又使人想起北大的未名湖。此外，大門右側的傅園，是紀念傑出校長傅斯年的地方，也成了臺大的重要地標。看臺灣的愛情小說，很多男女主角都是臺大學生，而現實生活中，很多臺灣名人也是臺大畢業生，例如諾貝爾化學獎得主李遠哲就是其中的一個。至於在臺灣政界財界，臺大人更是數不勝數。

臺大經多年擴充發展，現設文、理、法、醫、工、農、電機等十一個學院五十多個系（其中法律、外文、財會和醫學系都是全臺人氣最旺的熱門系），九十六個研究所（均設碩士班，其中大部分並設博士班），學生人數超過三・一萬人。

校圖書館是臺灣最大的高校圖書館，館舍一．八萬平方米，藏書三百多萬冊，中外文期刊一萬九千餘種，報紙八十二種。早在一九八二年，臺大圖書館就利用電話線路，通過人造衛星直接與美國DIALOG系統相連，讀者可利用終端直接檢索該系統中二百個資料庫的各學科資料。如今聯網查閱資料就更方便了。

臺大附設的教學醫院臺大醫院，是臺灣著名的醫療機構，曾以分割連體嬰兒成功而名噪一時，近年來在臟器移植方面又有新的突破。

臺大在亞洲地區前五十名大學排行榜上曾名列第七或第八位（見香港《亞洲週刊》）。該校與美、歐各國大學來往密切，常有教授、專家、學者應邀前往世界各地參加國際性學術交流活動。學校校風比較開放，學生思想比較活躍，有臺灣「校園運動」的「龍頭」之稱。

兩清華校長　梅貽琦

說到清華大學，我們馬上就會想到北京的那所名校。可是在臺灣新竹，也有一所清華大學，而且與北京的清華一脈相承，因為新竹清華建校的恩公，就是北京清華的老校長、中國著名的教育家梅貽琦。他的一生與清華密不可分，被譽為清華的「終身校長」。有人概括：他畢生的理想是教育，實現這個理想的是清華。

清華「史前期」學生

梅貽琦，字月涵，一八八九年十二月二十九日出生於天津鼓樓西板橋胡同。遠祖梅殷，是明太祖朱元璋第二女寧國公主的駙馬。明成祖時梅氏闔家北遷駐防天津衛。至清末，家道中落。梅貽琦的父親梅臣只中過秀才，後來淪為鹽店職員。梅臣生子女各五人，貽琦為長子。一九〇〇年，隨父母至保定避庚子之亂（八國聯軍入侵）。秋後返津，家當又被洗劫一空，父親失業，生活困難。一九〇四年，梅貽琦以世交關係入天津南開學堂讀書，成為著名教育家張伯苓（一八七六－一九五一）的得意門生。在校期間一直是高材生，一九〇八年畢業時名列榜首，他的名字被刻在南開校門前的紀念碑上。畢業後，被保送到保定「直隸高等學堂」。

一九〇九年夏，清政府招考第一批庚款留學生。梅貽琦以優異成績中取。從此他就與清華結下不解之緣。為什麼這樣說呢，這是因為清華就是就是因庚款而建立的。所謂庚款即八國聯軍庚子年（一九〇〇年）入侵後向中國榨取的賠款。美國分得白銀三千二百多萬兩（合二千四百多萬美元），減去它自稱「實應賠償」部分（軍費等），尚餘一千一百多萬美元。後來美國決定用這筆結餘的款項支持中國派留學生赴美和辦學，以擴大美國在中國的影響。這就是所謂「退款辦學」。一九一一年，用庚款創辦了清華學校，而此前用庚款派出的留學生就被稱為清華「史前期」學生，共三批，梅貽琦名列第一批，後來又成為清華的教師、校長，與清華結下終生不渝的「血緣」關係。

一九〇九年十月梅貽琦赴美，入吳士脫工業大學（Worcester Polytechnic Institute）習電機專業。該校位於美東波士頓附近的伍斯特，建於一八六五年。梅貽琦在校期間勤苦攻讀，一九一四年畢業。次年，回國不久即應母校清華之聘來校任教。

清華校長十七年

一九一一年四月二十九日，清華學堂在北京清華園正式開學。創辦時，設高等科和中等科，各四年，其中高等科的三、四年級，實際上是美國的大一大二，或相當於美國的初級大學（Junior College）。當時主要是培養留美預備生，到美國後，插入大學三年級。一九二五年清華設立大學部，開始招收四年制大學生，向完全大學過渡。這時，梅貽琦擔任物理系的「首席教授」。一九二六年，他由全體教授公選為教務長。

一九二八年夏，改稱國立清華大學。南京政府電委梅貽琦代理校務。八月，羅家倫（一八九七－一九六九）接任校長。十一月，因清華留美學生監督處財務發生混亂，梅貽琦被派赴美接任留美監督。一九三〇年，羅家倫去職，清華校長連續易人，連續被趕，梅貽琦一九三一年奉調回國接任校長，澈底結束了清華校長久不穩定的局面。他連做十七年校長，開創了大陸時期清華歷史上的「黃金時代」。

梅貽琦在就職典禮上說「所謂大學者，非為有大樓之謂也，有大師之謂也。」他治理清華的經驗主要有兩條：一是師資人才的嚴格遴選和延聘，二是推行一種集體領導的制度，就是成功地建立了由教授會、評議會和校務會議組成的行政體制。他羅致了一批有學術名望的教授，如吳晗、聞一多、華羅庚、顧毓秀等，並吸收教授參與教學行政管理工作。還添辦了工學院，增蓋了不少建築，加上學校經費每年有一百二十萬元的固定收入，能保持相對穩定的發展。在他的領導下，清華大學在教學與學術工作以及物質建設各方面，取得了前所未有的大發展，使清華躍居國內數一數二的水準，成為國內外知名的學府。

一九三七年，抗日戰爭爆發，清華、北大、南開南遷。初於長沙聯合組成「臨時大學」，半年後又西遷昆明，組成「國立西南聯合大學」。梅貽琦與北大校長蔣夢麟、南開校長張伯苓等組成「聯大常委會」，梅貽琦任主席。聯大成立後，蔣、張二人先後去重慶政府任職，梅貽琦則始終堅守校內，師生都親切地稱他為「梅常委」。「偏安」八年，梅貽琦進一步發揮了他的辦學才幹，使聯大師生能夠在極端困難的情況下，「盡笳吹，情彌切」，團結具有不同歷史、不同學風的三校師生，「終和且平」，在校學生達到三千人的規模，為國家民族保存了元氣，造就了一代人才，被中外人士稱為中國戰時教育的奇跡。楊振寧、李政道、鄧稼先、朱光亞、黃昆、任繼愈等中外著名的科學家和學者就是那一時期的學生。

抗戰勝利後，梅貽琦組織三校師生北上復員，三校各赴故址，清華師生回到清華園。可是由於內戰，學校無法進一步發展。一九四八年十二月，梅貽琦離校出國，開始了他生命的最後一段歷程。在他任校長的十七年裡，清華大學得到長足發展，全校設有文、理、工、法、農等五個學院二十六個系，在校師生從幾百人增加到二千四百多人。

創辦新竹清華

一九四九年，梅貽琦來到美國紐約，擔任華美協進社（China Institute in America）的常務董事。華美協進社是中華教育文化基金會的駐美機構，清華在美的一大筆庚款基金就由它管理。梅貽琦曾對人說過：「我一定要走，我的走是為了保護清華的基金。假使我不走，這個基金我就沒法子保護起來」。

一九五五年，梅貽琦去了臺灣，開始用清華基金款籌辦清華原子科學研究所，並定出「復校」的步驟：先恢復研究院，以原子科學為主，設立三至五個研究所……。梅貽琦親自率員幾乎踏遍全島，最後選定新竹縣赤土崎為校址，為慎重起見，梅貽琦曾七次前往勘察，才作出最後決定。

復校規劃和校址決定後，梅貽琦便全身心地投入這一繁重而艱巨的工作。一九五六年一月起，新竹興建第一批校舍。秋，新的清華大學招收第一班原子科學研究生，暫借臺大上課。一九五七年，新竹首批校舍（辦公樓、教授住宅、職員、學生宿舍）完工，秋季開始在新竹上課，招考第二批研究生，並開始興建物理館及加速器實驗室。一九五八年五月，物理館落成，原子爐基地破土動工。一九五九年秋，興建核子科學館和放射性同位素實驗室。一九六〇年以上工程均完工。一九六一年四月，原子爐裝置完成，臨界試車順利。九月，科學儀器館及物理館擴建工程開工……這種建設速度，被臺灣學界稱為「魔術師般的神速」。

在新竹清華大學建校過程中，梅貽琦仍本其一貫原則，把羅聘高水準學者和教授置於工作的首位。有的本不願來，最後被他禮賢下士的誠懇態度所感動，終於來做長期或短期的教學、講學或協助興建實驗室工作，其中包括袁家騮、陳省身、孫觀漢等人。

一九六二年一月一日，梅貽琦在病榻上按動原子爐啟運轉的電鈕。二月當選為中央研究院院士。一九六二年五月十九日，梅貽琦逝世。在病危住院期間，有一個加鎖的手提包一直在他的病榻下，誰也不知道裡面裝的是何物，也不好問他。他死後，秘書立刻加封，後來組織專門人員啟封，原來全是清華基金的帳目，一筆一筆，清清楚楚。

他故去後，新竹清華原子爐即命名為「梅貽琦紀念館」。新竹十八尖山之麓，清華大學之苑，建有梅氏墓園，曰「梅園」。園內建有墓碑兩座，一座正面是蔣介石的挽額「勳昭作育」四字，背面是「褒獎令」；另一座正面是羅家倫寫的「梅校長貽琦博士之墓」，背面是蔣夢麟撰寫的碑文。墓的左側建有「梅亭」。園內有校友集資所植各種名貴樹木，初植時包括杏梅二百八十七株，梅花二百四十一株，現在早已成林，曰「梅林」。

知識窗：新竹清華交大與科學園區

令新竹人自豪的是，該市擁有兩座赫赫有名的高等學府：清華與交大。兩校都位於十八尖山北麓，只有一牆之隔。

臺灣的清華與北京的清華大學本是同根，一九五六年成立，梅貽琦為首任校長。如今臺灣清大已有七個學院，十七個系，十九個研究所，八千多名學生，以物理、化學、核子工程享有盛譽。校園占地一百〇一公頃。園內花木扶疏，草圃平整。植有荷花的成功和昆明兩湖，如一對明鏡，水波粼粼。另有梅園一處，是梅貽琦埋骨之處。園中廣植梅花和李樹，芬芳撲鼻。整個清華園幽雅清靜，是學子們讀書成才的好地方。諾貝爾化學獎得主李遠哲曾是清華研究生。

臺灣交通大學與上海交大，西安交大、西南交大、北方交大堪稱五朵金花，同是清末一八九六年創辦的南洋公學後繼者。臺灣交大一九五七年在新竹成立，現有八個學院一萬餘學生，電子專業科系執臺灣高校之牛耳，是培養電腦人才的中心之一。

兩校附近，還有一家全臺最重要的應用研究和科技開發中心——工業技術研究院（簡稱工研院）。正是靠了臺灣清華、交大兩座高等學府和人才高度集中的臺灣工研院，新竹才得以振興，開闢了臺灣第一個科學工業園，為世界著名的高科技重鎮，電子和電腦工業尤其發達，號稱臺灣矽谷。

物理學前輩　吳大猷

最早榮獲諾貝爾獎的華人是楊振寧、李政道，他們因推翻宇稱守恆定律在一九五七年獲得物理獎。這兩位科學家抗戰時都曾在西南聯合大學物理系求學，他們的老師就是一代物理學大師吳大猷。吳大猷被譽為中國物理學之父，畢生獻身科學研究和教育事業，為中國科學發展作出了重大貢獻，在世界物理學界享有盛譽。

吳大猷一九〇七年九月二十九日生於廣東番禺縣。一九二九年畢業於天津南開大學，一九三一至一九三三年在美國密歇根大學獲得碩士和博士學位。一九三四年秋起擔任北京大學物理系教授。在北大任教的三年中，除開設理論物理、古典力學（即經典力學）、量子力學等課程外，並開始在大學中開展科研工作，推動了光譜學的研究工作。在初創的工作條件下，他自己就先後發表過十四篇論文。一九三九年吳大猷綜合其研究成果，撰寫專著《多原子的機構及其振動光譜》出版，作為慶祝北大建校四十周年的紀念。

抗日戰爭開始後，他輾轉到成都，在四川大學短期任教後前往昆明，從一九三八年夏起任西南聯大物理系教授。在此任教期間，以講授近代物理最為出色。儘管戰爭年代生活和工作條件都很惡劣，他依然堅持進行科研工作，發表了十七篇論文；並指導青年教師和研究生，培養出一批物理學的人才，其中許多人創造了優異的成績。吳大猷是一位受人敬重的物理學教授。當李政道和楊振寧得知他們獲諾貝爾物理獎時，不約而同地向吳大猷老師報喜並致謝。

在吳大猷的優秀學生中，除了楊振寧、李政道以外，還要特別提一下中國的兩彈元勳鄧稼先（一九二四－一九八六）。他在西南聯大畢業後不久，又於一九四八年赴美留學，一九五〇年獲普度大學博士學位。回國後從事核子物理研究。一九五八年他組織領導基礎研究，對原子彈的物理過程進行大量類比計算和分析，從而邁開中國獨立研究設計核武器的第一步。他領導完成了中國第一顆原子彈的理論方案並參與指導核子試驗前的爆轟類比試驗，組織領導了氫彈設計原理、選定技術途徑的研究，組織領導和參與了一九六七年中國第一顆氫彈的研製和試驗。他作為兩彈研製的主要參加者，獲得一九八二年全國自然科學一等獎和國家科技進步獎特等獎。一九八六年六十三歲去世。

一九四六年春，吳大猷應政府的邀請，赴美考察戰後科學發展的情況，並計畫籌設科學研究的機構。他帶到美國的助手，有朱光亞和李政道兩人。此後吳大猷曾在美國加拿大多所大學和研究機構從事教學和科研工作。朱光亞在美國密歇根大學獲得博士學位後回國，在大陸兩彈事業中也做出了重大貢獻，一九九四年被選為中國工程院第一任院長。

一九四八年，吳大猷當選為中央研究院第一屆院士。當時選出的院士共八十一人，可以說是中國歷史上最早的一批科學院院士。一九五六年以後，吳大猷經常回臺灣講學，一九六七年起在臺灣擔負策劃及推動科學發展的重任。一九八四年他出任臺灣中央研究院院長。

吳大猷對於臺灣科學發展的最大貢獻，是培養了相當多的科技人才。當年蔣介石擔心人才外流，曾考慮禁止出國留學。吳大猷當面力陳不可，得以繼續開放學生出國留學，為臺灣培植了相當多國際人才。他更大的貢獻，是在相當重視國防等應用科技發展的當年，堅持向政府爭取發展基礎科學教育，臺灣現今有如此充沛的科技產業人才資產，就是他當年爭取的成果。當年胡適向蔣介石引薦吳大猷回臺工作，就曾形容過「五四後中國發展需要『德先生』（Democracy民主）與『賽先生』（Science科學），他本人可以致力於哲學思想的更新，為中國鋪下德先生的路，但如果臺灣要賽先生，就必須由另一個人來做，那就是吳大猷」，吳大猷就因此回到臺灣，確實也為臺灣日後的科技產業發展奠定了最豐厚的基礎。

七〇年代初，時任行政院長的蔣經國等人很想研發原子彈，與大陸對抗，希望吳大猷支持。以吳大猷的地位，只要他贊成，立刻可以成為計畫主持人。但吳大猷堅決反對。他寫了一份詳細的報告給蔣介石。報告中指出，臺灣不但沒有人、沒有錢，也沒有發展飛彈（導彈）的能力；即使都做成了，也沒有地方試爆。「難道抱著原子彈坐在家裡嗎？」再加上美國反對，臺灣想做原子彈是「胡鬧」。吳大猷如是說。但是，對於和平利用原子能，吳大猷積極推動，一九七七年，第一座核電廠，在臺北縣石門鄉建成。吳大猷任職中研院長期間，陸續推動設立了原子科學研究所、分子生物研究所、生命醫學研究所，並建立許多制度，使中研院突破瓶頸，達到一定規模。

一九七五年吳大猷將他歷年教學講稿整理成《理論物理》，共七冊：包括古典動力學、量子論與原子結構、電磁學、相對論、熱力學及統計物理學、量子力學（二冊），在臺灣出版。這部書由李政道介紹在北京重印，並寫了序言。李政道在序言中指出：「他的這一部《理論物理》，包括了『古典』至『近代』物理的全豹，一九七七年初，在臺灣陸續印出。這幾年對該省和東南亞的物理教學界引起了很大的影響。」

一九八三年六月吳大猷參加了在新加坡舉行的第一屆亞洲－太平洋地區物理學大會，這是亞太地區物理學家的一次空前盛會，使遠隔重洋的同事、師生和同學歡聚一堂。其中吳大猷、周培源（一九〇二－一九九三，曾任北大校長）是西南聯大的教授，楊振寧、黃昆、李蔭遠（中國科學院院士）是西南聯大的學生。黃昆（一九一九－二〇〇五）在吳大猷指導下獲碩士學位，一九四五年赴英，一九四七年獲布里斯托爾大學博士學位。他回國後成為中國固體物理學先驅，中國半導體技術奠基人，二〇〇一年榮獲國家最高科學獎。

一九九四年吳大猷卸任中研院院長職務，交棒給李遠哲。二〇〇〇年三月四日，吳大猷在臺大醫院病逝，享年九十四歲。在公祭會上，楊振寧、李政道和李遠哲等三位諾貝爾獎得主為他覆蓋上中研院旗。臺北胡適公園裡立有吳大猷紀念碑。

知識窗：榮獲諾貝爾獎的華人

最早榮獲諾貝爾獎的華人是吳大猷的的學生楊振寧、李政道，一九五七年獲物理學獎。

一九七六年丁肇中獲物理學獎

一九八六年李遠哲獲化學獎，一九九四—二〇〇六年擔任中研院院長

一九八九年達賴喇嘛獲和平獎，一九三六年出生於青海省西寧附近

一九九七年朱棣文獲物理學獎

一九九八年崔琦獲物理學獎

二〇〇〇年高行健獲文學獎，現住法國

二〇〇八年錢永健獲化學獎

二〇〇九年高錕獲物理學獎

二〇一〇年劉曉波獲和平獎

二〇一二年莫言獲文學獎

二〇一五年屠呦呦獲生物醫學獎

紅衣主教、輔大校長　于斌

在中國大陸，很長一段時間，把宗教視為迷信和落後的東西，因為馬克思說過「宗教是麻醉人民的鴉片」，因為共產黨是無神論者。提到天主教，甚至與帝國主義的文化侵略相聯繫，似乎天主教人士都有美國和梵蒂岡的特務嫌疑。記得文革期間，西安小南門附近有一座天主堂被查封，神父修女統統被掃地出門，原址改成糖果廠，直到十年浩劫後才發還教會。對於中國的天主教活動，人們所知甚少。其實早在明朝後期，天主教就傳到東方，傳教士利瑪竇對中西文化交流起到相當大的推動作用。今天每個中學生都要學習的幾何學，最初就是明代科學家徐光啟（天主教徒）在利瑪竇的幫助下翻譯成中文的。至於于斌，一般人對他的事蹟毫無瞭解。因為即使在卷軼浩繁的《中國大百科全書》裡也才只有一句話提到于斌，即在「公教進行會」（天主教在俗教徒組織）條目中有「于斌曾出任總監」這七個字（見宗教卷）。

于斌就這樣微不足道嗎？否！他其實是中國天主教史上的重要人物。他是教育家、慈善家、外交家，並且還是位大宗教家，是地位僅次於教皇的教廷親王，即有資格選舉和被選為教皇的樞機主教，也就是俗稱的紅衣主教。他熱愛中國，熱愛民族，在抗戰期間，在興辦教育方面，都做出過很大的貢獻。到了臺灣，同樣熱心公益，使歷史悠久的輔仁大學在臺復校。下面就對于斌的一生做個簡要介紹。

從豬倌到主教

于斌一九〇一年四月十三日誕生於黑龍江蘭西縣，從小聰慧過人。不幸在六七歲時父母雙亡，由祖父母撫養長大。他的祖父是懸壺濟世的中醫。生活並不富裕，于斌也和其他鄉村少年一樣去放豬牧羊，但有機會進私塾接受教育，上小學。晚年他常津津樂道做過豬倌羊倌，且用「朝為放牛郎，晚登天子堂」的詩句感謝上蒼。

于斌十一歲那年，全家遷往海倫縣海北鎮定居。當地有法國教士傳教，居民多為天主教徒。于斌全家也領洗皈依天主。于斌取教名保祿。當時他見家鄉為俄國人所欺辱，便自號「冠五」，意欲中國能強盛成為五大洲之冠。十六歲時，因目睹日俄兩強蹂躪東北，遂憤而改號「希岳」，希望能效法岳飛禦敵救國的精神。由此可見，于斌未及弱冠之年，便已將國家之事當作己任。在他年屆十八歲時，已成長為風度翩翩美少年，身材挺拔，高大魁梧，氣宇軒昂。那時中國正逢五四運動如火如荼，漫燒全國。在黑龍江省第一師範就讀的于斌，以他超群出眾的口才和領導才能，被推選為學聯團長，投入到救國濟民的行列中去，多次在街頭發表演說而風靡省城。當時的黑龍江督軍準備逮捕他，于斌被迫輟學，返回家鄉，當了一段時間綢緞鋪的夥計。

由於于斌親身參與過「五四」運動，他悟出國困民窮，全在於閉關自守科學落後所致。他認為欲想救國，則須先學習西方思想、科學為前提，而當時國人接觸西方之惟一可行捷徑，則是結識來自西方的傳教人士。況且于斌早已入教，廣得西洋文化的薰陶，值此國難當頭之際，心想只有自己切身力行，努力習取西學，才是救國救民的途徑，於是發出宏願，以「興教救國」作為他終身奮鬥的目標。

但身為于家長房獨子的他，欲想出家傳教，立即遭到全族人的極力反對，幸好祖母鼎力支持，于斌如願獻身神職。他又深受施洗者約翰「曠野呼聲」傳教精神的感動，便再改號為「野聲」，並發誓永不再改。

這樣于斌順利進入吉林神羅修道院，學習時間共四年，先在小修道院學習基礎課程拉丁文，中間到上海震旦大學預科學習法語一年，然後再回到吉林的大修道院學習神學。

一九二四年，于斌二十三歲，被保送到羅馬傳信大學研讀，一九二五年獲哲學博士學位。一九二八年，他成為神父。一九二九年，于斌又獲神學博士學位。一九三一到一九三三年，他在梵蒂岡圖書館擔任管理員，負責中文部的書目、檔案，有機會研讀館藏的大批中國古籍。一九三三年，他擔任羅馬傳信大學中文教授，講授中國哲學和中國文化史。同年又獲得他的第三個博士學位——義大利伯魯日大學（Perugia，又譯佩魯賈）政治學博士。

一九三三年，于斌離開已經居留十年的羅馬。回國後擔任中華全國公教進行會總監。他擁有三個博士頭銜，精通拉丁、英、法、德、意、西、葡等十一種語言，又頗有口才和組織策劃能力，次年受聘北京輔仁大學董事長及倫理學教授。

一九三六年，三十五歲的于斌被教皇任命為南京教區主教，成為中國最年輕的主教。

爭取外援為抗戰

早在日本侵華迫在眉睫的時候，于斌就發起「獻機」運動（捐獻飛機），許多人因此改變了天主教徒不愛國的成見。一九三七年，抗日戰爭爆發，于斌隨政府西遷重慶，主持難民救濟工作，又發起捐獻百輛救護車的運動。

于斌學貫中西，學識超群，外語極佳，在海外聯繫廣泛。著名軍事家蔣百里曾以外交奇才，「一個于斌可抵十萬大軍」的推崇贊言極力向蔣介石推薦。于斌因獲外交重任，抗戰期間，曾八次前往歐美國家，行程二十萬英里，發表兩百多次演說，籌集到大量捐款，並使不少原來受日本片面宣傳的歐美人士轉變了看法，表示支持中國抗日戰爭。他還三次面見羅斯福總統，爭取同情和援助。中國得到的第一批美援就是于斌的功勞。一九三八年于斌被國民政府聘為國民參政會參政員。

于斌譴責日本軍國主義者「侵入國土殺人、放火、刮地皮」，他不是號召教徒要「忍受」，對仇敵要「愛」，而是號召教徒「絕不能袖手旁觀」，宣傳「參加抗戰就是愛人精神的積極表現」。他多次親自率眾赴前線慰勞抗日官兵，以鼓舞士氣，又親領天主教醫護人員不時出生入死，前赴戰場進行救護工作。與此同時，于斌還運用媒體，以廣播電臺及發行報紙雜誌來鼓舞國人的抗日決心，為此觸怒了敵人，日軍不惜以天價二十萬美金來懸賞他的首級。于斌雖未出事，卻殃及到他的四叔被日寇迫害致死。

一九四三年，于斌赴美國，在華盛頓創辦中美文化協會，促進美國人對中國的瞭解。特別重要的是，于斌在華盛頓積極活動，最終促成美國政府修改移民法。以前，華僑在美國不能享有永久居留權，不能購置不動產，男子到美國不能帶妻子，因為怕有中國孩子生在美國而成為美國公民。于斌發動不少美國友好人士作證，批評這種歧視性做法不僅傷害了中國人，等於供給日本五百架轟炸機，也深深損害了美國的聲譽，必須立即修改。于斌爭取到一批國會議員及眾議院議長的支持。一九四三年修改了移民法，每年准許一定數量的華人移民到美國，並取得永久居留權。自此以後，美國移民法逐漸有利於華人。今天，美國已有三百多萬華人，追根尋源，不能忘記于斌的功勞。

百年樹人辦教育

于斌曾說：「十年樹木，百年樹人，辦教育是我終生的志願」。他在年少時已深切體驗到中國之衰敗，是因為缺乏西洋科學之所致，故於一九三六年在國內各城大肆興建教堂，以便充分運用教堂場地，以傳教的方式來舉辦各種文化、學術等有意義的交流活動。

抗戰勝利後，于斌眼見國內百廢待興，深知應及時培儲人才以應社會之需。故以他當時在國際間的威望和殊譽，取得歐美各國的多項獎助學金，因此得以協助四五千名青年學子出國深造。數年後，這批菁英有不少學成歸國，回饋社會及報效中國。一些留在國外的，也有突出的表現。歐華作協會員、西班牙文友張琴的先生米格爾・張（一九三一－二〇一三）就是其中的一個。原名張寶清的他一九四八年安慶高中畢業，是由于斌保送國外深造的七個安徽學生之一。在西班牙藝術院校畢業後幾十年來，他與斯皮爾伯格、大衛・林奇等諸多國際大牌導演合作，擔任攝影師和美工師任務，負責設計不同時代與地區的佈景、陳設和道具。曾參與設計製作的電影上百部，其中絕大部分是美國好萊塢和英國的巨片。他在中西文化交流方面也作了許多工作，為人們所稱道。

一九五四年，于斌來到臺灣，仍然非常關心教育事業。他原先擔任過北京輔仁大學董事長。輔大原是天主教學校，劉少奇（原中國國家主席，被毛澤東所打倒）夫人王光美就是在這所學府畢業的。一九四九年後該校被取消，劃歸北京師範大學。一九五六年，輔大校友上書教廷呼籲在臺復校。教廷對此計畫極表贊同，唯缺開辦鉅款無法頒令，當時教皇認為只有委派蜚聲國際的于斌，才能勝任復校工作。于斌接令後即刻為建校事宜馬不停蹄，風塵僕僕地走訪世界各國，籌資創校。在短期內籌得美金九十萬，連同教廷撥付的十萬，湊成百萬美元，這在當時是一筆鉅款。由此，輔仁大學復校之事方獲教廷批准。那巍峨壯觀、建築一流的輔大校舍，終於在臺北新莊一磚一瓦順利落成。

于斌在輔仁大學擔任校長十九年。他效法聖方濟各的淡泊生活，以身作則，將每月校長薪俸悉數捐出辦校。在他含辛茹苦孜孜教誨下，成千上萬的莘莘學子，得到一流的高等教育。輔仁大學在短短幾年內得以晉入全臺名校之列。如今在校學生已達兩萬多人。

由於在傳教和辦教育等多方面的功績，一九六九年，于斌晉升為樞機主教，即紅衣主教。在十億人的天主教世界，大約只有上百位。教皇就從樞機主教中選出。于斌是中國歷史上的第二位紅衣主教（第一位叫田耕莘）。一九七八年，教皇保羅六世駕崩，八月九日于斌飛往羅馬參加奉安大典及新教皇選舉。八月十六日，突感心臟不適，急救無效，與世長辭，享壽七十八歲。兩天後，教廷在聖彼得大教堂舉行追思彌撒，參加的紅衣主教共九十四位，于斌的辭世，極盡哀榮。

于斌逝世後，奉安於輔仁大學校園。在臺灣，安葬於校園的，除了于斌外，只有北大前校長、臺大校長傅斯年，北京和新竹兩清華校長梅貽琦，才享有這樣的殊榮。

如何評價歷史人物

說到這裡，本文就可以結束了。但我還要補充幾句。一九四八年十二月，在三年內戰共產黨即將獲勝之際，毛澤東提出蔣介石、李宗仁等四十三人的戰犯名單，意猶未盡，在一九四九年一月又補充了十四人的第二批名單，其中就有胡適和于斌。歷史往往是勝利者撰寫的。以黨劃線，對手就是戰犯，可以理解。但令我百思不解的是，胡適和于斌，還有四十三人名單中的顧維鈞，都是手無縛雞之力的文人，並沒有帶兵打仗啊！我怎麼也無法把他們與戰犯畫等號。而欽點的戰犯身分，大約就是這些對國家民族有功的人士長期受批判、乃至被湮沒的原因。今天國共內戰已經過去六十多年了。我們要以一種全新的思維和角度，看待和評價歷史人物，不能以黨劃線，而要以國劃線，看他對國家，對民族的貢獻。于斌樞機就是這樣一位對國家和民族卓有貢獻的宗教界人士，值得我們尊敬和紀念。

知識窗：天主教廷梵蒂岡

于斌曾擔任樞機主教，即紅衣主教。在十億人的天主教世界，大約只有上百位。

天主教是基督教最大的教派（基督教分天主教、新教、東正教三大派）。基督教誕生於以色列。相傳耶穌死後，他的大弟子彼得來到羅馬傳教，殉難於梵蒂岡，被倒釘死在十字架上。以後的羅馬主教便以彼得的繼承人自居。由於他住在京城，實力雄厚，逐漸取得高於其他主教的地位，成為教皇（拉丁文papa，原意為父親，也稱教宗）。西元七五六年，法蘭克王丕平為報答羅馬教皇的支持，把義大利中部大片土地送給他。這就是歷史上有名的「丕平獻土」。從這時起，教皇才擁有一塊像樣的領土，有了自己的國家，即「教皇國」。義大利統一後，教皇國國土縮小到羅馬市內的梵蒂岡一隅，因而教皇國也稱為梵蒂岡。

梵蒂岡是世界上最小的國家，東西長一千米，南北寬八百多米，面積只有四十四公頃，相當於北京天安門廣場大小。國土以聖彼得大教堂為中心，正面是大廣場，背面是宮殿和花園，側面是梵蒂岡宮（包括博物館和圖書館），繞全國走一圈用不了一個小時。教皇是梵蒂岡的國家元首，手下國民不到一千，但卻是全世界十億天主教徒的精神領袖。若從聖彼得算起，現任教皇方濟各（原籍阿根廷）已經是第二百六十六任教皇了。教皇任職終身，死後由紅衣主教團以三分之二多數選出新教皇。

梵蒂岡國很小，但作為獨立國家，國旗、政府、軍隊、郵政等一應俱全。行政權由教皇任命國務卿（相當於總理）來行使。梵蒂岡城國也有外交部長（稱對外關係秘書），並與世界上一百多個國家互派大使，其中包括中華民國。

西斯廷小教堂作為梵蒂岡博物院的一部分，平時任人參觀，只有在教皇去世時關閉幾天。在此期間，所有紅衣主教集中在這裡開會，選舉新教皇。

文壇名人

《臺灣通史》作者　連橫

甲午戰爭後，日本竊取我中華領土臺灣。當日本殖民者為了鞏固其統治秩序在臺灣大搞「日臺同化」的時候，《臺灣通史》出版了。《臺灣通史》是連橫所寫的一部具有強烈民族精神的歷史著作，閃爍著愛國思想的光芒，在臺灣同胞抗日鬥爭史上佔有一定的位置。

嘔心瀝血寫青史

連橫，號雅堂，又號劍花，一八七八年（清光緒四年）正月十六日出生於臺南市寧南坊馬兵營一個儒商家庭。連橫的祖籍是福建龍溪，明末清初先人遷移臺灣，傳至連橫為第七代。連家歷代都是飽學之士，可說是書香世家，連橫也承襲了好學的家風，加上他資質聰慧，自幼就顯現出非凡的氣質。由於家住臺南，府城是臺灣文風最盛的地方，連橫沐浴在濃厚的人文氣息中。他的父親也時常教導他閱讀古籍，培養他在經史上的造詣，並且一再提醒：「你是臺灣人，就應該知道臺灣的歷史」。

日本侵佔臺灣時，連橫才十七歲。臺灣成了日本的殖民地，連橫也從中國人變成了亡國奴。父親這時也隨之去世，宅院亦因日本人新築法院，遭毀遷移。國難家憂，使他陷入極度痛苦之中。連橫曾寫下兩句極為愴痛的詩句，描述當時悲憤的心境：「馬兵營外蕭蕭柳，夢雨斜陽不忍過。」

日本總督府建立後，大力推展日文教育，希望同化臺灣人，讓大家忘了中國而只知向天皇效忠。「哎，這種愚民政策實在太可惡了！」連橫深深感到「滅人之國，必先去其史，……絕人之材，湮塞人之教，必先去其史。」他擔心臺灣歷史文化之亡，決心進行搶救，他發誓從事歷史著述，為保衛民族文化、臺灣歷史而鬥爭。一九〇八年，他開始動手這項工作。

一九一一年，孫中山領導的辛亥革命成功，滿清皇帝宣布退位，中華民國正式成立。對於新時代的來臨，連橫有著無限欣喜：「我們是亞洲第一個共和國，我要到上海去看看」。在上海，他遇到許多文人雅士，大家一起談論時政，提筆寫作，把對國家民族的熱愛，放縱在字裡行間。之後，他又遊歷了大江南北，並且進入清史館工作。就在清史館裡，連橫接觸到大批臺灣史料，對於日後《臺灣通史》的寫作，有著重要的影響。

連橫在一九一四年返臺，開始專心寫作。一九一八年他終於寫成了《臺灣通史》這部巨著。連橫雖然不是拋頭顱、灑熱血的抗日義軍，但他以寫作對抗日本，以文章喚醒民族情操，同樣具有重要意義。

臺灣的《史記》

連橫積數十年之力，搜集有關臺灣的中外文獻、檔案和傳聞，保存仁人志士抗日保臺的事蹟和史料，仿照司馬遷《史記》的體例，寫成了《臺灣通史》。全書有紀四，志二十四，傳六十，總計八十八篇，近六十萬字。敘事上追隋唐淵源，下至甲午割臺，凡約一千三百年的史事，有關臺灣的政治、軍事、經濟、物產、風俗、人物等等都有論列，史料豐富，體例完整。對於大陸人民開拓臺灣與臺灣人民抗擊荷、英、法、日等帝國主義的侵略戰爭敘述尤為詳細。該書於一九二〇至一九二一年分三冊在臺出版。問世後又多次在海峽兩岸出版發行（如商務印書館一九八三年出版的簡體字版，分為上下冊）。章太炎先生讀後，稱讚《臺灣通史》為民族精神所附，定為必傳之作，給與高度的評價。

連橫在《臺灣通史》序文中說：「夫臺灣固海上之荒島爾，篳路藍縷，以啟山林，至於今是賴……續以建省之議，開山撫番，析疆增吏，正經界，籌軍防，興土宜，厲教育，綱舉目張，百事俱作，而臺灣氣象一新矣」，充滿對先民開發臺灣的自豪和對家鄉臺灣的熱愛。他在序中又寫道「夫史者民族之精神，而人群之高抬貴手也。代之盛衰，俗之文野，政之得失，物之盈虛，均於是乎在。舉凡文化之國，未有不重其史者也，古人有言，國可滅，而史不可滅。……然則臺灣無史，豈非臺人之痛歟！」。作者志在為臺灣留下「歷史」，其苦心，使人同情和敬佩。在《臺灣通史》中，連橫詳細敘述了漢人來臺經營、鄭成功建立政權、清朝將臺灣建省以及割臺後的抗日事蹟等。他冀望民族精神於不墮，並寄託著民族復仇的思想。在書中對於反抗日本侵略者佔領臺灣的鬥爭，放聲歌頌。他為許多抗日志士立傳，高度讚揚抗日義軍領袖吳彭年、徐鑲等人。連橫認定，日據時代斯土雖由日人統治，但臺灣精神長存，故民族文化不滅，民族復興必然實現。

病逝於大陸

連橫除了撰寫《臺灣通史》這部巨著，還努力提倡漢文學，以保衛中國的文化遺產。在這方面他的著作甚多，如《臺灣語典》、《臺灣詩乘》、《臺灣漫錄》、《臺灣古跡誌》、《閩海紀要》、《劍花室文集》等，他那熱愛中國文化的形象，躍然紙上；他那情辭懇摯感人的語詞，像金石擲地，響亮有聲。

一九二七年連橫在日人禁用中文的情況下，創設「雅堂書局」，專賣中國圖書和文具。一九三一年日軍發動九一八事變，佔領東北，次年進攻上海，連橫對局勢十分憂心。他對兒子連震東說：「欲求臺灣之解放，須先建設祖國。余為保存臺灣文獻，故不得不忍居此地。汝今已畢業，且諳國文，應回祖國效命」，令其回大陸服務，兩年後，全家內渡回大陸定居。一九三六年六月二十八日連橫在上海病逝，享年五十九歲。病逝前遺言子媳：「今寇焰逼人，中日必將有一戰，若生男則名連戰」，寓有自強不息，克敵制勝意義，有復興故國，重聚家園的光明希望。連橫去世後兩個月，孫子就出生了，這就是後來曾任國民黨主席的連戰。

第二年果然發生了七七事變，抗日戰爭全面爆發。經過八年的苦戰，日本戰敗投降，結束了在臺灣半個世紀的殖民統治。連横生前未能見到臺灣光復這一天。但他的《臺灣通史》等手稿家人一直隨身攜帶，在抗戰中走遍大半個中國，光復後帶回臺灣。連横的遺骨也得以歸葬臺灣。一九九五年十二月五日連戰把祖父的手稿捐獻給設在臺北的國立歷史博物館，而連横的《臺灣通史》，是後人研究臺灣史時最重要、最詳盡的文獻。

二〇〇八年十二月十八日浙江省杭州市連横紀念館由連横的孫子連戰揭幕開館。它設在於北山街葛嶺路十七號瑪瑙寺。一九二六年時，連横曾借居西湖瑪瑙寺一年多的時間，住在寺中研究整理文史資料，著書記說，並留下「他日移家湖上住，青山青史各千年」的詩句。由於寺中收藏有與連横相關的珍貴史料，因此大陸方面與連戰商議，決定無償出借瑪瑙寺做為連横紀念館的館址，常駐展出與連横相關的史料，以及臺灣的歷史文物，供大陸人民參觀認識臺灣文化。

知識窗：連戰的和平之旅

連横的孫子連戰留美獲博士學位，回到臺灣後一九七五年進入政界，一九八一年四十五歲時出任交通部長，歷任行政院副院長、外交部長、臺灣省政府主席、行政院院長，副總統，政績卓著。二〇〇〇年大選中，由於泛藍選票分散，國民黨敗選，失去執政權。連戰臨危受命，擔任國民黨主席。二〇〇四年臺灣大選中，連戰與宋楚瑜組成「連宋配」競選臺灣領導人。「泛藍」力量凝聚在一起，聲勢高漲，民調一直顯示藍軍占上風。但就在選舉投票的前一天，即三月十九日，一件疑似槍擊案改變了選舉的結果。結果又使國民黨重新執政的機會功虧一簣。

時至二〇〇五年，在卸任國民黨主席之前，連戰決心訪問大陸。四月二十六日下午連戰率領國民黨大陸訪問團一行六十人，飛抵南京，開始了中國國民黨時隔半個多世紀的首次大陸之行。他們應中共中央和胡錦濤總書記的邀請，在大陸進行了八天的訪問。

在首站南京，他們拜謁了中山陵，參觀了總統府。在北京，參觀了故宮，連戰在北大進行了演講，一個多小時的演講引發大家十六次鼓掌。演講伊始，連戰就表示，來到母親三十年代讀過書的校園，自己感到溫馨而榮幸，臺灣媒體說我今天回母校——「母親的學校」，這是一個非常正確的報導。禮堂裡頓時掌聲響起。

二〇〇五年四月二十九日下午三時，一個閃亮史冊的時刻來到了。在北京人民大會堂，中共中央總書記胡錦濤、中國國民黨主席連戰兩人的手緊緊地握到一起。這是兩黨關係進入一個新階段的標誌，是給海峽兩岸前途帶來春天資訊的一個歷史時刻。

連戰在與胡錦濤總書記進行了會談以後，於四月三十日抵達古城西安。「少小離家老大回」，闊別了半個多世紀後，連戰回到了出生的地方。下午，他偕夫人回到母校後宰門小學參觀訪問，受到二千七百名師生的熱烈歡迎，連戰一九四二至一九四三年在此上過學。

連戰一行的最後一站是上海。五十九年前他就是從這裡坐船前往臺灣的，這一去就是近一個甲子，多少讓他不勝唏噓。

在離開大陸的前一天，即五月二日，連戰主席舉行記者會，對他與胡錦濤總書記會談新聞公報有關內容做進一步說明，對會談取得的成果給與積極評價。這些成果，包括建立黨對黨定期溝通平臺，建立和平發展論壇以及經貿和文化論壇等。連戰說，這次訪問，給臺灣人民一個選擇，我們到底要走哪個方向？那就是和平、互惠、雙贏。

抗日愛國詩人　丘逢甲

臺灣是美麗的寶島，歷史上侵略者一再對她垂涎、染指，而中華民族的愛國者競起為她流血、謳歌。臺灣人民反對割讓鬥爭的宣導者之一丘逢甲，在他內渡大陸之後，終生思念故土，寫下了數以千計詠懷臺灣的感人詩篇。

丘逢甲，字仙根，號倉海，祖籍廣東鎮平（蕉嶺），一八六四年十二月二十六日出生於臺灣彰化。天資聰穎的丘逢甲，六歲能吟詩、八歲就寫出不錯的文章，在家鄉得到「神童」的美譽。他十四歲時赴臺南應童子試，獲全臺第一。閩撫兼學臺丁日昌（一八二三－一八八二）看他年紀最小，但交卷卻最早，非常地驚奇，就要他作竹枝詞一百首來試試他的才能，丘逢甲當面提筆來，不需要思考，太陽下山前就寫好了，丁日昌驚奇他的才能，贈送他「東寧才子」方印一個。

丘逢甲二十五歲高中舉人，第二年又高中進士。依照清廷當時的規定，進士可以派官任職，他被欽點工部主事。但對丘逢甲來說，做官並不是他的人生目的。腐敗的朝廷，使他失去了做官的信心。於是，他回到臺灣，在書院擔任教席，閒時博覽群書，對中外形勢有了一番瞭解。他發現臺灣雖然地處中國的邊陲，卻是日本人眼裡的囊中物。果不其然，一八九四年中日甲午戰爭爆發，清廷海陸大軍節節敗退。丘逢甲立即對當時的臺灣巡撫唐景崧提出建言：如今局勢對我不利，中國一旦戰敗，勢必將接受日本所提的嚴苛條件，以我之見，日本極有可能索求臺、澎，我們必須先做準備，以防患未然。

唐景崧呈奏朝廷請求支援，但由於戰火正酣，清廷根本無暇顧及臺灣。「當今之計，只好仿照當年曾國藩自辦『團練』的方式，訓練軍民求得自保。」丘逢甲再提建議。他請命督辦團練，到處奔走籌措，將臺灣當地的壯丁編組了一百六十營，立即施以軍事訓練，收到了很好的效果。

清廷終於不敵日本而戰敗求和。身為議和大臣的李鴻章，一八九五年被迫簽下《馬關條約》，把臺灣、澎湖割給了日本。丘逢甲、劉永福等人決定號召臺灣同胞抗日自救。丘逢甲刺破手指，用鮮血寫下「拒倭守土」四個字。

五月二十五日，年號「永清」的「臺灣民主國」成立，推舉臺灣巡撫唐景崧為總統，丘逢甲為義軍統領（一說為團練使）。「臺灣並不是宣告獨立，只是不做日本人統治的亡國奴，所以我們年號『永清』，表示臺灣仍舊效忠清朝，並且終有一日會回歸中國。臺胞們，讓我們一起殺上戰場，趕走日寇！」丘逢甲大聲疾呼。

可是，唐景崧僅只十天就逃回廈門，臺北淪陷。駐守臺中的丘逢甲，急忙抽調所部義軍北上救援，至新竹一帶。義軍力戰二十多晝夜，因缺乏後援而失敗。日軍知道丘逢甲是義軍的首領，就出很多金錢通緝，以六十萬金買他的頭。丘逢甲知道不可挽回，就哭別家鄉，舉家內渡到泉州，然後經汕頭回原籍鎮平（今廣東蕉嶺）員山。他在《離臺詩》中寫道：「宰相有權能割地，孤臣無力可回天。扁舟去作鴟夷子，回首山河意黯然。」

意思是說，臺灣被權臣出賣了，局面已無可挽回。我雖然像春秋末年范蠡改名「鴟夷子皮」那樣浮海引退，但回望淪沒了的河山，心情無限悲痛。

回到廣東的丘逢甲對臺灣念念不忘，他的住屋命名為「念臺」，兒子也改名叫「念臺」，表示他對臺灣同胞的關心掛念。但臺灣被日本霸佔已成事實，丘逢甲只好寄情於研究學問，他創立「嶺東同文學堂」，教育地方子弟。

滿清的腐敗讓許多人不再寄予希望。一九〇五年孫中山所倡組的同盟會在日本成立，許多從同文學堂赴日深造的留學生紛紛加入，丘逢甲逐漸轉而支持革命，在家鄉極盡所能地掩護革命黨人安全。直到武昌起義（一九一一）成功，廣東光復，他出任省教育司司長，並前往上海，籌組中央政府。丘逢甲被選為民國第一位臺灣籍參議員。他參加了孫中山所主持的民國肇基的盛典，發出「江山一統都新定」，「中華民族此復興」的歡呼。

就在中華民國成立後僅一個多月，即一九一二年二月十五日，丘逢甲因積勞成疾，在廣東鎮平山居病逝，時年四十九歲。臨終前，他遺言：「葬須南向」，其意思是：「吾不忘臺灣也」。

丘逢甲也是一位著名詩人，留下許多慷慨悲憤的詩作，僅內渡後的詩作就有一千七百多首。梁啟超稱之為「詩界革命鉅子」。離臺第二年他寫道：「春愁難遣強看山，往事驚心淚欲潸。四百萬人同一哭，去年今日割臺灣。」

丘逢甲的淚，一百多年後讀起來仍浸潤歷史，感人肺腑。友人回臺灣，他寄語人們莫忘中國：「王氣中原在，英雄識所歸。為言鄉父老，須記漢官儀。」

丘逢甲這種自強不息、維護中國統一的愛國精神，深為當時人們所稱道。直到今天，也是海峽兩邊的中國人所垂仰和懷念的。臺南市的逢甲路，臺中市的逢甲大學都是為紀念他命名的。

知識窗：逢甲大學

在臺中市創辦有逢甲大學，以紀念抗日志士、愛國詩人丘逢甲。該校由丘逢甲之子丘念臺（一八九四－一九六七，曾任國民黨中常委）、楊亮功（一八九七－一九九二，曾任考試院院長）、蕭一山（一九〇二－一九七八，清史專家）等人創建於一九六一年。初創時，名逢甲工商學院，以培養工商專業高級人才為主，一九八〇年升格為大學。現設理、工、商、管理、建設、資訊、人文和進修等八個學院，學士班、碩士班、博士班齊備，學生近兩萬人，成為中部地區最大的學府。新落成整建的圖書館擺脫了傳統藏書閣的被動，成為主動的「學習工廠」，主導著e-learning時代的進程。從圖書館的再出發，及地理資訊系統研究中心，營建中心、創新育成中心、技術授權中心、電子商務中心、奈米（即納米）科技研究中心等的相繼成立，與近期新建完成的多功能體育館，可以看到逢甲的新精神與新氣象。步入校園，可看到多處中國傳統式建築，頗富山水林園之勝，真是念書踏青的好地方。這裡花木扶疏，怡心悅目；而樹木又以榕樹及鳳凰木居多，當鳳凰花開之際，燦爛如火雲簇峰，榕樹亦展佈濃蔭，吸引附近居民早晚常到校園中流覽風光。

兩腳踏中西文化　林語堂

大陸央視一頻道大戲《京華煙雲》落幕，兩個人引起廣泛關注，一個是演員趙薇，另一個就是作者林語堂。林語堂是學貫中西的大師級人物，用中英文寫下《京華煙雲》、《生活的藝術》、《吾國與吾民》等幾十部作品。有人講他最大的長處是對外國人講中國文化，而對中國人講外國文化。林語堂認為這個評價是一語中的，並還為自己做了一幅對聯：「兩腳踏中西文化，一心評宇宙文章」。他的文章以幽默見長，還善於以英文寫作。很多外國人都是通過他的作品來瞭解中國的。總的來看，林語堂一生最大的貢獻就是對中西文化的溝通，特別是向西方介紹中華文化，在這方面，他可以說是極少數人中最成功的一個。

聖約翰窮學生

林語堂，一八九五年十月十日出生於福建龍溪（今平和縣）阪仔鎮。父親林至誠小時曾做小販，肩挑糖果，四處叫賣。靠自修學會認字讀書，後來入教會神學院，成為鄉村牧師。林語堂六歲入阪仔的銘新小學，是教會辦的。他學過四書、《幼學瓊林》，也看過林紓（字琴南，一八五二－一九二五）翻譯的西洋書，如《福爾摩斯》、《天方夜譚》、《茶花女》等等。林語堂從小聰明好學。八歲時作文，老師批他的文章云：「大蛇過田陌」，意思是說詞不達意。林立即對云：「小蚓度沙漠」——他就是小蚯蚓，蠕蠕在沙漠上爬動不已，追求學問。

林語堂在家中八個孩子中排行第五。他和二姐美宮到廈門讀中學，學習都很好。畢業後都想去讀大學。可是父親無力供養，只得把二姐嫁了出去，借了一百大洋送林語堂去上海讀書。在臨行的時候，美宮從新娘子襖裡掏出四角銀錢，含淚對弟弟說：「我們是窮人家，二姐只有這四角錢給你。你不要糟蹋上大學的機會。我因為是個女的，所以沒有這種福氣。你要立定決心，做個好人，做個有用的人，好好地用功讀書，因為你必得成名。你從上海回家時，再來看我。」

美宮的話，包含了林家「讀書成名」的全部理想。林語堂感到非常難過、內疚，好像自己要替二姐上大學似的。第二年他回家時姐弟見過一面，可是秋天，美宮就患病去世。林語堂悲痛不已，下決心要實現二姐對他的期望。

林語堂到上海讀書那年，即一九一二年，辛亥革命已經成功，清廷被推翻。當時聖約翰大學在國際上已經有相當的聲譽。聖約翰大學是聖公會（Anglicans）在中國設立的教會學校之一，一八七九年創辦，一九〇六年正式成立大學，初設文理、神學和醫學三科。後期改為文、理、工、農、醫五學院。一九五一年該校停辦，各系併入上海有關高校，校園現為華東政法大學。聖約翰大學在中國高教史上具有一定地位，中國早期駐美駐英大使嚴惠慶、施肇基、顧維鈞，還有宋子文、鄒韜奮、貝聿銘、嚴家淦、榮毅仁等許多名人都出身於該校。在這樣一所名校讀書，對林語堂來說，真是如魚得水。

在聖約翰，林語堂接觸了許多富家子弟。但上海那些紙醉金迷的生活與他無關。自己是山地孩子，來上海，是為了求學的。聖約翰的圖書館擁有五千多本書，林語堂都看遍了，還嫌圖書館太小，不過癮。雖然看閒書多，但功課並不差。像在中學一樣，他總是考第二名，「因為同班總有一個笨蛋，非常用功，對分數非常重視，他考第一名。」但林語堂用英文寫的短篇小說，卻獲得學校金牌獎。

一九一六年，林語堂以第二名畢業於聖大文科，受聘北上清華教英文，與胡適等人，結為好友。他在清華服務三年，取得半官費獎學金，攜妻廖翠鳳赴美，進哈佛大學就讀。獲碩士學位後又到德國萊比錫大學深造。一九二三年獲博士學位回國。

幽默大師

林語堂回國後，在北京大學及北京女子師範大學任教，與魯迅、周作人、錢玄同、劉半農等人相熟。因支持和參加學生愛國運動，受到北洋政府的通緝，於一九二六年五月返回福建，擔任廈門大學文科主任兼國學院總秘書。一九二七年春，他去武漢，任國民政府外交部秘書。外交部長陳友仁（一八七八－一九四四）是他的友人。陳出生於西印度群島的特立尼達，他和英國交涉，對收回漢口租界大有功勞。七月武漢政府分裂，林語堂到上海，開始專事著述。

林語堂在北京時，就是《語絲》週刊（孫伏園、周作人先後主編）的主要撰稿人之一。他的雜文如《祝土匪》、《讀書謬論一束》、《文妓說》、《詠名流》等雜文，對北洋軍閥治下的腐敗社會加以無情的攻擊。文風上樸實諧趣，深受讀者歡迎。

來到上海後，林語堂積極推動小品文的創作。一九三二年他創辦《論語》半月刊，提倡幽默。什麼是幽默？這兩個字是英文humor的漢譯，一九二四年林語堂首次把這個英文詞譯為「幽默」。林語堂認為「既洞察人間宇宙人情學理，又能從容不迫出以詼諧」就是幽默。他說，「我在文學上的成功和發展我自己的風格完全是國民黨之賜」。那嚴格的取締逼著他打擦邊球，剛剛足夠暗示自己的思想，同時卻饒有含蓄使不至身受牢獄之災。《論語》一發行，立刻暢銷，後來銷路達三四萬份，在當時是史無前例的。中央大學校長羅家倫對他說，「我若有事要在公告欄內公告，只需登在你的《論語》就可以了。」林語堂在《論語》每期寫時事短評，精煉警策，且竭盡戲謔嘲訕之能事。他話裡帶刺而不尖酸刻薄，能使讀者會意而啼笑皆非，或有妙語而破涕為笑。林語堂一下子成為享譽文壇的「幽默大師」。下面選錄一篇他的時事短評，從中可窺見其幽默的風格。

有驢無人騎

行政院一席甚難坐穩，如一匹笨驢，在驢背上的人凶多吉少，一不慎，堪虞隕越。孫哲生（即孫科）騎了幾天如坐針氈，趕緊下驢背。汪先生（汪精衛）為時局所迫，迫上驢背，初以為有何樂趣，後來鞭策不動，覺得騎驢之樂，也不過爾爾，便也下來，請他人坐。於是由南京跑到上海，由上海跑到廬山，四處揖讓，請人上驢座。可是在旁的人，都互相謙讓。于（指于右任）、戴（指戴季陶）二位都表示無騎驢雅興，於說：「監（指監察院）已監不了，行豈行得來？」蔡先生（指蔡元培）被擾不堪，索性跑到鄉下去看月。由於驢座空懸旬餘，不得已，宋子文出任艱鉅，這驢才算有人騎，還說是暫代汪先生騎驢而已。有人問蔣先生（蔣介石）何以不來代勞？但蔣先生現騎的是一匹白馬，他又是精於騎術，駕馭自如，以驢易馬，為計尚在以羊易牛之下。蔣先生智在梁惠王之上，自然不肯以馬易之，上徐文長之當。所以我們還是引王梵志的詩勸汪先生多吃點苦，不必灰心，不必掃興。詩曰：「他人騎大馬，我獨騎驢子，回顧擔柴漢，心下較些子。」世上比騎驢更苦的差事還多著呢，還是請汪先生勉為其難。

這篇短文諷刺蔣介石大權獨攬，誰都無法做好行政院長一職，但文筆幽默，令人忍俊不禁。

林語堂還創辦了《人間世》半月刊。這是中國第一本純粹是散文小品的刊物。在發刊詞上，林語堂說，「宇宙之大，蒼蠅之微，皆可取材，故名為人間世。」它以「自我」為中心，以「閒適」為筆調，專刊一些平和沖淡的、抒寫性靈的小品文。這種主張，受到魯迅等人的批駁。有人評論說，魯、林的不同之處，是魯迅對於現世界、現社會的醜惡處處抗戰到底，所以他視筆如刀，視小品文如匕首。林語堂卻以為人生或世界不無靜觀自得之處。他不是沒有寫過戰鬥文章，但他也會認識《浮生六記》是不朽之作。

名揚海外

林語堂還是個語言學家，英文造詣極高。他編寫的《開明英文讀本》三冊，供初中學生使用，一九二九年出版後不久，便風行全國，成為最暢銷的英文教科書。他還經常用英文寫作。林語堂在英文《中國評論週報》發表的作品，引起了賽珍珠（Pearl S.Buck，一八九二－一九七三）的注意。這位美國女作家，出生後不久，就隨著傳教士父母來到中國，對中國文化有一定瞭解，後來寫下了《大地》等描寫中國近代社會生活的作品，對東西方人民的相互瞭解作出自己的貢獻。一九三一年，賽珍珠獲普利茨獎，一九三八年榮獲諾貝爾文學獎。三十年代她住在南京時，經常看《中國評論週報》，很欣賞林語堂的《小評論》專欄文章。她覺得，那欄裡的文章無論是談日常生活、政治或社會，都寫得新鮮、銳利和確切。後來她認識了林語堂。

一九三三年有個晚上，賽珍珠到林語堂家裡吃飯。他們談起了以中國題材寫作的外國作家。那時，林語堂突然說，「我倒很想寫一本書，說一說我對我國的實感。」「那麼你為什麼不寫呢？你是可以寫的，」賽珍珠十分熱忱地說。「我盼望已久，希望有個中國人寫一本關於中國的書。」賽珍珠與美國出版界有聯繫。一位出版商看了林語堂的作品也很敬佩，鼓勵林語堂撰寫一本關於中國和中國人的書。

一九三四年，林語堂開始用英文寫《吾國與吾民》（My Country and My People），十個月寫完。他寫這部書，是希望越過語言的隔膜，使外國人對中國文化有比較深入的瞭解。《吾國與吾民》分兩部分，第一部分談中國人生活的基礎，種族上、心理上、思想上的特質；第二部分談中國人生活的各方面：婦女、社會、政治、文學、藝術。這部書長三百八十二頁，於一九三五年出版。

那時候美國是白人的天下，白人種族歧視很深，對黃種人與對黑人一樣，簡直不把他們當人看。他們對中國人的認識很淺。直到《吾國與吾民》出版，西方才看到一本對古今中國加以深入分析和論述的書。賽珍珠認為，它是「關於中國最完備、最重要的一本書。」紐約時報等美國主流媒體也給予高度評價。好評如潮，《吾國與吾民》在四個月內印了七版，登上美國暢銷書排行榜首位。林語堂在外國一舉成名，這部書譯成多種歐洲文字，也同樣受歡迎。歷史上哪有過中國人用英文寫作，而備受國外讀者推崇，作品銷路這麼好？林語堂是第一個！當然，《吾國與吾民》是林語堂個人對國家人民的分析，一些人有不同看法和批評。但是，中國人在國際文壇出名，這畢竟是第一次，是中國人的光榮。一九九四年，上海《學林出版社》出版了該書的全譯本，書名譯為《中國人》。

一九三六年，林語堂受邀到美國寫作、講學，從此他攜家在海外生活。一九三七年他又出版了《生活的藝術》，同樣是風行歐美的暢銷書。在美國高踞暢銷書排行榜第一名，而且持續五十二個星期之久，成為一九三八年全美最暢銷的書。它被譯成十幾種文字，奠定了林語堂在世界文壇的地位。林語堂不但成為文壇的熱門人物，更替華僑和中國留學生揚眉吐氣，使洋人對中國人刮目相看。他的許多為人處事的言論已經被學者認為「非常適合現代人的生活」，甚至可以借之解決當代人諸多心靈乃至生命的困惑。

一九三八年春，林語堂原想把古典名著《紅樓夢》翻譯成英文。後來考慮，覺得《紅樓夢》距離現實生活太遠，所以改變初衷，決定借鑒《紅樓夢》的藝術形式，寫一本反映中國現代生活的小說。就這樣誕生了長篇小說《京華煙雲》（Moment in Peking）。這部英文小說在美國出版後，立即成為暢銷書，先後譯成數國文字。一九七五年，《京華煙雲》曾被列為諾貝爾文學獎的候選作品。

一九四七年林語堂任聯合國教科文組織美術與文學主任。一九五四年任新加坡南洋大學校長。一九六六年林語堂定居臺北市，用中文寫了許多論古說今的雜文隨筆，後來收入《無所不談合集》。一九七五年，國際筆會曾推選他為副會長。

一九七五年底，林語堂來香港看女兒，次年三月二十六日病逝，終年八十二歲。三天後，他的靈柩由妻子、女兒、女婿護送臺北。蔣經國親自到機場迎靈。一代文化名人，長眠在臺北陽明山他的家園裡。

知識窗：林語堂故居

臺北市有座林語堂先生紀念館，是在林語堂故居基礎上建立的紀念圖書館。它位於陽明山仰德大道二段一四一號，原為大師晚年居所。林氏去世後，夫人廖翠鳳於一九八五年將此家園和大師生前藏書、作品、手稿及代表性遺物捐贈給臺北市政府。房舍經修葺後，成為紀念圖書館，開放供公眾閱讀和研究。二〇〇五年，林語堂故居交由東吳大學管理。

全館分閱覽室、文物陳列室、客廳、書房及臥室。閱覽室中收藏圖書五六千冊，期刊一百種，報紙十一種，設閱覽席位二十四個供讀者使用。藏而為用，資料共用，服務全民的辦館理念，讓來此的讀者倍覺溫馨。

文物陳列展櫃中，擺放著先生出版的著作、雜誌、手稿、收藏的書畫及多幅珍貴照片。最吸引參觀者注意的是一臺中文打字機，為一九四八年所製造。這是林語堂花三年心血，幾乎耗盡家產發明的一部「不學而能操作」的中文打字機，可惜因戰亂未能大量製造。

緊鄰陳列室為客廳，壁上懸掛著先生手書「有不為齋」匾額及一位比利時畫家所繪先生手執書卷之油畫像。落地窗下，東側置竹木結構三人座長椅，西面放三人座皮制沙發，一硬一軟，一中一西，東西合壁，兩相比照，彼此融合，足見主人於待客的家具擺放中也體現中西文化融合的良苦用心。

客廳右側為過道，正面為書房，左側為臥室。書房裡中式寫字臺上擺放著先生生前遺物如煙斗、眼鏡、放大鏡、鋼筆、玉石鎮紙之類，紅木書櫥中珍藏先生彙集的中外名著。臥室陳設極為簡約，僅一張西式大床，寢具與茶几。室中懸掛先生友人贈聯：「文如秋水波濤靜，品似春山蘊藉深」。這正是林氏文風人品的貼切寫照。

文學大師翻譯家　梁實秋

梁實秋，是著名的散文家、文學批評家和翻譯家，第一個研究莎士比亞的權威，曾與魯迅等左翼作家筆戰不斷。後半生在臺灣度過。他一生給中國文壇留下了兩千多萬字的文字創作。其代表作是《雅舍小品》、《英國文學史》和《莎士比亞全集》，均為傳世的佳作。

書香門第

梁實秋一九〇三年一月六日出生於北京。其祖父曾在廣東宦游十餘年，返歸北京後在勾欄胡同（後改名內務部街）買了一所大宅子住下。這是一所前後三進、庭院寬廣、共有四十餘間的大宅，所謂「天棚魚缸石榴樹」的景致，這裡一應俱全。梁實秋就生在這裡。

父親梁咸熙，畢業於京師同文館後，即供職京師警察局。有教養，不守舊，對傳統倫理和新時代的文明採取兼收並蓄的態度。梁實秋姊妹十一人，他排行第四。梁家是個書香味很濃的舊家庭，很有文化氛圍。每當天晴日暖，家裡總要把一箱箱舊書搬到庭院來晾曬。父親有一所書房，房內「自地及宇，皆書，不見牆」。就在這樣的環境裡，梁實秋很早就養成了讀書的愛好。

一九一五年，梁實秋從京師三小畢業，其時京師學務局舉行了一次全市應屆畢業生的會考，梁實秋榮獲第一名。畢業後，他考上了清華學校。當時清華為中等四年，高等四年，畢業後送到美國去。他在學校廣泛閱讀，特別是西洋文學作品。這些以前聞所未聞的作品，在他眼前展開了一個新奇、瑰麗的新世界。梁實秋在高等科求學期間開始寫作。第一篇作品為翻譯小說《藥商的妻》，一九二〇年九月發表在《清華週刊》增刊第六期，那時他僅十七歲。次年，他發表了第一篇創作——散文詩《荷花池畔》。一九二二年，梁實秋與聞一多合作出了一本評論集《冬夜草兒評論》。遠在東京的郭沫若讀了這本小冊子後，從日本來信讚揚說：「如在沉黑的夜裡得見兩顆明星，如在蒸熱的炎天得飲兩杯……在海外得讀兩君評論，如逃荒者得聞人足音之跫然。」其評價之高可以想見。

一九二三年八月，梁實秋赴美留學。在船上他結識了許地山和冰心。起初，梁實秋在西部珂泉（Colorado Springs，今譯科羅拉多斯普林斯），讀科羅拉多大學，主攻英文和文學理論，與聞一多度過了美好的同窗生涯。當時多少存在著歧視中國人的現象，校刊上刊登了一首題為《支那人》的匿名詩。梁實秋和聞一多讀後，感到這是挑釁，於是兩人各寫了一首詩刊登在下一期的校刊上。這兩首詩都顯示了擁有燦爛文化的中華民族的自豪感，美國學生雖不能完全領受。但詩作意境的高雅、音韻的鏗鏘、用詞的精煉，不能不使美國小子們嘆服，從此校園很少有人再明目張膽地歧視中國人了。

畢業後，梁實秋又來到哈佛大學就讀。一九二五年三月，波士頓地區的中國留學生排練了一出《琵琶記》公演。《琵琶記》是元末劇作家高明的作品。故事大略是：書生蔡伯喈新婚兩月，進京趕考，得中狀元。牛宰相要招他為婿，蔡再三推辭，未被應允，被迫重婚牛府。這時他的家鄉連遭荒旱，家庭生活只靠妻子趙五娘支持。她求得賑米供養公婆，自己卻暗吞糠秕。年邁公婆盼子不歸，氣餓雙亡。趙五娘剪髮買葬，安葬了公婆，身背琵琶，彈唱乞討，進京尋夫。幸賴牛氏賢德，使她與蔡郎重聚。於是，一夫二婦歸家廬墓三年。全劇以一門旌表結束。劇本由梁實秋譯為英文，他還飾蔡郎，冰心飾宰相之女，另一女學生謝文秋飾趙五娘，逢場作戲，別有情趣。後來謝與同學朱世明訂婚。冰心曾對梁實秋開調侃說：「朱門一入深似海，從此秋郎是路人！」不料，梁實秋就此自稱「秋郎」，往後的許多文章即署此名，這也是文壇一件趣事。

梁實秋在哈佛取得碩士學位後，又在紐約哥倫比亞大學進修一年後回國。

雅舍苦中樂

一九二六年梁實秋返國後便取得南京東南大學的聘書。不久他與程季淑成婚，遷往上海轉任暨南大學外文系主任，講授「文藝批評」。他與徐志摩、聞一多等人是文藝團體新月社主要成員，經常在《新月》雜誌上發表文章，魯迅和其他左翼作家曾多次撰文與之論戰。這大約是梁實秋作品文革前在大陸受到冷落的原因。

一九三〇年夏，梁實秋來到青島大學擔任外國文學系主任。就是在這裡，他開始了自己一生中規模最浩大的工程——翻譯《莎士比亞全集》。一九三四年，從北京傳來胡適的召喚，邀請梁實秋主持北大外文系。他回到北京，在課堂上，以獨特的風采和淵博的知識贏得了學生的喜愛，成為校園最受歡迎的教授之一。

一九三七年七月二十八日，北京城失陷於日寇。面對江山易幟，梁實秋痛哭失聲，他涕泣著對大女兒梁文茜說：「孩子，明天你吃的燒餅就是亡國奴的燒餅。」

梁實秋輾轉來到大後方，他在重慶編譯館主持翻譯委員會並擔任教科書編輯委員會常委。一九三九年春，因敵機空襲頻繁，他移居到北碚鄉間，與他人合住在一棟山坡上的平房，共六間，自己居住兩間，這便是後來聞名遐邇的「雅舍」。他在《雅舍》一文中寫道：「雖然我已漸漸感覺到它是並不能蔽風雨，因為有窗而無玻璃，風來則洞若涼亭，有瓦而空隙不少，雨來則滲如滴漏。縱然不能蔽風雨，『雅舍』還是自有它的個性。有個性就可愛。」作者安居於陋室之內，寫出生活的情趣和自己獨特的情懷。雅舍之「雅」並非超凡脫俗，不食人間煙火，而在於能以平淡超然的心態來對待生活的艱難。此後，他在「雅舍」寫下一系列散文，都以「雅舍小品」命名。抗戰勝利後，他將這些散文結集出版，這就是他最著名的散文集《雅舍小品》，文筆幽默風趣，具有獨特風格。從此蜚聲中外，風靡華人世界。後來在臺灣又出過《雅舍小品續集》、《雅舍小品三集》和《雅舍小品四集》。據說《雅舍小品》系列先後印出三百多版，創造了中國現代散文著作出版的最高紀錄。此外還創作出版其他散文集十幾種，奠定了其散文大家的矚目地位。自二十世紀八十年代以來，內地也陸續出版了各種不同版本的《雅舍小品》。一九九九年，《雅舍小品》被中國文學界列入「百年百種優秀中國文學圖書」，受到越來越多讀者的關注。

梁實秋在四川與許多文人都有來往。老舍（一八九九－一九六六）就是他的好朋友之一。在一次在北碚各機關團體發起的募款勞軍晚會上，兩人還連袂登臺演出了相聲，受到熱烈的讚賞。梁實秋在散文集《雅舍懷舊——憶故知》深情地表達了對老舍的懷念。他說：「老舍父子都是慘死，一死於八國聯軍，一死於『四人幫』的爪牙。前者以旗兵身分戰死於敵軍炮火之下，猶可說也，老舍一介文人，竟也死於邪惡的『文藝黑線專政』論的毒箭之下，真是慘事。」

中譯莎劇第一人

抗戰勝利後梁實秋回到北京教書。一九四九年六月，他攜帶妻子和小女兒到達臺北，擔任臺灣師範大學文學院院長、英文系主任和英語研究所所長。由於長期的砥礪，他的英文造詣日益精深。當年臺灣中學生沒有英文教科書上課，遠東圖書公司的老闆浦家麟即找到梁實秋，請求他編寫英文教科書。梁實秋風趣地說：「您是食客，我是大師傅，您點什麼，我就做什麼！」因而與遠東圖書公司展開了一系列合作，編寫出版了英漢詞典、英文教科書三十多種。他還應約主編了《遠東英漢大辭典》，其所收的詞條之豐富，解釋之詳細，在當時都是絕無僅有的，因此這部辭典一版再版，暢銷海內外，受到各界人士的廣泛歡迎。

到了臺灣，梁實秋又重新開始莎士比亞的翻譯工作。他翻譯莎士比亞劇本始於抗戰前，後來因抗戰，顛沛流離，只譯了十幾本，便停頓下來，因為翻譯莎士比亞是沒有錢的，為了一家生活，梁實秋必須謀生，教書、寫文章。在臺灣生活相對安定下來後，他又開始有計劃地翻譯。梁實秋給自己規定，每天要譯兩千字。臺灣的天氣很熱，那時也沒有冷氣，他這個北方人對氣候頗不適應，人又很胖，非常怕熱，經常揮汗如雨。但他非常有毅力，如果因為有事未能完成預計的工作，加班也要把拖下的工作補上。

翻譯莎士比亞，是胡適先生的建議，最初是梁實秋與另外四個人一起翻譯，但那幾位後來中途退出，只剩下梁實秋一人堅持。翻譯莎士比亞是件苦事，因為他全部用古英文寫作。梁實秋每譯完一劇，就將手稿交給妻子裝訂。程季淑用古老的納鞋底的錐子在稿紙邊上打洞，然後用線縫成線裝書的樣子。沒有妻子的支持，梁實秋是無法完成這一浩大工程的。梁實秋在《槐園夢憶》中回憶說；「我翻譯莎氏，沒有什麼報酬可言，窮年累月，兀兀不休，其間也很少得到鼓勵，漫漫長途中陪伴我體貼我的只有季淑一人」。「她容忍我這麼多年做這樣沒有急功近利可圖的工作，而且給我製造身心愉快的環境，使我能安心的專於其事」。這項翻譯工作前後持續四十載，到一九七〇年完成《莎士比亞全集》的翻譯，計劇本三十七冊，詩三冊。這樣一項巨大的文化工程，以一人之力而完成，這在中國翻譯史上是罕見的。

此外梁實秋還用七年時間完成百萬言著作《英國文學史》。

晚年梁實秋曾說過一生中有四個遺憾：一、有太多的書沒有讀；二、與許多鴻儒沒有深交，轉眼那些人已成為古人；三、虧欠那些幫助過他的人的情誼；四、陸放翁但悲不見九州同，現在也有同感。

一九八七年十一月三日，梁實秋因突發心臟病住院去世，終年八十五歲。

知識窗：莎作在中國

莎士比亞是英國最偉大的戲劇作家，一五六四年四月二十三日誕生於倫敦西北方一百五十公里的小鎮斯特拉特福（Stratford-upon-Avon），一六一六年四月二十三日去世。他一生完成了三十七部劇作，一百五十四首十四行詩，二首長詩和其他詩歌，是世界文學寶庫裡的珍品。莎氏戲劇與古希臘的《荷馬史詩》、但丁的《神曲》和歌德的《浮士德》並列為西方文學四大名著。

然而，莎士比亞戲劇直到清末民初才開始傳入中國。起先只有故事簡介、節譯和改譯本。有據可查最早的中譯本是一九〇三年。它根據英國散文作家蘭姆姐弟的《莎士比亞故事集》譯成，收集了十個故事，取名《澥外奇譚》，由上海達文社出版。

一九三〇年，任職於翻譯委員會的胡適打算邀約聞一多、徐志摩、梁實秋、陳源（筆名陳西瀅，一八九六－一九七〇）、葉公超（一九〇四－一九八一）五人共同翻譯莎作，只是其他四人始終沒有開工，梁實秋便一力承當下來，斷斷續續歷時四十載，終於在一九七〇年完成英文版全集的翻譯，包括三十七種劇本和三部詩集，由臺灣遠東公司出版。梁實秋的譯文有著濃烈的散文風格，意味雋永，字句凝練，是譯介作品中的佳作。

一九三六年，畢業於杭州之江大學的朱生豪（一九一二－一九四四）開始翻譯莎劇。當時朱生豪生活極其艱難，患上了肺病直至咳血，卻堅持翻譯，直到一九四四年英年早逝，歷時八年，譯成劇本三十一個，只有六個歷史劇沒有翻譯。到了六〇年代，人民文學出版社約請知名翻譯家校訂朱生豪譯本，並補譯其餘劇作和詩集，後因文革而耽擱下來，直到一九七八年十一卷本的《莎士比亞全集》才與讀者見面。朱生豪的譯著十分注意傳神達意，善於以古典美表現文意，字句朗朗上口，頗受譯界和讀者的推崇，成為莎作翻譯的經典，歷經幾十年仍不失其魅力，至今仍有「讀莎就讀朱生豪」一說。朱譯與梁譯各有千秋，同為譯著的雙峰。

臺灣的魯迅 柏楊

說起柏楊，馬上會令人想起一套七十二本的《現代語文版資治通鑑》今譯本，以及他寫的《中國人史綱》和《醜陋的中國人》。事實上柏楊著作等身，一生著述近兩千萬字。他不僅是臺灣島，而且是全球華人社會最有影響的作家之一。他的一生也充滿了傳奇，可以說是「生在大陸、著在臺灣、十年小說、十年雜文、十年牢獄、十年通鑑與十年人權的集錦。」

生在大陸

柏楊，原名郭定生，後改名郭衣洞，一九二〇年三月七日生於河南開封。柏楊是他的筆名，來源有兩種說法。一說河南多柏樹，也多楊樹。柏樹有鱗鱗的葉子，龜裂深褐的皮色，冰雪常青，樹齡可達千年。白楊挺立在深山幽谷之中，風來時嘩嘩作響，動人心魄。這是柏楊的性格，也是他筆名的由來。另一種說法是因為有一次他到臺灣中橫公路隧道附近，聽見一個臺灣原住民部落名稱的諧音「古柏楊」，即以柏楊為筆名。

柏楊家庭條件本來不差，但一歲多母親去世就受繼母虐待，他還以為她是親生母親呢。兄弟姐妹每天早上總吃個荷包蛋，他可沒蛋吃，站在一旁，心裡很難過。到了十幾歲，他才知道生母早死了。母親是什麼樣子，他不知道，甚至不知道自己準確生日是哪一天。三月七日其實是一九六八年在臺灣被捕入獄的日子，幸而後來把「死罪」改判有期徒刑，所以他把三月七日作為新的生日。

父親在外地工作，回家發現孩子滿身被繼母打的傷痕，就把他帶回祖籍河南輝縣上學。念高二時，抗戰爆發了，柏楊停學從軍，一九三八年加入國民黨。後來進了搬遷到大後方四川三臺的東北大學。就在東北大學期間，她認識了崔秀英，一個能歌善舞的戰幹團文化教員。不久便結婚了。一九四五年，柏楊與崔秀英的女兒崔渝生降生在陪都重慶。柏楊十分喜愛女兒，經常抱在懷裡，喚她毛毛。然而在那戰亂的年代，為了謀生，只能把她們母女送回河南息縣姥姥家。抗戰勝利後，柏楊到了東北，後來輾轉來到臺灣。夫妻完全失去了聯繫。崔秀英在文革期間，因早先與柏楊的婚姻受到衝擊，被戴上「國民黨軍官太太」、「國民黨特務」的帽子，批鬥、遊街、關進牛棚，身體和精神受到極大的折磨。而同時，柏楊在臺灣正被關在國民黨的監獄裡。真讓人哭笑不得。直到一九八四年，柏楊為了尋找在大陸的女兒，寫了一封信，經美國朋友之手轉到香港，再轉到息縣，終於找到了闊別四十年的女兒。

著在臺灣

柏楊到臺灣後，一九五〇年因「收聽匪區廣播」而被判刑六個月。一九五四年他到救國團任職。柏楊在臺前十年主要寫小說，一九六〇年起以柏楊為筆名寫作批判性雜文。一九六八年因翻譯描述父子二人在無人小島上競選總統的漫畫，被認為暗諷蔣介石父子而被逮捕，判處十二年有期徒刑，被囚禁九年又二十六天。出獄後搞了五年專欄，接著就是《資治通鑒》的譯介工作。晚年，柏楊關注人權問題，曾創立國際特赦組織臺灣分會並擔任會長。

從一九五〇年柏楊起開始創作，在五十多年的時間裡筆耕不已，甚至在監獄裡都不停筆，共寫下近二〇〇〇萬字的作品。他歷年的作品後來被臺灣中央大學文學院院長李瑞騰耗時五年，編撰為《柏楊全集》，計有二十八冊之多。

文字獄對柏楊有著很大的影響，但他在獄中也不停歇，把整個監獄歲月投入寫作。他在監牢裡整理歷史材料，將二十四史攤在小凳上，整理帝王世系表。或蹲在牆角，或坐在地上，膝蓋上放著用紙糊成的紙版，和著汗珠，一字一字的寫作。在牢獄十年中，竟完成了三部史書：《中國歷史年表》、《中國帝王皇后親王公主世系錄》以及《中國人史綱》。手稿汗跡斑斑，顏色枯黃，從地面幾乎直堆到腰際。

柏楊的關懷面很寬。他寫《異域》，描述國民黨軍隊一支孤軍腹背受敵，一路逃到泰國北部蠻荒邊境艱苦作戰生存的故事，感動了無數讀者，還發起《送炭到泰北》的關懷活動。

他寫《穿山甲人》報導文學，為張四妹募款，改變了張四妹的一生。張四妹是馬來西亞華人，罹患先天性魚鱗病，三十五歲以前一直躲在家裡不敢出門，直到柏楊在媒體上披露她的故事，讓她有機會前往臺灣接受治療，生命才出現了轉機。

柏楊的小說內容多反映社會下層小人物的苦難生活，揭示社會的不公。柏楊的雜文更是精彩，古典詩亦頗有特色。《柏楊詩抄》被譯成英文後，一九九一年柏楊榮獲世界詩人最高榮譽「桂冠詩人獎」。

柏楊一生著述不斷，提倡民主、人權、尊重與包容。他是一個傳奇性的人物。愛文者為他入迷，尊敬他為天才，是一座大山，內中既有風景又有寶藏。著名核子物理學家，也是柏楊的摯友孫觀漢（一九一四－二〇〇五）稱他為「五千年來僅此一人」，因為他集歷史學家、專欄作家、詩人、政治家、小說家、思想家於以一身。噁心者認為他文筆尖酸刻薄，太愛罵人，充其量只能稱作「俗文學」，不能登中國文學的神聖殿堂。無論愛者惡者，卻都不得不面對這樣一個事實，他是一個有勇氣講真話的人。用他自己的話來說，自己何嘗不知道「悶為上策」，但想說的話還是止不住向外冒。

雜文大家

柏楊的雜文如匕首般銳利，不僅針砭時局，還針對華人集體文化和性格上的缺點做出批判和探討，批判「醜陋的中國人」與「醬缸文化」。柏楊被稱為「臺灣的魯迅」或「魯迅之後的又一位雜文大家」。他寫《醜陋的中國人》，引起熱烈討論。他深刻地反省、現實地批判，成為大陸年輕人仰慕的學者典範。

儘管如此，柏楊對於雜文大家魯迅仍然很崇敬，他多次提到喜歡讀魯迅的作品。魯迅的國民性批判思想，對於柏楊的雜文顯然有著深刻的影響。

書生報國無它物，唯有手中筆如刀。柏楊手裡的筆，就是這樣的一把鋒利的刀。他的雜文主要針對中國傳統文化中的病態、人性弱點和官場裡的黑暗面等，剖析深刻，鞭辟入裡，冷嘲熱諷，幽默犀利。《西窗隨筆》是他早期的雜文選。

魯迅而外，柏楊是最全面地對於中國文化、政治、社會倫理諸方面挖掘病根的中國人，一些人只從表面看到他的偏激，看到他的痛罵中國，尤其是那本犀利的《醜陋的中國人》，更是使一些人反感萬分。但實際上，柏楊之「恨」中國，乃是愛之愈切，恨之愈切的那種恨。他是一個真正的愛國者，他是一個真正地對中國抱有強烈使命感的人。

《南方都市報》在悼念柏楊辭世的社論認為：「在華人世界，柏楊這個名字遠離那個來去無牽掛的具體生命，這個名字無可抵抗地成為一個符號，這個符號簡單直接地引起一個聯想：醜陋的中國人。

柏楊走了，留下這句孤絕的話，等著萬萬人拼盡誠實和勇敢，終有一天證明他是錯的。如果我們不能宣稱自己是不醜陋的中國人，至少我們可以知道，反思與內省，是任何一個民族都不可輕言完成的必修課。」

不為帝王唱讚歌，只為蒼生說人話

柏楊一生跨越文史，他站在人性尊嚴的基礎上從事創作，文字極具感染力。他在監獄裡寫《中國人史綱》時，遵循最基本的史觀，就是為小民寫史，而不是為帝王將相寫家譜，寫嘉言懿行。柏楊突破了以朝代為單元的傳統體裁，澈底取消朝代的框框，改用世紀（一百年）為單位，使歷史事件發生的時間，得以更明確的顯示出來，還把歷史上那些令人頭昏腦漲的官名，一律現代化，為讀者提供了不小的便利。《中國人史綱》在臺灣被列為對社會影響力最大的十部書之一。

出獄後，柏楊最龐大的文字工程是用現代語翻譯介紹《資治通鑒》，花費了十年功夫。《資治通鑒》是宋代大學者司馬光（一〇一九－一〇八六）的巨著，共三百五十四卷，三百多萬字。這是一部貫通古今的編年通史，它系統地編纂了從戰國起到五代末，共一千三百六十二年的歷史。它與司馬遷的《史記》同為中國史書的兩大豐碑，而它的篇幅是《史記》的六倍。但由於古文艱澀，篇幅浩繁，很少有人讀完它，近百年來幾乎成為死書。柏楊下決心，啃這塊硬骨頭，用現代語翻譯它。原先預計用三年時間完成，每月一冊，共三十六冊，以雜誌預定的形式發行。一九八三年九月，第一冊《戰國時代》出版，讀者反映熱烈。開始的第一年，一直維持每月一冊的速度，但不久就發現，根本無法預估文言文譯成白話文的膨脹係數。於是只好由每月出版一冊，延長為每兩個月出版一冊，由三年三十六冊，延長為十年七十二冊，共約近一千萬字。這種單方面的違約行為，有的讀者充分同情支持，也有些讀者嚴厲譴責，但柏楊說，即使把他再投入牢房，也無法三年完成這項龐大的工程。這項苦衷最後獲得讀者諒解，但這十年也幾乎成了柏楊的另一場新的監獄生涯，書房成了囚房。每天晚上連做夢都夢見《資治通鑒》，常在百思不解的困境中，忽然驚醒。在譯介時，他除了翻譯外，還另加上了柏楊曰，評議帝王將相，寫出讀書的心得。《柏楊版資治通鑒》當選為全臺最有價值和最暢銷的一套書，每冊印刷一萬冊，這在臺灣島這樣狹小市場上，簡直是個奇跡。這套書在大陸用《現代語文版資治通鑒》的書名出版，也引發了大陸新一輪的「柏楊熱」。

二〇〇六年九月，因年齡和健康的關係，柏楊宣布封筆。他最後的作品是為在中國大陸出版的《柏楊曰》寫的序，在序的結尾，他寫道：「不為君王唱讚歌，而只為蒼生，為一個『人』的立場和尊嚴，說『人話』。」

紅粉知己

柏楊到臺灣後不久，深感回大陸的渺茫。他遇到了一個女孩子倪明華，一見鍾情，全心投入。結婚後生下一個女兒佳佳。那時候，柏楊生活拮据，但為了妻兒的需求，他拼著命寫文章，賺稿費。一九六八年，柏楊一入獄，倪明華就決定和他離婚。

一九七八年，柏楊出獄。偶然與女詩人張香華結識。由理解而產生感情，最終結為伴侶。柏楊說獲得香華的愛，是他一生最大的幸福。

從表面看，張香華與柏楊完全是兩種類型的人。她年輕、漂亮，生活舒適、平坦，是個典型的閨秀作家。她的詩柔美、溫馨，充滿女性的芬芳與細膩。她的性格內柔外剛，她對於生活有著充沛的感受。所以，她能夠欣賞飽經風霜的柏楊及他犀利的文章。柏楊的晚年有了美好恬靜的歸宿。張香華對他體貼關懷，像對待一個大孩子一樣，同時對他的事業也很有幫助。

柏楊有過把牢底坐穿的經歷，非常痛恨文字獄，晚年特別關注人權問題。當年關押他和其他政治犯的火燒島，也稱為綠島，綠島西距臺東市十八海里（三十三公里），長寬各約四公里，人口三千八百餘。它舊名火燒島，據說是早年為使出海捕魚的漁民返航時不迷失方向，一到晚上人們便在島上點燃一堆堆大火，為漁船導航，故名火燒島。因為火燒島的名字易給人寸草不生的錯覺，一九四九年改名為綠島。過去說起綠島，人們往往談虎色變，因為這裡設有關押政治犯和重刑犯的監獄。一九九四年電視臺拍攝「臺灣風雲」，柏楊在張香華的陪同下，重返火燒島，回顧那苦難的日子。二〇〇二年，綠島監所關閉，改為獄政博物館。島上的《垂淚碑》上的碑文就是柏楊為政治受難者寫的：「在那個時代，有多少母親，為他們囚禁在這個島上的孩子長夜哭泣。」這段碑文是他一生擲地有聲的鏗鏘文筆精華。

柏楊一生著作等身。妻子張香華為他詳細搜集所有相關資料，尋求出版。二〇〇四年十月，張香華代表柏楊贈送給中國西北大學文學院柏楊所有版本的圖書一套，共一百二十餘冊，陳列在西北大學文學院的柏楊圖書專櫃，以供師生研究柏楊所用。

二〇〇六年，柏楊同意將一萬多件文物捐給北京的中國現代文學館。臺灣臺南大學的柏楊文物館也於二〇〇七年六月二十七日開幕，收藏他的《資治通鑒》譯作手稿、校對稿、雜文手稿等。

二〇〇八年四月二十九日凌晨，柏楊在臺北新店因呼吸衰竭逝世，享年八十九歲。馬英九總統說，柏老辭世，象徵一個時代的結束，「我對他對人權法治的奮鬥給與高度肯定，也希望他一生堅持的理念在他身後由我們繼續貫徹。」

軼事：柏楊名言錄

「中國——我們的母親，是我們的唯一的立足點。」

「大陸可戀，臺灣可愛，有自由的地方就是家園。」

「社會是一個戰場，家庭則是一個堡壘。」

「不反對暴政，暴政一定再來。」

「嫉妒的心理基礎是恨，愛慕的心理基礎是愛。」

「當貧窮從前門進來的時候，愛情就會從後門溜走了。」

「由於長期的專制封建社會制度斫喪，中國人在這個醬缸醬得太久，我們的思想和判斷，以及視野，都受到醬缸的污染。」

「我們的醜陋，是在於我們不知道自己的醜陋。」

「自從盤古先生開天闢地，中國是世界上碩果僅存，唯一屹立迄今，文化最悠久的國度。傳統文化中，一部分是僵固了的醬缸文化，另一部分則是優秀的活潑文化。總不能一竿子打落一船人，中醫有它的至理在也，它唯一的缺點是知其然而不知其所以然。」

死於非命的作家　江南

一九八四年十月十五日，美國西部三藩市郊區帝利市，美籍華人作家江南駕車送孩子上學，又返回來。像往常一樣，妻子在家正等著他，一起到三藩市漁人碼頭瓷器禮品店做生意。江南叫夫人上樓去收拾一下東西，他把車倒進去裝點貨物，他的車房是兼作庫房的。突然，「砰！砰！」兩聲槍響傳出。等妻子跑下樓，奔進車房，江南已倒在血泊中。一位知名作家就這樣被暗殺了。

江南，原名劉宜良，一九三二年生，江蘇靖江縣人。他早年喪父，由祖父撫養長大。十八歲那年正逢國民黨兵敗大陸，隨軍抵臺。舉目無親，苦學奮鬥。一九五二年進入蔣經國任校長的政工幹校受訓，是蔣經國一手培植的政工人員。但江南坦誠：「在幹校，就看出蔣介石的『反攻大陸』是個騙局。」一九五四年，他脫離這個學校，先就讀於臺灣師範大學英語系，後投身新聞界，擔任《臺灣日報》記者。由於成績突出，江南被派往香港、菲律賓及東南亞各國採訪，回臺後寫成《香港紀行》與《動亂的東南亞》兩書。

一九六七年底，江南被派往美國作駐外記者。一到美國，他就做了長期居留的打算。工作之餘，江南申請進美利堅大學攻讀碩士學位，一九七二年他讀完課程，準備撰寫論文，其題目正是蔣經國生平及政治理想。以後因所申請的獎學金無著落，於是在華盛頓開禮品店，經商謀生，並繼續寫作。一九七八年，江南舉家遷至三藩市，在漁人碼頭開了一座瓷器店。在經濟上無後顧之憂後，江南遂用餘力貫注於寫作。其成果就是著名的《蔣經國傳》。

關於《蔣經國傳》，評價不一。有人認為江南的寫作態度極其嚴肅，有實事求是、巨細靡遺的精神，他為了查明唐人名著《金陵春夢》中幾名人物是否真有其人，曾特地前往蔣介石故鄉浙江奉化盤桓數天，明察暗訪地核對材料。這種挖內幕挖到蔣家老巢的做法，等於要全面亮出蔣家的底牌，連祖宗三代不肯放過。

但是，也有人認為，《蔣經國傳》的寫法類似稗官野史，缺乏學術意義，不能算「史」。另外，揭人隱私，太不厚道。最後，傳記中的真實性到底如何，很有問題。

看法儘管不一，書卻非常暢銷，一時間成為熱門話題。由於該書對蔣家父子不敬，影響蔣家聲譽，蔣氏家族對此書十分惱火，欲去之而後快。

江南命案的發生，在美國和海內外華人社會產生了強烈的反響。美國警方根據兇手留下的蛛絲馬跡，緊追不捨，廣泛進行調查。他們從被遺棄的兩輛自行車中發現了兩個指紋，電腦檢查結果，全美沒有一個指紋與之相吻。各種情況判明，這是外來的兇手幹的。美國國會對此命案極為關注，因為一個入了美國籍的公民在美國的土地上被外國派來的人殺害了。經過反復的調查和核實，十一月二十七日，一個臺灣籍的留學生被捕，罪名是他曾開車送兇手去刺殺江南。過了兩天，聯邦調查局特工組和當地警察局發布案情偵破結果，指出兇手就是臺灣竹聯幫頭子陳啟禮、吳敦和董桂森，並說他們均已潛逃返臺。

臺灣方面，眼看紙包不住火，就把陳啟禮等人抓起來。媒體認為，臺灣當局這樣做的目的是為脫罪。一位前竹聯幫分子在美國宣稱：陳啟禮被出賣了，暗殺江南是竹聯幫幹的，但背後指使人是臺灣情報機構，而臺灣情報機構的大老闆是蔣孝武。

果然，不久後，情報局局長汪希苓中將和兩名下屬被捕，判刑。陳啟禮等人被判無期徒刑。

這一命案產生了兩個後果。一是臺灣當局授意的政治謀殺再也行不通了，從此不再有類似命案。即使是李登輝、陳水扁，也無法動用情報機構刺殺「眼中釘」。二是打亂了蔣經國的接班佈局。蔣經國雖然比蔣介石開明得多，但在他的思想深處，仍未擺脫傳位於子的皇權觀念。蔣經國上臺後，就開始讓兒子蔣孝武抓權，熟悉黨務、政務、文宣，一九七六年起，蔣孝武逐步涉足情報、心戰等部門。而情報局正是陳啟禮的幕後。在內外壓力下，蔣孝武在答復美國《洛杉磯時報》越洋電話訪問時稱：他從未在國安機構中擔任過任何工作，外界報導純系謠言。這種論調立即遭到輿論的抨擊。對此，一九八五年十二月二十五日蔣經國被迫公開宣布，蔣家人「不能也不會競選下屆總統。」與此同時，蔣孝武被外放新加坡工作。至此，蔣孝武接班一事全部告吹，臺灣終於擺脫了家族統治的桎梏。

軼事：蔣經國的子女

江南寫《蔣經國傳》遭到暗殺，據悉與蔣經國的兒子蔣孝武有關。這一事件打亂了蔣經國的接班佈局。從此臺灣終於擺脫了家族統治的桎梏。

蔣經國與蔣方良育有三子一女：三個兒子蔣孝文（一九三五—一九八九）、蔣孝武（一九四五—一九九一）和蔣孝勇（一九四八—一九九七）均已去世。只有女兒蔣孝章（一九三六—）健在，生活在美國。

蔣經國與秘書章若亞育有一對雙胞胎，章孝嚴（一九四二—）和章孝慈（一九四二—一九九六）。他倆出生約半年後，母親就去世了，全靠外婆周錦華撫養成人，經濟上由蔣經國接濟一些。一九四九年，外婆帶他們來到臺灣新竹。在外婆無微不至的關懷下，章孝嚴兄弟有個清苦而快樂的童年。章孝嚴一向對文史感興趣，中學時期，就以國文、英文及歷史三門功課成績最好。從初一開始，每一學期他都代表班上參加英文及國語（即普通話）演講比賽，這些小小的公眾場合，訓練了他的語言表達能力。

每逢考試，弟兄倆都全心準備。章孝嚴一直認為：雖然考試制度有許多弊端，常為人所詬病，然而衡諸國情，在現階段的中國社會裡，它卻是唯一公平的競爭方式——不講人情，不講權勢，只看實力，優勝劣敗。倆弟兄都憑自己的實力，闖出了一片天地。

先說弟弟章孝慈。他立志學法律。然而大學聯考卻把他分發到東吳大學中文系。轉系不成後，他獲得文學士學位，當兵、教書一年後，又鍥而不捨地返回母校，自法律系二年級讀起，得償宿願。他在美國取得了政治學碩士與法學博士學位後，返回母校教書，一九九二年成為東吳大學校長。一九九四年他在北京進行學術訪問時突然中風陷入昏迷。在京治療幾天後回臺繼續治療。此後臥床一年多，可惜於一九九六年二月英年早逝。

章孝嚴立志從政。考上東吳大學外文系後，除了正課，還有心鑽研有關外交的課程，最後透過考試競爭，踏上政府工作的路途。在美期間，獲得喬治敦大學碩士學位。

蔣經國一直在默默關注著兄弟倆的成長。直到大學時代，章孝嚴兄弟才確認了自己的身世。兩人在美留學都得到過父親的幫助。

章孝嚴進入政界後憑自己的實力在仕途上一路打拼，蔣經國去世後，他官至僑委會主委、外交部長和行政院副院長。一九九七年章孝嚴接任國民黨中央秘書長，為馬英九出山競選臺北市長立下功勞。二〇〇〇年政黨輪替後，為了延續在政界發展，他勇敢地選擇投身基層競選立法委員。章孝嚴選擇了競選難度大的選區，競選工作十分辛苦，儘管他有一定的知名度，有過去從政的成績，但選票是一票一票投的。他一天又一天向選民介紹他的理念和想法，尋求選民的支持，在與民進黨對手競爭下他順利當選了立法委員。二〇〇八年起又當上了國民黨副主席，二〇一四年卸任。二〇〇五年三月，章孝嚴在六十三歲的時候，正式改用蔣姓，更名為蔣孝嚴。

蔣經國三個嫡出的兒子孝文、孝武和孝勇，從小處於優越的環境之中，但成就都不大，而且都尚在壯年就不幸去世了。相反倒是庶出的孝嚴在逆境中成長，在苦難中磨練，成就了一番事業。這一番對比，不禁令人唏噓。

描繪歷史的巨擘　高陽

高陽這個名字，喜歡歷史小說的讀者都不生疏。光看看那六卷八冊的《慈禧全傳》、三大本的《胡雪岩》這樣洋洋幾百萬字的鴻篇巨制，就知道這個人的功力如何深厚。光憑這兩套書，就已經不朽。其實這才是冰山上的一角。據不完全統計，他一生寫的歷史小說就有八十餘部，還有大量散文、考據、詩詞等篇章和一些當代社會生活題材的小說，總字數超過二千萬字，真是一位寫作巨匠。

出身空軍

可能是長期伏案寫作的緣故，看照片，高陽鼻樑上架著的那副眼鏡，滿是圈圈，怕有一千度，一副文質彬彬的樣子。說起來，恐怕沒有人相信。他竟是空軍出身。

高陽是筆名，本叫許晏駢，一九二二年三月十五日，出生於杭州橫河橋地區，今屬華藏寺居民社區。許氏本顯赫大族。高陽的童年時代，家門口還懸著三塊大匾，一塊是「七子登科」，另兩塊為嘉靖皇帝親賜的「榜眼及第」和「傳臚」。這是因為高陽的曾祖中了榜眼（一甲二名，僅次於狀元），其子又中了二甲一名的緣故。高陽的家族堪稱書香門第。詩書傳世，在清代及以後出過許多達官貴人。

高陽的父親許寶朴曾任清朝浙江財政司官員，在高陽八歲時就去世了。母親黃婉知書達理，給少年高陽講許家人在明清做官時經歷的事情和內幕，高陽聽得津津有味。母親還拿出祖先留傳下的「笏」，即高官上朝所拿的狹長玉板，給他看，使高陽自幼便對歷史產生愛好。家中藏書又多，引起了他對史書和章回小說的濃厚興趣。由於抗日戰爭的影響，高陽未能在上海完成學業，主要的文史知識都由自修而來，奠定了日後創作歷史小說的基礎。所以高陽聲稱自己是「野翰林」。

抗戰勝利以後，高陽以優秀的文史成績考入杭州郊區的筧橋航空學校工作。該校號稱「中國空軍的搖籃」。中國最早的航空訓練班始辦於一九二九年，最初附設於南京中央軍校。一九三一年，國民政府為了發展空軍，在筧橋將航空訓練班擴建為航校。一九三二年再次擴建，改名為中央航空學校，由蔣介石親自兼任校長，毛邦初為副校長。到抗戰開始，該校培養了七期學員，畢業飛行生七百餘人，機械生三百四十三人，另有轟炸生、無線電人員等，成為早期空軍人員的主要來源。一九三七年中國空軍共組建有九個大隊，三百〇五架戰機。八月十四日，空軍第四大隊二十七架軍機在大隊長高志航帶領下，從筧橋升空，擊落來犯日本轟炸機三架，首創中國空軍殲敵記錄，從此八月十四日被定為空軍節。

日軍侵佔杭州後，中央航空學校遷往昆明，改稱空軍軍官學校。抗戰勝利後，該校遷回杭州筧橋。筧橋航空學校的輝煌和榮耀給高陽留下了深刻印象。該校招考文職人員的消息傳出後，高陽便興奮地對母親說：「我一定要去報考空軍官校，因為空軍是現在世界上最新式最進步的軍種。」張榜結果，高陽脫穎而出。他主要是教書講課，以後又擔任文書工作。

漫漫寫作路

一九四八年四月十五日，高陽隨他任職的空軍官校由杭州遷往臺灣，設在高雄市以北的岡山鎮。遷臺初期，臺灣的軍人待遇菲薄，少尉軍銜的文書官，月薪只有新臺幣六十多元。於是就常在學校辦的週報《筧橋報》投稿，既能得到一些稿費，改善生活，還能舞文弄墨，為以後在文學創作上起飛打好了基礎。

一九五七年，國民黨空軍總司令王叔銘上將升任參謀總長，需要添個秘書，高陽借此機會來到臺北，這成為他一生和事業的重要轉捩點。

一九五九年，高陽以國軍上尉軍銜退伍，進入報界。他擔任《中華日報》主筆多年，後任總主筆及副社長；還擔任過《聯合報》特約小說作家、《中央日報》特約主筆等職務。

一九六二年，他的第一部歷史小說《李娃》在《聯合報》副刊連載，廣受好評。這部小說取材於唐代白行簡（七七五－七二六，白居易之弟）的筆記小說《李娃傳》，敘述公子鄭生與名妓李娃的愛情故事。鄭生進京趕考，迷戀李娃，資財蕩盡後被趕出，淪為乞丐。李娃自己出錢贖身後細心照料鄭生，在李娃督促下，鄭生終於試場奪魁。這本來只是筆記短篇故事，而高陽調動自己的生活積累和形象思維能力，把它演繹成四十多萬字的歷史小說《李娃》。就在這部作品上他首次署筆名「高陽」，本名許晏駢後來倒變得鮮為人知了。

一炮打紅，高陽從此著述不輟，創作了大量歷史小說。高陽寫作非常勤奮，常常廢寢忘食。他在六〇年代創作鼎盛時期曾經每天同時給五家報社寫五部不同的長篇連載小說。有人當面問他：「聽說您同時寫五部小說，簡直令人無法想像。您是否由助手幫助寫呢，或者是用電腦協助？難道不會搞錯嗎？」高陽回答：「絕對不會搞錯的。同時寫連載小說時，有五個不同的歷史背景，又有不同的小說框架，所以不會混淆。絕對不可能因為同時寫明清兩朝的故事，就誤把紅頂花翎的清朝官員寫進明朝裡。」他又說：「我每天平均筆耕三千字，助手僅僅幫助做些整理工作，一切都是自己動手寫的。」

高陽的歷史小說，幾乎涉及所有朝代，一直到北洋軍閥時期。但主要的著力點在明清兩朝。從題材上可以劃分為六大系列：宮廷系列，官場系列，商賈系列，「紅曹」系列（即《紅樓夢》與曹雪芹系列），名士俠士系列，青樓系列。

高陽的歷史小說寫得真好，尤其是以慈禧太后作主角，清末時代為背景的那一套《慈禧全傳》，包括《慈禧前傳》、《玉座珠簾》（上下）、《清宮外史》（上下）、《母子君臣》、《胭脂井》和《瀛臺落日》六卷八本，共二六九．八萬字，真可以說是歷史小說的經典之作。

那套上中下三本的《胡雪岩》更是雅俗共賞，情節迷人，讓人一連能看幾個通宵。這部小說的主要背景是杭州。而高陽正是杭州人，由他來描述當地風俗景物，分外使人覺得親切。

一九八六年，高陽自《中華日報》退休，但並未停止筆耕。

一九八九年，高陽應邀赴上海參加全國第四屆臺港暨海外華文文學學術討論會。會後他回杭州祭掃祖墳。

一九九一年八月，開始在《聯合報》副刊連載《蘇州格格》。此為他生前發表的最後一部歷史小說。從一九六二年算起，高陽曆史小說創作時間長達三十年之久。平均每年總要出版兩三部小說。如此高產的作家，舉世罕見。

高陽酒徒

臺灣小說作家中，有兩個人最能喝酒，一個是古龍，另一個就是高陽。

古龍（一九三八—一九八五）是武俠小說作家。他有個綽號叫「沒喉嚨」，喝酒時，把頭一仰，便是一大杯倒進肚裡去，就好像不須經過喉嚨似的。

高陽喝酒，慢條斯理，與古龍大異其趣。他一口一口地喝，可以從黃昏喝到東方發白，尤其是老友聊天，興致更好。如果你看過高陽喝酒，便會知道什麼叫做「酒逢知己千杯少」了。

古龍和高陽，喝遍天下美酒。人家有百萬家財，是金銀珠寶，洋房美車，他們的百萬家財，都喝進肚子裡去了。如果由他們聯手寫一本「酒經」，相信是天下第一奇書。

高陽並不諱言自己是個酒徒，他的筆名就是從成語「高陽酒徒」中脫出來的。高陽後來否認這一筆名來源，但他嗜酒卻是公認的。「自古聖賢多寂寞，唯有飲者留其名」，高陽有酒相伴，所以他不覺得寂寞。

讀高陽的小說，人情世故，面面俱到。情節如抽絲剝繭，有條不紊。如果說「文如其人」，你會以為他做人處世，一定很有條理。其實，他常做令人哭笑不得的事情。

有一次，高陽說一位朋友開了家飯店，他去吃過，廚房師傅手藝很不錯，於是把朋友帶上要去吃一頓好菜。走進飯店，高陽便對女侍說要找張老闆，女侍說老闆不姓張。高陽對客人說，這個女侍可能是新來的，連自己的老闆都不認識。他又問領班，領班也說老闆不姓張。再找經理，也弄不清楚。最後老闆親自來了。老闆認識這位大名鼎鼎的作家，可是他卻不認識這位老闆。既來了，就在這裡點菜吃飯吧。吃飯時，高陽還在嘀咕：生意這麼好，我就不明白張老闆為什麼要把飯店頂讓給人家。

飯後，他們安步當車，沿街走著散步。走過幾家店鋪，有人高聲招呼高陽，高陽叫聲：張老闆！那位張老闆埋怨高陽許久沒有來光顧他的飯店，高陽的客人都覺愕然。抬頭一看，張老闆就站在他自己的飯店門前。高陽確實有位開飯店的好朋友，錯在他剛才把客人帶進了別人的飯店。

這就是高陽。可是別以為高陽腦筋糊塗，倘若他真是個糊塗蛋，又怎會寫出如此動人的小說？高陽是難得糊塗，其實他是絕頂聰明。上知天文，下至地理，無所不通，無所不曉。

高陽結婚很晚，一九七一年四十九歲時作了新郎，女方郝天俠才二十二歲。兩人育有一女。但高陽不善理財，用錢沒有計劃，收入並不少，但經常借債，甚至借高利貸。性格的反差，志趣的不合，造成兩人十年後分手。一九八三年，高陽又認識比他小十九歲的吳菊芬。在吳女士的陪伴下度過了晚年。

一九八九年秋高陽因游泰山過勞而在返臺後大病。此後身體就大不如前。他試圖戒酒，但不久又與杯中物相伴。

一九九二年六月六日，高陽病逝於臺北榮民總醫院，享年七十一歲。

知識窗：在大陸走紅的臺灣作家

在大陸走紅的臺灣作家除了高陽，林語堂，梁實秋，柏楊等人外，還有很多人，這裡簡單介紹一下兩位在世的作家李敖和瓊瑤。

李敖，大陸讀者相當熟悉，鳳凰衛視上的欄目《李敖有話說》播出七百餘集，紅遍華人世界。億萬人都熟悉他的音容笑貌。嬉笑怒罵，皆成文章。其實做電視節目只是他的一個副業。寫作才是他的本行。他是傑出的社會評論家、思想家、歷史學家、魯迅般的雜文大家。他多年來筆耕不已，著作等身。各種作品，洋洋大觀，不下百種，總字數超過一千萬字。他嫉惡如仇，針砭時弊，文字尖銳，不留情面，經常轟動一時，漣漪不斷，被他罵過的人成百上千，人稱他是「臺灣文壇第一狂人」、「臺灣文壇第一鬥士」。

大陸讀者都看過趙薇、林心如主演的電視劇《還珠格格》（一九九八）。這部頗受社會大眾歡迎、轟動一時的電視劇創造出最高的收視率，先後連拍三部，甚至連越南還翻拍了同名的電視劇。而《還珠格格》正是臺灣言情小說家瓊瑤的作品。這位帶有傳奇色彩的女作家迄今已寫了六十多部言情小說，盪氣迴腸，精彩絕倫，賺盡億萬人們的愛與淚，風靡華人社會幾十年，在海外、在大陸都擁有廣大的讀者群。在瓊瑤的筆下，男歡女愛都是那樣纏綿美好，那樣令人神往。她的作品幾乎部部都經改編拍成淒美的電影或電視劇，許多著名歌星、影星，如林青霞、秦漢、秦祥林等人，都扮演了瓊瑤作品中的角色。

藝術體育人士

畫壇鉅子　張大千

一九八二年，在臺北歷史博物館展出一幅巨型國畫「廬山圖」，長十米，高一・八米。圖卷上峰岫嶢嶷，雲樹森渺，萬象羅列，藝參造化，為歷來畫史之奇構。這幅巨畫的作者就是東方現代最有名的繪畫大師張大千，他在美術史上地位極高，有「西畢東張」的說法，即現代西方最偉大的畫家是畢卡索，而東方最偉大的畫家就是張大千，被譽為「東方畢卡索」。徐悲鴻更讚譽他為「五百年來一大千」。張大千以他令人敬仰的成就，贏得了各國藝術界、評論界的尊重，增強了華人繪畫在世界上的影響。他是中華民族的驕傲。

土匪慧眼識天才

張大千，一八九九年五月十日出生在四川內江城郊一個書香門第。母親喜歡描畫繡花，受其影響，張大千從小也喜歡描描畫畫。二哥張澤也擅長畫畫，尤精畫虎，只要有空，就把弟弟叫到身邊進行指導。受母親和兄長的薰陶，張大千在書畫方面顯示出較高的天賦，字也寫得好。

一九一六年張大千在重慶讀中學，步行回內江度暑假，走在一個小鎮上，被一群土匪綁架，押回匪巢。當土匪頭子知道張大千是內江一個商人的兒子時，立即命令張大千給家裡寫信，要他們拿錢來贖身。張大千無可奈何，只得按土匪頭子的吩咐寫了一封信。土匪頭子把張大千的信看了幾遍後，大聲嚷道：「好書法，好文章，不贖了，不贖了，你留下給咱當師爺！」張大千想爭辯，但看看周圍手握刀搶兇神惡煞的土匪，他明白只有暫時委曲求全，以後再伺機逃脫這一條路，否則馬上就會成為刀下之鬼。就這樣，剛滿十七歲的張大千坐上山寨的第二把交椅。他的任務是為土匪寫贖票、記帳。

日子在身邊流逝，張大千在山寨裡儘管過著大碗喝酒、大塊吃肉的草莽生活，精神上卻受著煎熬。他時刻盤算著如何逃離這個可怕的地方，但表面上還要裝得若無其事。時間一長，土匪也就放鬆了戒備。在被土匪綁架一百天後，張大千終於趁隙逃離匪巢，回到重慶。

張大千的藝術天賦首先被野蠻社會發現，並因此使他免遭殺身之禍，這段富於傳奇色彩的經歷，對他以後從事藝術事業產生了深遠的影響。

一九一七年，張大千來到日本留學，考入京都藝專學習染織。染織是一門織繡工藝，設計時要有一定的繪畫基礎。張大千最愛上的就是美術課。最大的收穫就是掌握了寫生技巧。寫生就是把看到的物件，準確、真實、生動地表現出來。使用這種方法，既可提高造型能力，又能收集大量的創作素材。

一九一九年，張大千回到上海，受聘於基督教公學。張大千經人介紹，拜名士曾熙為師，學習書畫，有了長足的進步。此後，張大千因未婚妻去世，出人意料地遁入空門當了和尚，「大千」就是住持為他取的法號。三個月後有一天他乘擺渡過河，船至河心，才知道渡資要四個銅板，可是他身上只有三個銅板，於是要求船家把渡資減少一個銅板，算作佈施。不想到船家非但不肯施捨，反把他的袈裟扯破。後來張大千幽默地說：「既然沒了袈裟，只好還俗回家；既然還了俗，就索性結婚吧。」

這時的張大千主要是學習清初畫家朱耷（別號八大山人，一六二六－約一七〇五）、石濤（法名原濟，一六四二－約一七一八）的畫法，由於他摩研深透，朝夕研習，幾乎達到以假亂真的程度。他的仿作被好多著名收藏家當作是石濤的真跡，因此他也獲得「石濤第二」的美譽。

一九二三年張大千定居上海，與著名畫家黃賓虹（一八六五－一九五五）為鄰。張大千一一拜讀黃賓虹珍藏的古畫，藝術上獲益匪淺。

一九二五年，張大千舉辦首次畫展。這次畫展，奠定了他在畫壇的地位。他與齊白石齊名，素有「南張北齊」之稱。一九三六年他應徐悲鴻之邀受聘為南京中央大學美術系教授。張大千經常外出遊歷名山大川，以大自然為師，在自然中陶冶自己的審美情操，在中國的壯麗河山中提高藝術修養。他先後到黃山、華山、鴨綠江等地寫生，在描繪真山真水中，融入傳統技法，形成自己的風格。張大千從上海搬出後，先後在蘇州、北京居住。七七事變日本佔領北京後，張大千對日本侵略者抱定不合作的態度，拒不作畫，後來設法逃脫，輾轉來到大後方四川，定居在青城山。

一九四一年，張大千到敦煌莫高窟學藝。他以驚人的毅力，克服了生活上的種種困難，夜以繼日地整理研究、臨摹古代壁畫，盡情汲取古代書畫家的豐富養料。他先後在敦煌兩年又七個月，共臨摹、繪製了大小二百七十六幅畫。敦煌藝術為張大千的藝術輸入了新血液，繪畫風格也有了明顯轉變。他善用複筆重色，高雅華麗，瀟灑磅礴，被譽為「畫中李白」、「今日中國之畫仙」。此後他在成都、上海舉辦畫展，觀者如潮，引起了極大的轟動。

海外萍蹤

一九四九年後張大千去海外，先後在印度、巴西、美國、法國、日本等世界各地舉辦個人畫展。一九五六年他在法國與畢卡索會晤，這是東西方兩位美術大師的一次會面。畢卡索由衷地稱讚他是一位真正的藝術家。西方報紙將這次會晤譽為「藝術界的高峰會議」、「中西藝術史上值得紀念的年代」。張大千在傳播東方藝術的同時也大膽汲取西方繪畫之長，開拓了山水畫的表現方法。他在五十歲之前已遍游中國名山大川，五十歲之後更是周遊歐美各洲，這是前代畫家所無從經歷的境界。早期專心研習古人書畫，特別在山水畫方面卓有成就。後旅居海外，畫風工寫結合，重彩、水墨融為一體，尤其是潑墨與潑彩，開創了新的藝術風格。他的治學方法，值得那些試圖從傳統走向現代的畫家們借鑒。

一九五三年，張大千來到巴西，他在距聖保羅一小時車程的摩詰城（Mogi，又譯慕義鎮）會朋友時，相中一塊「有四川成都平原風味」的土地。他當下付錢（約二十萬美元）買下十四・五萬平方米（合二百多畝）的土地，在此苦心營造三年，建成一座中國式優美園林，起名「八德園」。在園中造了一座擁有巨大畫室的兩層樓——大風堂。

八德園起名與忠孝仁愛等道德無關，而是因為這裡種有三千棵柿樹。傳統畫家所謂的「柿有七德」——長壽、多陰、無鳥巢、無蟲、霜葉可玩、可娛嘉賓、以及落葉肥大可臨書，外加大千居士自創的——柿葉煎水可治胃病，於是成了「八德園」的命名由來。

大風堂的命名與張大千的仿畫絕技有關。一九二八年，張大千客居上海時，曾有畫商持明朝畫家張大風的「武侯出師表圖」來兜售。張大千雖然愛不釋手，卻苦於當時財力不夠，要向畫商「借觀一日」又被峻拒。不久，這張畫在一個美術展覽會上展出，張大千認為機不可失，立刻請人拍照，不料當場被發覺，還將底片曝光。張大千又轉而囑咐弟子，夾帶紙筆，在會場暗角勾出草稿，他自己則用心背記筆墨，返家後參照弟子的草稿而仿繪出來。張大千一不作二不休，仿畫既成，又連夜找人裱褙，第二天送進會場，果然引起一場大騷動。由於真假莫辨，原畫主只得降價出售，張大千用不到一半的價格購得真跡。張大千「以假換真」並不只此一回，但這次卻是他特別得意的一回，從此他將畫室取名「大風堂」，頗有睨視眾生的味道。

張大千在八德園居住了十七年，在此創作了大量山水畫作品。其中四幅畫作尤為傳世珍品。《長江萬里圖》是一九六八年為慶賀他的老鄉長張群（一八八九－一九九〇）八十大壽所作，為高五十三釐米、長十九・九六米的大手卷。《黃山圖》是一九六九年為祝賀摯友張目寒七十壽辰而作。《峨嵋金頂》是船王董浩雲的「東方翠華號」首航巴西的紀念禮。至於最有名的「荷花大通屏」，繪於一九六三年，因為被《讀者文摘》以十三萬美元的高價收購而蜚聲國際。

其間，他常在世界各地頻頻舉辦個人畫展。他被西方藝壇贊為「東方之筆」，與西畫泰斗畢卡索齊名，被稱為了「東張西畢」。他榮獲了國際藝術學會的金牌獎，被推選為「全世界當代第一大畫家」，並被輿論稱之為「當今世界最負盛譽的中國畫大師」，為中華民族贏得了巨大榮譽。一九五七年，他以寫意畫《秋海棠》，榮獲紐約「國際藝術協會」金獎，被推崇為「當代世界大畫家」。他還在聖保羅市舉辦畫展，譽滿巴西。

在國外期間他的一首詩句寫道：「行遍歐西南北美，看山須看故山青。」從這首詩中可以讀出淡淡的鄉愁，一個漂泊在外的遊子對故鄉的深深的眷戀之情。在短暫移居美國加州三年後，高齡七十八歲的張大千於一九七六年決定回臺灣居住，結束了海外漂泊二十七年的日子。一九七七年他在臺北市士林區至善路購下一塊六百坪（約二千平方米）地皮。這個地方正好是內、外雙溪的匯流處，潺潺溪水流過樹林和草坪，不僅風景優美，環境也很幽靜。張大千親自畫出了居所建築草圖，請人建造。次年新居落成，起名為「摩耶精舍」，作為終老之處。他在這裡度過一生的最後歲月。

創作巨幅《廬山圖》

在臺灣張大千精心創作了巨幅山水畫《廬山圖》，為自己的藝術人生畫上圓滿的句號。這幅巨構長卷的完成，不僅是張大千個人在他藝術發展最成熟時期中創作上的大高潮，甚至在中華藝術創作史上，也佔有光輝的一席之地。

張大千以八十三四歲的高齡而奮力創作此空前巨構，最可貴的應是他的雄心與豪情，而最初激起他的這份挑戰雄心的，是旅居日本橫濱的僑領李海天。李與張大千是老友。他在中華街上經營的重慶飯店，是張大千訪日期間經常飲饌休憩之處。李氏雅愛中國書畫，專收張大千的作品，張大千為了報答這位知己，確也繪贈了不少精品給李海天。李氏幾年前斥資在中華街興建了一個十層樓高級觀光大旅館，在內部美術裝飾上，為清一色的張大千書畫。傷腦筋的是一樓大廳，面對入口的一塊牆壁，一．五米高，八米多寬的空間，橫控全室，位居衝要，最好有一副氣勢奪人的潑墨山水，才能震懾全場。只是這樣一幅大畫，如何能向大千啟齒。李海天在摩耶精舍做客時，話題轉到了新旅館。張大千忽然說：「我該給你畫個什麼送禮喲？你出個題目吧。」李氏吞吞吞吐吐說出企盼的東西。他不敢乞求一張大畫，只求四件橫列連幅山水，有如一連四幅的屏風一般。張大千沖口問：「為什麼不畫整幅一張呢？」李海天不假思索地答道，擔心先生的高齡。結果老人一口答應，「我就畫這張大畫，讓大家看看我張大千到底老不老！」這一句承諾，為中華藝壇留下一件罕世名跡。

張大千派人到日本探尋最大幅度的絹，要整副，不要縫接，最後在京都一家畫材店找到幅寬一・八米，長度不限的絹布。張大千聽到很高興，吩咐訂購十米長的大絹一整幅。並叮囑：絹布制好後，還要送到高級畫材店去「上礬水」，據說，絹料上礬之後，容易吸墨吸水，而且，將來不會生黴點。

張大千檢視絹布之後，極為滿意，豪興大發，決定放手大幹，立刻找來木匠，趕造一張三丈多長，七尺多寬的大畫桌。摩耶精舍那間特大畫室可以擺得下，但是也要興工改建一番才行。原有沙發家具必須移走。最麻煩的是畫室中的兩根柱子必須去掉，否則空間不廣。取柱子，加橫樑，匠人忙了好幾天。當今之世，除了張大千，還有誰能如此大手筆。

下一個問題是：畫什麼？有人提出畫長江三峽，不僅風景壯麗，而且是張大千駕輕就熟的題材。但老人滿臉不高興：難道我只會畫長江山水。思索了幾天後，張大千忽然宣布說：他要畫廬山圖。選這個從未畫過的題材。他還補充了一句：「我從未到過廬山」，這真是奇之又奇，令人莫測高深了。「橫看成嶺側成峰」的廬山是他晚年回思故國最懷念，神遊最多的地方。蘇東坡身在山中，也弄不清廬山真面目，誰又能說張大千在海外所描繪的廬山形象不夠逼真呢？這是大師晚年的悟禪之作，我們不能以俗眼去求真求幻。蘇東坡的詩，張大千的畫，廬山的虛實仙境，都將隨宇宙之綿延而傳千古。

大畫一九八一年七月七日開筆，雖沒有舉行正式開筆儀式，但也有極少數好友如張群、張學良和立委王新衡等受邀到場「觀禮」。開筆的時候，畫大畫的道具全部擺列齊全，大筆、排筆、大盆、大碗……十分壯觀，張大千由夫人親任助手陪侍登場，先把絹布全部打濕之後，他拿起一支有如拖把的大筆，站到一張矮腳凳上，先把筆頭往墨盆裡一撓一滾，然後雙手抬起大筆在畫布上大拖大拉，經過一番忙碌，張大千把長袍袖口一卷，拿起一隻盛滿青綠顏料的瓷缽，在絹布的另一部分小心翼翼地連潑帶灑，接著又拿起排筆，一面引導青綠顏料的流浸，一面把排筆沾上顏料點點染染，……開筆第一天，用了不少水、不少墨、不少顏料，張大千更是聚精會神地忙了幾個鐘頭，但畫布上卻看不出什麼，只是一片水漬，一淌淡墨，一塊青綠而已。在場諸人看了之後，才真正體會到這幅大畫的繪製不簡單，要心智，要技術，還要力氣。「觀禮」者對張大千昂然接受這一挑戰的豪情與勇氣，驚歎不已！

其實，開筆以後的作業，比開筆那天更苦。畫的上頭部分，都是家裡人把老人抬到畫桌上去趴著畫的。想想八十四歲的老人，長髯飄拂，有只剩了一隻眼力可用，趴在兩尺多高的畫桌上作畫，這份體力辛勞，如果不是一股強烈的創作欲望在鼓舞支持，一般人能吃得消嗎？

由於動筆有這些麻煩，有時十天半月也不去動一筆，老人有時又去住醫院。大畫進度很慢。到了後來大畫已完成三分之二時，老朋友張群便出面主「催」。幫助張大千謝絕一切應酬，讓他安安閒閒地在家裡趕畫。這樣用了整整一年半時間，才完成這一曠世巨構，得以在臺北歷史博物館展出，第一次與觀眾見面。

張大千雖未去過廬山，但在動筆之前，查閱地方文誌，參考有關資料，費了不少功夫。畫成後的廬山圖，儘管張大千謙稱是他憑空捏造，但廬山的名勝五老峰、黃龍潭、青玉峽、好漢坡，以及鄱陽湖內的山峰，依稀可尋。但見雲霧氤氳，山嵐縹緲，真是氣象萬千，令人歎為觀止。作品氣質淳化，筆簡墨淡，其獨創潑墨山水，奇偉瑰麗，與天地融合。增強了意境的感染力和畫幅的整體效果。這一大氣磅礴的巨畫不愧是張大千的封筆傑作。

完成巨作《廬山圖》後，張大千不幸於一九八三年四月二日逝世，享年八十五歲。年長十歲的張群為他主辦喪事，忍著縱橫老淚寫了一幅挽聯：

半世紀，知交莫逆。憂患共嘗，藝文共賞，倉皇成永訣，空餘涕淚對梅丘。

五百年，國畫大師。閱覽之博，造詣之深，規範軼群倫，無忝邦家稱瑰寶。

知識窗：故宮寶物知多少

張大千晚年居住的「摩耶精舍」，位於士林區，距臺北故宮博物院不遠。這裡收藏著中國歷代的大量書畫作品。而張大千正是從中國的傳統美術中汲取了豐富的營養，成為世界級的繪畫大師。

正如館名所示，臺北故宮博物院的文物主要來自北京的故宮。一九二五年，清廢帝溥儀離開故宮後，政府立即派人清點宮中遺留的文物，成立了故宮博物院。「九一八事變」後，京津一帶形勢緊張。考慮到貴重文物的安全，國民政府於一九三三年將幾經挑選的文物南遷，後來輾轉運到四川大後方。抗戰勝利後，這批文物運到南京。一九四九年，在內戰中一敗塗地的國民政府，將這些貴重文物分裝三八二四箱用軍艦運往臺灣。文物抵臺後先存放在臺中。一九六五年，占地十六公頃的臺北故宮博物院竣工，輾轉流離的文物精華，才住進了這個寬敞的新家。

那麼臺北故宮博物院的文物到底有多少呢？一九九一年該院公佈館藏文物總數為六十四萬五千七百八十四件。這次清點的文物分成七組，分別是書畫組九千一百二十件，瓷器組二萬四千〇七五件，銅器組包括錢幣共一萬二千一百〇八件，玉器組五萬一千〇四十四件，雜項組二萬六千五百五十五件，善本書籍十七萬三千二百〇七冊，檔案文獻有三十餘萬件。這些文物中約二十四萬件是從大陸運來的，檔案文獻也帶自大陸，餘下幾萬件是臺北故宮博物院收購和接受各方捐贈的。

九千多件書畫中名家作品極多，其中有乾隆皇帝收藏於養心殿三希堂的晉王羲之手書《快雪時晴帖》、元代畫家黃公望的《富春山居圖》後部長卷。《富春山居圖》是中國繪畫史上的佳品，清代順治年間曾焚於火，前段燒殘部分割去另行裝裱，取名《剩山圖》失落於民間，後來為浙江省博物館徵集到，留在大陸；而後部長卷卻到了臺灣，遺憾的是這幅秀麗的山水畫至今仍然無法合為完品。

北京的故宮博物院與臺北故宮博物院雖分處兩岸，但同為國家和民族的瑰寶，以其源於一脈的珍貴收藏和共同的歷史變故，展示著中華民族璀璨的文明以及近代以來所經歷的動盪和變遷。

一九九七年，臺北故宮博物院開啟與大陸的聯展，展出了來自四川的「三星堆傳奇——華夏古文明的探索」特展，成為臺北故宮博物院借展大陸出土文物的首例。此後北京故宮博物院與臺北故宮博物院也進行了令世人矚目的交流與合作，在商務印書館的撮合下，雙方各自精選了七十餘件藏品，合印了一本《國寶薈萃》，一時被傳為佳話。

辛亥元老書法家　于右任

于右任集辛亥元老、國民黨政要、革命報人、教育家、詩人、書法家等多重身分於一身，其生平事蹟代表著晚清至民國知識份子、愛國志士的抱負和際遇。他一生的最後時光是在臺灣度過的，寶島留下了他的詩篇和大量書法作品。

倡言革命遭通緝

于右任祖籍陝西涇陽縣門口村，一八七九年生於三原縣東關河道巷。時家道衰落，困苦貧寒，未滿三歲，慈母離世，由伯母撫養長大，十二歲起做幫工。勞作之餘，勤奮自學，讀古史，習詩文，十一歲時已會作詩，被譽為西北奇才。十七歲即考中秀才。

那時中國正處於激烈變革的時代。一八九八年，百日維新失敗，于右任萬分悲痛，乃奮筆疾書，憤時排滿，對慈禧太后尤多諷刺。一九〇〇年，義和團起事，八國聯軍進京，慈禧倉皇「西狩」到西安。陝西提學使（學臺）沈衛（一八六二—一九四五，沈鈞儒十一叔）為了重振民族雄風，崇尚實學，端正士習，改革學政，興辦學堂。一九〇二年，省內三個書院合併，成立宏道大學堂（位於三原），遴選陝西各府州縣的高材生入學，被選拔的學生就有于右任，以及張季鸞（《大公報》創辦人）等。

于右任一九〇三年二十四歲時又在鄉試中舉，受任商州中學堂監督。但未幾，他的《半哭半笑樓詩草》刊行，惹出事端。他在書的扉頁上，印上自己一張赤膊照片，旁題一聯曰：「換太平以頸血，愛自由如髮妻。」書中多譏議時政。當時三原縣令滿人德銳得到此書後，密呈陝甘總督升允。總督斥之「豎子倡言革命大逆不道」，嚴令追捕，就地正法。

沈衛得知消息，連忙通知于右任東往潛逃。于右任逃到上海，以假名入震旦學院。一九〇五年，震旦學院學生因外籍教員干預校務而罷課，于右任等另行籌辦復旦公學，這就是今日復旦大學的前身。校名就是他從「卿雲歌」中「日月光華，旦復旦兮」中擷取「復旦」二字命名的。

一九〇六年，于右任留學日本，結識孫中山，加入同盟會，獻身國民革命。回上海後，積極辦報，痛陳時弊，宣傳革命。一九一一年十月辛亥革命爆發，一九一二年，南京臨時政府成立，他擔任交通部次長。一九一八年，于右任響應孫中山領導的護法運動，回三原任西北靖國軍總司令，與北洋軍閥苦戰五年。

辦報辦學

于右任是新聞界的老前輩。辛亥革命前夕，他在上海先後創辦《神州日報》、《民呼日報》、《民籲日報》及《民立報》，不僅為中國報業史寫下光輝的篇章，而且為當時的民主革命事業作出了重要貢獻。特別是《民立報》，宋教仁和章士釗等知名人士都在此發表文章。編輯人員，如葉楚傖、邵立子、馬君武、張季鸞等，陣容堅強，使報紙銷路達到兩萬多份。當黃花崗起義和辛亥革命等消息傳到上海的時候，報館門口總是擠滿了報販和大批等候買報的人群。

一九二二年，于右任創辦上海大學並出任校長，向更多有志青年傳授革命道理。那時是國共合作的蜜月期，于右任邀請了許多中共黨員到上海大學任職，如鄧中夏、瞿秋白、陳望道等。中共黨員如李大釗、蔡和森、惲代英、沈雁冰也都先後在上海大學任教。著名學者陶希聖在這裡教授法學通論。當時上海大學設備很簡陋，被稱為「弄堂大學」，但到處洋溢著革命精神和熱情。時值北伐戰爭前夕，上海大學向廣州革命大本營源源不斷地輸送青年學生，其中不少人後來致力於黨務，更多學生則到廣州投身黃埔軍校，成為國民革命軍的中堅。一九二七年蔣介石發動四一二政變後，上海大學被關閉。

于右任書法、詩詞造詣頗深。他的書法，筆走龍蛇，取諸家之長，熔章草、今草、狂草於一爐，獨具一格，被譽為「當代草聖」。他還擅長行楷，筆力雄健，變化豐富，融篆隸行草於一爐，大氣磅礴，沉著痛快。他寫的條幅，人皆奉為至寶、傳世書跡。他的著作有《標準草書》、《右任文存》、《右任詩存》、《右任墨存》、《牧羊兒自述》等。

臺灣十五年

于右任從一九三一年起長期擔任國民政府監察院長，有「監察院保姆」之稱。一九四九年當時已七十歲的于右任見「鐘山風雨起蒼黃，百萬雄師過大江」，身為監察院長的他何去何從，竟沒了主意。正彷徨徘徊，卻被挾持到了臺灣。

于右任不滿蔣介石干預院政，多次提出辭職均未獲准。他自歎海外受制之苦，便於苦中詠詩作樂。為此，他聯絡在臺詩人，仿效晉代大書法家王羲之在紹興蘭亭與友人飲酒賦詩的做法。發起了以詩會友活動於臺北士林園藝所。因該所廣植蘭花，于右任便大書「新蘭亭」三字額其門。于右任作為詩社的發起人和領袖人物，寫的詩不但多，而且總是將今事今物及雜感時事寫入詩內，並努力使之接近大眾。

有一次，他到臺灣最南端的鵝鑾鼻遊覽，眺望太平洋上的點點漁船，又俯視沙灘上的蚌殼化石，情不自禁，便賦詩一首：「大浪淘頑石，千年複萬年。太平洋上望，今古幾漁船。」

又有一次，他看到孫中山辭去臨時大總統後宴客於上海的相片。相片上三十四人，而三十三人均已作古，僅餘他一位。不禁感慨萬端，又題詩曰：「不信青春喚不回，不容青史盡成灰。低回海上成功宴，萬里江山酒一杯！」

值得提出的是，于右任絕大多數詩詞，都是以思大陸，戀鄉土、懷古人為主題的。隨著年紀越來越老，思鄉情懷也越來越濃。一九六二年于右任撫今追昔，浮想聯翩，揮筆寫下了至今仍流傳海內外的名詩《望大陸》（又名《國殤》）：「葬我於高山之上兮，望我大陸；大陸不可見兮，只有痛哭！葬我於高山之上兮，望我故鄉；故鄉不可見兮，永不能忘！天蒼蒼，海茫茫，山之上，國有殤！」

隨著歲月的流逝，于右任的故友一個個接連而去，由於他德高望重，文字超群，書法又好，求他寫墓誌的屢見不鮮。他也有求必應，藉以悼念亡友。許多人都樂於看他寫的墓誌銘，並將墓誌當作範文去拜讀，將墓字視為帖子去臨摹。

一九六四年八月年邁的于右任臥病不起，十一月十日去世，享年八十六歲。

知識窗：寶島之巔——玉山

玉山是臺灣第一高峰，位於阿里山東南，南投、嘉義、高雄三縣交界處。此山每年十月開始下雪，遠望晶瑩如玉，因而得名。「玉山積雪」為臺灣八景之一。從山腳至山頂具有熱帶、亞熱帶、溫帶、寒帶等四種不同氣候，是登山遊覽的勝地。

一九五七年，經美軍「遠東陸軍製圖局」測定，玉山的高度為三千九百九十七公尺，僅差三公尺，即可進入四千公尺高山的行列。

一九六七年，在玉山峰頂，增建了一座三公尺高的已故臺灣監察院院長于右任的半身銅像。這既滿足了一些人希望玉山能達到四千公尺的願望，又遂了于右任生前的個人心願。于右任是同盟會時期就追隨孫中山革命的國民黨元老，晚年對中國大陸夢魂縈系，望斷情腸，曾於一九六二年元旦寫下了有名的《望大陸》。安放在玉山頂上的這座銅像，反映了思念大陸的無限深情。

一九八二年，臺灣軍方再度對玉山進行實地測量，發現其真正高度僅三千九百五十二公尺。因此，三公尺高的于右任銅像，就失去了使玉山進入四千公尺高山的象徵意義。但許多登山者仍常在銅像旁留影，以紀念生於陝西、終老臺灣、翹首遠眺大陸、思鄉情深的于老先生，並作為自己成功征服臺灣第一高峰的登頂佐證。一九九六年發現這座銅像被人偷偷破壞，這件事引起了人們的極大憤慨。

歌壇皇后　鄧麗君

一千多年以前，唐朝大詩人白居易曾被人譽為「有井水處有白詩」。如今，在海外也流傳著一句話，「有海水的地方，就有鄧麗君的歌。」鄧麗君那甜美溫柔的歌喉，傾倒、折服了億萬聽眾。她是在全球華人社會以及全亞洲影響力最大的歌手。據統計鄧麗君的唱片銷售量已超過四千八百萬張。今天，鄧麗君雖已去世多年，但她留下的動人歌曲，依舊流行不衰。許多歌手以能夠翻唱鄧麗君的老歌為榮。

鄧麗君原名鄧麗筠，祖籍河北省大名縣，一九五三年一月二十九日出生在臺灣雲林縣褒忠鄉龍岩村。其父鄧樞原為國民黨軍官，膝下有五個孩子，鄧麗君排行第四。一家人隨著父親的部隊移防，幾乎住遍了全臺灣各個縣市。她的童年居住在臺北縣蘆洲鄉（如今已升級為蘆洲市），從小會說流利的臺語。蘆洲小學是她的母校。小小年紀即步入歌壇的鄧麗君學歷不高，唯一拿到的畢業證書是該校的畢業證。蘆洲小學辟有一間校史室，介紹鄧麗君的事蹟，常有歌迷到這裡參訪。小學畢業後，父母疼愛這唯一的女兒，儘管父親退役後靠著製作麵條、大餅，販售為生，還是設法湊錢把她送到臺北私立金陵女中（這所學校還培養了電影明星林青霞），她在那裡初中部肄業。鄧麗君說過；「讀書少了是我平生的憾事，所以讀書是我多年來的願望，今日有幸得到了卻遺憾的機會，我是不會隨便放棄的。」她在歌唱生涯中，曾好幾次去進修。

鄧麗君自幼愛唱歌，天生一副「金嗓子」。小學二年級就開始參加各類演出。一九六三年，李翰祥導演的《梁山伯與祝英臺》在臺灣掀起一股黃梅調熱潮，十歲的鄧麗君因為常聽收音機播放黃梅調，唱得頭頭是道。她參加了中華電臺舉辦的黃梅調歌唱比賽，以一首《訪英臺》反串梁山伯，一鳴驚人獲得冠軍。

一九六六年，鄧麗君加入歌星訓練班，在名師指點下，正規學習歌唱技巧，這是她在歌壇綻放光芒的重要轉捩點。同年參加金馬獎唱片公司歌唱比賽以地方小調《採紅菱》一舉奪魁，正式開始了她的歌唱生涯。次年她自金陵女中休學，加盟宇宙唱片公司，九月推出第一張唱片《鳳陽花鼓》。從此鄧麗君日益走紅，一九六八年登上電視歌唱節目——「群星會」，成為家喻戶曉的「娃娃天后」。第二年，她躍上大銀幕，演出了她的第一部電影《謝謝總經理》，受到瘋狂的歡迎，讓她感受到真正大明星的待遇。一九六九年十月，臺灣推出第一部電視劇《晶晶》，主題歌正是由鄧麗君演唱。

一九六九年，鄧麗君還只有十六歲，接受了新加坡總統夫人的邀請，前往東南亞巡迴義演，展開了她在國際樂壇的耕耘。在東南亞、香港她成了最受歡迎的歌星。

作為一名橫跨亞洲與華人文化圈的超級巨星，鄧麗君的歌唱技巧與天賦早就是公認的事實。她的語言天賦也令人驚異，英語、日語、法語和基礎的馬來語她都能朗朗上口，除了普通話和閩南話，還能說廣東話、上海話和山東話。

據一位老牌樂評家說，鄧麗君學習的專注和能力相當驚人，比如她第一次前往香港發展，剛開始還不會說廣東話，但第三天就能以廣東話與主持人簡單交談，也能精准地演唱廣東話歌曲，這也自然很快就打開了當地歌迷的心扉。其餘如日語、英語、法語，只要給她一段時間，鄧麗君就能精准使用而無需翻譯，這也讓鄧麗君在海外的生活與進修，比起一般的明星要來得更為順利。

一九七四年，鄧麗君在日本歌壇，以一曲《空港》風靡東瀛，獲新宿音樂節「銀賞」大獎。她還榮獲日本最佳新人歌星獎。

一九七九年，鄧麗君再度留美進修聲樂，在美進行的「黃白歌手大賽」（黃種人和白種人）中，她又一舉奪冠，為華人爭了光。鄧麗君還成為第一個登上美國紐約林肯中心、洛杉磯音樂中心的華人女歌手。

鄧麗君說；「我們中國人無論走到哪裡，文化共鳴是其他文化所替代不了的。」進入八十年代，鄧麗君的歌曲也開始在大陸走紅，儘管她本人從未到過大陸。她的歌曲如《甜蜜蜜》、《月亮代表我的心》、《但願人長久》卻響遍神州大地，大江南北的民眾為鄧麗君歌聲而醉倒。

鄧麗君的演出為什麼能在海內外華人世界引起這麼大的反響，受到這樣廣泛的矚目，很重要的一條，就是她的演唱吸取了中國民間歌曲和民間戲曲注重咬字、講究韻味的表現手法，從而形成一種委婉動人、清新明麗、優美流暢、富有民族特色的演唱風格。中國歌唱界的老前輩王昆曾講到：「十幾年來，鄧麗君小姐靠著勤奮的拼搏精神，堅持走民族化的藝術道路，她把眾多首的中國民歌和中國古典詩詞介紹到了世界各地，介紹給了廣大的海外華僑。她為創立民族化的聲樂藝術做出了貢獻，並在國際歌壇為中華民族爭得了榮譽。」

鄧麗君身高一百六十七公分，天生一張招人喜愛的娃娃臉。她執著堅強、聰慧活躍、純真俏麗，還有點調皮。她雖是個大明星，但並不刻意追求奢華。她說：「一輩子既能住茅草小屋，也能住高樓大廈。過哪條河就脫哪隻鞋，這就叫『隨遇而安』。」

從一九八七年起，鄧麗君繼續穿梭於香港、臺灣、美加及法國等地，但已處於半退休狀態。一九九五年五月八日，鄧麗君在泰國清邁因氣喘病發作與世長辭。可惜一代巨星隕落於四十二歲的芳齡。

鄧麗君的遺體被運回臺灣，安葬在新北市金山區金寶山墓園——筠園，位置背山面海。隸書「筠園」二字由臺灣省政府主席宋楚瑜所題。鄧麗君的墓以黑色大理石刻成，正面鐫刻著「鄧麗筠一九五三－一九九五」的字樣，並鑲有白色的鄧麗君造像。由於強調自然造景，因此鄧麗君的墓園被設計成紀念公園，園內有她的全身銅質雕像，長長的披肩髮被風吹起，面容微笑的她充滿青春活力。還有可以自動發出鄧麗君歌聲的紅外線感應開關及黑白相間的鍵盤。墓碑不在墓地正當中，碑上僅簡單地用幾種文字寫著，「這裡安臥著一位為歌唱藝術奉獻一生的巨星」——這也是鄧麗君絢爛一生的寫照。

軼事：歌后玉殞處

鄧麗君在泰國清邁辭世。清邁位於曼谷以北七百公里。這座泰北大城是一座高原城市，四周群山環繞。氣候清爽宜人。從悶熱的曼谷來到清邁，馬上會有一種進入涼爽、清新世界的感覺。這裡沒有曼谷的熱鬧與喧囂，顯得悠然自得，節奏緩慢，陽光清清亮亮灑在城市的每個角落。抬頭天空很蔚藍，低頭花草很鮮豔，遠處稻田很青蔥，更像一座田園城市。正是這座城市的魅力吸引鄧麗君常來度假。

清邁東面的新市區，聳立著一座著名的賓館，帝國湄濱大酒店（The Imperial Mae Ping Hotel）。它是清邁最豪華的酒店，樓高十五層，擁有第一流的服務設施和三百七十一間客房，一個大如足球場的露天啤酒園（Beer Garden）和兩個游泳池。一代歌后鄧麗君生前曾多次在此下榻，而且在此香消玉殞。

鄧麗君天生一張招人喜愛的娃娃臉，她在演藝事業上是成功的，但在感情問題上很不順，一直沒有結婚。從一九八七年起，鄧麗君繼續穿梭於香港、臺灣、美加及法國等地，但已處於半退休狀態。一九九一年，她認識了法國男朋友保羅後，不但持續婉拒參與商業演出，行為更加低調，而且由於患哮喘病，防病噴劑幾乎不離身。

一九九五年五月八日，鄧麗君下榻於湄濱大酒店。這個時候清邁已進入溫和而濕熱的季節。鄧麗君當時篤信佛教，因此多次前來清邁拜佛。沒想到這個去慣的地方，卻因此讓鄧麗君的哮喘宿疾意外發作，陷入生死困境。

據酒店服務生敘述，五月八日下午四點左右，鄧麗君氣喘突然發作，保羅外出未在，為了求生，她一直敲打門板求援，服務員聞聲後來房間察看，發覺事態不對，因此眾人七手八腳把鄧麗君移到酒店咖啡座急救，還為鄧麗君撫胸、按摩，但都無濟於事。隨後火速送往醫院，終於也急救失敗，下午五點三十分，鄧麗君與世長辭。可惜一代巨星隕落於四十二歲的芳齡。

鄧麗君住過的特級豪華套間在十五層樓上（房號一五〇二），如今已辟為鄧麗君紀念地，保留下來開放參觀，供歌迷粉絲們憑弔悼念。

首奪奧運獎牌的華人　楊傳廣

提起華人的奧運會獎牌，有些人首先會想到一九八四年的洛杉磯奧運會，那年許海峰為中國贏得第一面奧運會金牌。可是要論華人奪得的奧運會獎牌，那要更早一些，即一九六〇年的羅馬奧運會。第一個取得奧運會獎牌的華人是來自臺灣的楊傳廣。

楊傳廣是臺灣高山族阿美人，一九三三年出生於臺東縣。在省立臺東農業職業學校上學時，被發現具有極佳的運動天賦，一九五二年他在臺灣中學生運動會上，以一．八三米的成績獲得跳高第一名。一九五三年在全省運動會上以六．八五米的成績奪得跳遠冠軍。後來被送往美國受訓，專攻十項全能，使他的成績得到飛躍，在一九五四年和一九五八年獲得兩屆亞運會十項全能金牌，被譽為「亞洲鐵人」。

楊傳廣的下一個目標就是一九六〇年的奧運會。那個時期國際奧會在主席、美國人布倫戴奇等少數人的操縱下，搞「兩個中國」。為了維護國家利益，中國奧會於一九五八年八月十九日宣布斷絕與國際奧會的關係。一九六〇年第十七屆奧運會在羅馬舉行，臺灣派出七十六人的臺北代表團，而中國大陸未參賽。國際奧會堅持臺北代表團不得使用「中華民國」或「中國」的名義，必須以臺灣名義出賽。國民政府很不願意，但想到「亞洲鐵人」楊傳廣必能奪得獎牌，在請示最高當局後，臺北體育官員林鴻坦手持「在抗議下」（Under Protest）布條入場，怏怏參賽。

當時，國民政府為了培養楊傳廣，花了不少心血和金錢，一九五八年送他到美國加州大學洛杉磯分校體育系深造。大家都知道這個學校有兩個十項全能高手，一個是黑人詹森（Rafer Johnson），另一個就是楊傳廣。詹森長於三鐵（鉛球、鐵餅、標槍），而楊傳廣善於跑跳。

楊傳廣和詹森兩人來自完全不同背景、不同生長環境，但是一起在洛杉磯加大，接受同一位教練Elvin Drake訓練。兩人在這一段時間，睡在同一間寢室，友情如同兄弟。詹森生於德州，十一歲時父母遷移到加州，一九五六年墨爾本奧運會時，他已經獲得十項全能銀牌，這次希望能進而奪金，但是最大的勁敵就是自己的戰友楊傳廣。

由於兩人訓練在一起，吃飯在一起，連睡覺都在一起，因此對兩人的實力瞭若指掌，雖然擁有極佳的友誼，但是在比賽進行的這兩天，就必須將友誼擺在一邊，拿出最好的實力來各自為自己的國家榮譽奮戰。

第一天進行前五項，詹森以五十五分領先，但是五個項目中，楊傳廣有四個項目勝過詹森，包括一百米、跳遠、跳高和四百米，成績都比對手好，只有鉛球大幅落後，就這個項目就使得第一天成績落後。

這一天的比賽受到突然而來的一場大雷雨打斷，使得比賽拖延到晚間十一點才結束，拖著疲憊的身體返回奧運村休息，又要準備第二天的比賽。

第二天九點鐘，未曾好好休息的選手再度來到競賽場中。一一〇米跨欄詹森原本有一三・九秒的實力，卻因前一天比賽太晚沒有得到充分休息，第一個欄架就踢倒，使得他以一五・三秒才跑完，楊傳廣則以維持水準的一四・六秒完成，楊傳廣超前一二八分。

楊傳廣又在第七項的鐵餅大幅落後，使得詹森再度把分數超前一四四分。撐竿跳高是楊傳廣的強項，四・三〇米的成績保持高水準，追回失分只落後二四分。詹森在本項比賽有超水準的演出，跳出個人最佳成績四・一〇米。第九項標槍楊傳廣落後但幅度不大。

比完前九項，楊傳廣雖然有六項成績較佳，但仍落後詹森有六十七分，如果他要獲勝，必須在最後一項一千五百米比詹森快十秒以上，也就是大約要贏五十米以上的距離。楊傳廣最佳成績是四分三六秒，詹森則是四分五四秒，楊傳廣仍有機會奪金。

晚間九點十五分比賽開始，楊傳廣企圖擺脫詹森，但是這位對手卻一路咬緊牙關緊盯著楊傳廣，不讓距離拉開。兩位疲憊不堪的戰友，最後以不到二米的距離結束比賽，詹森以舊制計分法八三九二分贏得金牌；楊傳廣則八三三四分屈居銀牌，他在十個項目中有七個項目獲勝，敗在投擲項目的鉛球、鐵餅和標槍。

當他們兩人跑抵終點，相互扶持的場面，立刻成為全世界媒體捕捉的鏡頭焦點。在場觀看的觀眾，對於他們兩人這兩天的君子之爭，非常感動，有觀眾甚至高喊「兩人都給他們金牌吧！」—楊傳廣雖然功虧一簣，只獲奧運會十項全能銀牌，令人惋惜，但這是華人在奧運會上實現的「零的突破」，意義仍然是很大的。

楊傳廣一九六三年參加美國聖安東尼運動會，再創佳績，一九六三年以九一二一分（按現在的計分方法折算為八〇八九分）刷新十項全能運動世界紀錄，並被評為當年世界最佳運動員。他的成績打破世界紀錄，也促使改變了日後十項運動的計分方式，往後再也沒有十項選手打破九千分大關。

在離開體育界之後，楊傳廣曾當選過國大代表，代表民進黨角逐臺東縣長，幹過左營訓練中心訓練總監，後來還曾在臺東老家建廟。但不管他做什麼，總無法還原田徑場上的英雄形象。他不善言辭，不懂政治謀略，他一直用單純的體育規則和原住民的憨厚，思考複雜的政治關係。不論事業名望都無法與運動場上的鐵人形象相比。

由於楊傳廣的妻兒都在美國，因此他也大多奔波在美國和臺灣之間，二〇〇〇年底楊傳廣突感身體不適，經檢查後發現其B型肝炎已合併肝硬化、肝癌，並在來年返臺接受治療。二〇〇七年一月二十七日楊傳廣在洛杉磯西北方的聖費南度谷（San Fernando Valley）過世，享年七十四歲。

知識窗：臺灣的體育明星

從楊傳廣開始，臺灣運動員多次在奧運會上勇奪獎牌。如田徑女傑紀政一九六八年墨西哥城奧運會上榮獲女子八十米低欄銅牌，成為首次奪得奧運獎牌的華人女運動員。她曾七次打破世界田徑紀錄，被譽為「黃色的閃電」，「飛躍的羚羊」。

再如二〇〇四年雅典奧運會上，陳詩欣獲女子跆拳道四十九公斤級的金牌，朱木炎獲男子跆拳道五十八公斤級的金牌，更是臺灣運動員在奪取奧運金牌方面的突破。

奧運會之外，林義傑（一九七六年生）是突出的一位，他在最考驗體能耐力的體育項目方面享譽世界。什麼是最考驗體能耐力的體育項目，人們都會說馬拉松，四二・一九五公里的賽程，最快也得跑兩個多小時。不要說拿獎牌，能跑完全程就是好漢。可是還有比這更艱辛的項目，叫超級馬拉松（ultra marathon），一類稱為定距離比賽，通常為一百公里，甚至達二百五十公里，誰最快誰勝利；另一類稱為定時賽，通常連跑二十四小時（世界紀錄是二九三・七公里），甚至幾天幾夜，誰跑得最遠，誰是冠軍。更艱難的是，還有一種超級馬拉松，專門選擇最難跑的路段進行，如戈壁、沙漠、極地，這種比賽稱為極地超級馬拉松賽，可以說是對人類體能極限的最大考驗，可是就有一位華人竟贏得了四大極地超級馬拉松巡迴賽的總冠軍，讓全世界為之驚歎，這就是來自臺灣的林義傑。更有甚者，林義傑還用一百一十一天的時間，跑步穿越世界最遼闊的沙漠，行程七千公里以上，完成人類史無前例的橫越撒哈拉壯舉。

二〇一一年四月二十日，臺灣超級馬拉松運動員林義傑和大陸貴州長跑運動員白斌（一九七〇年生）等人組成「海峽兩岸擁抱絲路」極限探索隊，從絲綢之路的西端，歐亞之交的土耳其伊斯坦布爾（古東羅馬首都）開始為期一百五十天，一萬公里的跑步長征，途經伊朗、土庫曼斯坦、烏茲別克斯坦、哈薩克斯坦到達中國，共六個國家。他們風雨無阻，以每天長跑七十公里的速度（七到十小時），從春末跑到夏至，再到立秋楓葉泛紅。他們首先用九十五天的時間，跑完五國六千多公里，七月二十三日從新疆霍爾果斯口岸進入中國西疆，開始進行三千三百三十七公里的拼搏。他和另一位全程奮進的運動員白斌，九月十六日到達絲路的起點——西安。千年古都張開懷抱，舉行盛大聚會，熱烈歡迎這兩位享譽世界的中華健兒，為海峽兩岸長跑絲路的英雄慶功。

Do人物66　PC0547

大風之歌
——38位牽動臺灣歷史的時代巨擘

作　　者／高關中
責任編輯／杜國維
圖文排版／周好靜
封面設計／蔡瑋筠

出版策劃／獨立作家
發 行 人／宋政坤
法律顧問／毛國樑　律師
製作發行／秀威資訊科技股份有限公司
地址：114 台北市內湖區瑞光路76巷65號1樓
電話：+886-2-2796-3638　傳真：+886-2-2796-1377
服務信箱：service@showwe.com.tw
展售門市／國家書店【松江門市】
地址：104 台北市中山區松江路209號1樓
電話：+886-2-2518-0207　傳真：+886-2-2518-0778
網路訂購／秀威網路書店：https://store.showwe.tw
國家網路書店：https://www.govbooks.com.tw

出版日期／2016年8月　BOD一版　**定價**／400元

獨立作家
Independent Author
寫自己的故事，唱自己的歌

大風之歌：38位牽動臺灣歷史的時代巨擘 / 高關中著. -- 一版. -- 臺北市：獨立作家, 2016.08
面；　公分. -- (Do人物；66)
BOD版
ISBN 978-986-93402-4-3(平裝)

1. 臺灣傳記

783.31　　105013936

國家圖書館出版品預行編目

讀者回函卡

感謝您購買本書，為提升服務品質，請填妥以下資料，將讀者回函卡直接寄回或傳真本公司，收到您的寶貴意見後，我們會收藏記錄及檢討，謝謝！

如您需要了解本公司最新出版書目、購書優惠或企劃活動，歡迎您上網查詢或下載相關資料：http:// www.showwe.com.tw

您購買的書名：＿＿＿＿＿＿＿＿＿＿＿＿＿＿＿＿＿＿＿＿

出生日期：＿＿＿＿＿年＿＿＿＿＿月＿＿＿＿＿日

學歷：□高中（含）以下　□大專　□研究所（含）以上

職業：□製造業　□金融業　□資訊業　□軍警　□傳播業　□自由業

□服務業　□公務員　□教職　□學生　□家管　□其它＿＿＿

購書地點：□網路書店　□實體書店　□書展　□郵購　□贈閱　□其他

您從何得知本書的消息？

□網路書店　□實體書店　□網路搜尋　□電子報　□書訊　□雜誌

□傳播媒體　□親友推薦　□網站推薦　□部落格　□其他＿＿＿＿＿

您對本書的評價：（請填代號　1.非常滿意　2.滿意　3.尚可　4.再改進）

封面設計＿＿　版面編排＿＿　內容＿＿　文／譯筆＿＿　價格＿＿

讀完書後您覺得：

□很有收穫　□有收穫　□收穫不多　□沒收穫

對我們的建議：＿＿＿＿＿＿＿＿＿＿＿＿＿＿＿＿＿＿＿＿

＿＿＿＿＿＿＿＿＿＿＿＿＿＿＿＿＿＿＿＿＿＿＿＿＿＿

＿＿＿＿＿＿＿＿＿＿＿＿＿＿＿＿＿＿＿＿＿＿＿＿＿＿

＿＿＿＿＿＿＿＿＿＿＿＿＿＿＿＿＿＿＿＿＿＿＿＿＿＿

請貼
郵票

11466
台北市內湖區瑞光路 76 巷 65 號 1 樓
獨立作家讀者服務部 收

（請沿線對折寄回，謝謝！）

姓　　名：＿＿＿＿＿＿＿＿　年齡：＿＿＿＿　性別：□女　□男

郵遞區號：□□□□□

地　　址：＿＿＿＿＿＿＿＿＿＿＿＿＿＿＿＿

聯絡電話：(日) ＿＿＿＿＿＿＿＿ (夜) ＿＿＿＿＿＿＿＿

E-mail：＿＿＿＿＿＿＿＿＿＿＿＿＿＿＿＿